U0512615

本专著由广西大学资助出版

战略性新兴产业创新体系研究

——以后发区域为例

柯　颖◎著

中国财经出版传媒集团

经济科学出版社

Economic Science Press

图书在版编目（CIP）数据

战略性新兴产业创新体系研究：以后发区域为例/
柯颖著. -- 北京：经济科学出版社，2022.8
ISBN 978 - 7 - 5218 - 3224 - 2

Ⅰ.①战…　Ⅱ.①柯…　Ⅲ.①新兴产业 – 产业发展 –
研究 – 中国　Ⅳ.①F269.24

中国版本图书馆 CIP 数据核字（2021）第 249529 号

责任编辑：周国强
责任校对：易　超
责任印制：张佳裕

战略性新兴产业创新体系研究
——以后发区域为例
柯　颖　著

经济科学出版社出版、发行　新华书店经销
社址：北京市海淀区阜成路甲 28 号　邮编：100142
总编部电话：010 - 88191217　发行部电话：010 - 88191522
网址：www. esp. com. cn
电子邮箱：esp@ esp. com. cn
天猫网店：经济科学出版社旗舰店
网址：http://jjkxcbs. tmall. com
固安华明印业有限公司印装
710 × 1000　16 开　16.75 印张　280000 字
2022 年 8 月第 1 版　2022 年 8 月第 1 次印刷
ISBN 978 - 7 - 5218 - 3224 - 2　定价：98.00 元
（图书出现印装问题，本社负责调换。电话：010 - 88191510）
（版权所有　侵权必究　打击盗版　举报热线：010 - 88191661
QQ：2242791300　营销中心电话：010 - 88191537
电子邮箱：dbts@ esp. com. cn）

前　言

　　2010 年 10 月，《国务院关于加快培育和发展战略性新兴产业的决定》中指出，"战略性新兴产业是以重大技术突破和重大发展需求为基础，对经济社会全局和长远发展具有重大引领带动作用，知识技术密集、物质资源消耗少、成长潜力大、综合效益好的产业；并根据战略性新兴产业的特征，立足我国国情和科技、产业基础，现阶段将重点培育和发展节能环保、新一代信息技术、生物、高端装备制造、新能源、新材料、新能源汽车等产业"。自此，战略性新兴产业在我国主要区域得以快速发展，产业规模不断扩大，新技术、新产品、新模式、新业态不断涌现，战略性新兴产业增加值在国内生产总值（GDP）中的占比不断攀升，战略性新兴产业规模以上工业增加值和服务业企业营业收入年均增速明显高于同期规模以上全国整体工业和服务业增速。从区域上看，以珠三角、长三角、京津地区为代表的东部发达地区是战略性新兴产业发展的排头兵，电子信息、数字经济、人工智能、工业互联网、高端装备制造、生物医药等产业发展突飞猛进，产业集聚态势明显，一批标志性核心企业脱颖而出，在世界新兴产业版图中的产业链地位和竞争力有了质的飞跃。而后发区域的战略性新兴产业在国家和地方产业政策推动、发达地区产业链分工协同及产业转移以及本地少数龙头企业的创新示范带动作用下，其发展也取得了一定的实质性成效，企业数量和规模逐年递增，产业增加值占地区生产总值的比重有所提高，企业整体效益增长快于全部规模以上工业企业，以专利和新产品开发为代表的创新效益有所显现。但总体上看，因受到地区经济实力、产业结构层次、产业组织绩效等发展差距制约，后发区域战略性新兴产业发展仍存在着同质化布局严重、集聚度不高、自主创新能力不足、高端人才缺乏等诸多问题，亟须结合本区域创新资源、特色和优势实行产业链错位发展、异质性发展以及"以点带面"的突破性发展。

从上述逻辑出发，本书在已有研究的基础上，依据产业经济学、创新经济学、区域经济学、系统与协同科学、计量经济学、管理学等相关理论，结合"十三五"以来国家战略性新兴产业发展规划的有序推进实施以及创新能力提升、创新驱动发展、供给侧结构性改革、"智造强国"等在发展规划中地位凸显的背景，以研究作为后发区域的广西战略性新兴产业创新体系为总纲，分析战略性新兴产业发展及其创新系统的基本现状、发展趋势及存在问题，对战略性新兴产业作出选择分析，阐述战略性新兴产业创新能力培育与地区创新优势实现的耦合机理，构建基于"钻石模型"拓展的战略性新兴产业创新系统与创新驱动平台，评价战略性新兴产业创新绩效，在此基础上对战略性新兴产业创新体系完善途径进行整合协调及政策措施体系建构。

本书的研究框架共分为八章。

第1章，绪论。阐述产业结构与升级理论、产业关联理论、产业竞争优势理论、产业创新理论与协同发展理论等相关理论的具体内涵及其与本研究的结合视角，对于本研究的指导意义、具体要求与方法论运用；分析广西发展战略性新兴产业、实现创新驱动发展所处的经济新常态与推进广西经济跨越式发展等时代背景与宏观层面的外部背景；系统考察广西战略性新兴产业发展及其创新系统的基本现状、发展趋势及存在问题和所需要的理论和实践支撑。为本研究提供科学的理论依据、实践背景依据和现实需求依据。

第2章，战略性新兴产业创新体系的基本理论问题研究。明晰战略性新兴产业与朝阳产业、成长产业、新兴产业和高技术产业之间的区别与联系，明确产业创新体系的内涵及其与国家创新体系、技术创新体系的关联与区别，从技术创新、产业链创新、产业集聚创新、应用创新和政策创新层面研究战略性新兴产业创新体系的构成，厘清广西战略性新兴产业创新发展的必要性和可行性。

第3章，广西战略性新兴产业选择分析。梳理战略性新兴产业这一概念表述的定义及其解释，阐述战略性新兴产业形成的推动力与发展路径；从国家战略原则、比较优势原则、市场需求原则、产业关联原则等方面阐述广西选择战略性新兴产业的基本原则，基于"AHP-IE-PCA"组合赋权法进行广西战略性新兴产业选择模型构建与实证分析。

第4章，广西战略性新兴产业创新能力培育与地区创新优势实现的耦合机理研究。厘清后发区域战略性新兴产业创新能力培育与地区创新优势实现的理论关系；从创新投入能力、创新转化能力、创新产出能力和创新扩散能力等方面探析广西战略性新兴产业创新能力培育与地区自然资源、人力资源、资本资源、知识资源和信息资源等产业、区域方面的创新优势实现的耦合机理：重点在于二者之间耦合互动模型构建、耦合互动的动力机制与耦合互动的路径演化探析。

第5章，基于"钻石模型"拓展的广西战略性新兴产业创新系统构建研究。基于协同发展与"钻石模型"的基本原理，从创新研发与产业化子系统、创新资源子系统、创新服务子系统、创新制度政策和文化子系统四个层面构建广西战略性新兴产业创新系统拓展"钻石模型"，重点在于分析各创新子系统内在的基本构架、主体构成、要素流动以及功能定位与实现机制；从信息流、人才流、物质流、价值流四个维度阐述各创新子系统间的关联互动机制、动态演化机制与协同治理机制。

第6章，广西战略性新兴产业创新驱动平台构建研究。结合广西战略性新兴产业的产业特征，探究以科技创新为核心、以产业价值链攀升和产业布局优化为主线以及搭建创新驱动基础平台的广西战略性新兴产业"三位一体"创新驱动平台模式，从重点领域和关键环节的"顶层设计"突破，解决广西战略性新兴产业创新能力提升的核心动力问题。

第7章，广西战略性新兴产业创新绩效评价研究。以广西战略性新兴产业创新绩效的内涵界定为基础，从创新能力评价与创新效率评价两个维度构建广西战略性新兴产业创新绩效评价结构体系；以相关统计数据为依据，基于因子分析法对广西战略性新兴产业创新能力进行实证评价、基于随机前沿模型对广西战略性新兴产业创新效率进行实证评价，探究其各自的影响因素及各因素对其的影响程度，并从经济学理论视角阐述各因素对广西战略性新兴产业创新能力、创新效率的影响机制与影响路径。

第8章，广西战略性新兴产业创新体系完善途径的整合协调及政策措施体系构建研究。以广西战略性新兴产业创新体系完善为总目标，以产业创新理论、产业竞争优势理论、产业结构升级理论、产业关联理论与协同发展理论等相关理论依据为基础，结合战略性新兴产业发展的内外部环境的变化趋势以及广西具体产业实践情况，对上述系列研究的结论与功能进行互补性整合和操作实施协调，从政府、企业和专业研究机构三个层面构建有针对性、可操作性且具有实际意义的政策措施体系。

本书基于区域创新体系和产业创新体系理论，提出"区域产业创新体系"这一新概念并分析其理论内涵、基本构成与基本特点，探讨特定产业、企业在其中的创新功能定位和协同创新机理，构建区域产业创新体系的基本框架。强调区域产业创新体系构建应当遵循竞争优势等基本原则与适合该定位的战略模式，从理论层面研究广西战略性新兴产业创新能力培育与地区创新优势实现的耦合机理，构建广西战略性新兴产业创新体系拓展的"钻石模型"，以多层次、多维度、新视角来阐述广西战略性新兴产业创新体系完善和创新绩效提升的相关影响及作用机理，提出具有一定实践应用性与决策参考价值的政策措施体系，为以广西为代表的后发区域战略性新兴产业创新能力培育与创新效率提升提供新的机制、新的方式和新的活力，有助于弥补当前战略性新兴产业创新体系研究中关于后发区域战略性新兴产业自主创新能力培育理论与应用研究的欠缺和不足。当然，战略性新兴产业的创新发展本身是一个长期、动态的过程，对其产业创新体系的理论架构、产业创新成长与区域竞争优势耦合、产业创新绩效评价、产业创新政策等相关理论与应用问题研究，未来仍具有非常大的科研学术空间和研究价值，有待于不断地结合国家及后发区域战略性新兴产业的具体实践进行更深入、更系统的后续探讨。

在本书及相关项目的研究过程中，笔者所指导的应用经济学研究生王威峰、卓泓良、李煜明、刘昱影、何根源、赵南星、杜蕊参加了相关研究工作。其中，王威峰、卓泓良和李煜明在研究资料收集和理论架构构建上做出了积极贡献；具体写作上，杜蕊参与研究第1~2章，刘昱影参与研究第3~4章，赵南星参与研究第5~6章，何根源参与研究第7~8章，对各章文献查阅、数据收集以及研究内容初稿撰写承担了大量认真而细致的研究工作，在此表示衷心感谢！通过深入、有效地参与本书研究工作，上述研究生在付出了艰辛努力的同时，在科研思维培养、科研能力历练上获得了显著成长，共获得了三项广西科协资助青年科技工作者专项课题立项，发表了系列相关论文，且均已顺利毕业，并已在高校、地方性人民银行及国有商业银行等单位实现就职。综上所述，本书在高层次经管人才培养上产生了较好的社会成效。

目　　录

| 第 1 章 |

绪　　论

本章阐述产业结构升级理论、产业关联理论、产业竞争优势理论、产业创新理论与协同发展理论等相关理论的具体内涵及其与本书研究的结合视角，对于本书研究的指导意义、具体要求与方法论运用；分析广西发展战略性新兴产业、实现创新驱动发展所处的经济新常态与推进广西经济跨越式发展等时代背景与宏观层面的外部背景；系统地考察广西战略性新兴产业发展及其创新系统的基本现状、发展趋势及存在问题和所需要的理论和实践支撑。为本书研究提供科学的理论依据、实践背景依据和现实需求依据。

1.1　研 究 依 据

1.1.1　国内外相关研究综述

1.1.1.1　产业创新体系相关研究

产业创新体系是由与产业相关的知识创新和技术创新的机构和组织构成的网络系统（张凤、何传启，1999），其理论基础主要源自国家创新系统理论和技术创新系统理论，也包括体现创新发展演化的演化经济理论。

国家创新系统（national innovation system，NIS）作为由企业、科研院所和高等学校组成的，以促进新知识、新技术创造、转化和产出为目标，最终促进国家创新能力形成的网络载体，其两大理论基石是 19 世纪德国著名经济学家弗里德里希·李斯特（List，1841）的国家经济学说和 20 世纪初美籍奥地利经济学家约瑟夫·熊彼特（Schumpeter，1934）的创新理论。李斯特（List）在其 1841 年出版的《政治经济学的国民体系》一书中首先提出了国家创新系统的理念，他认为国家政策促进了一国经济和工业制造力的发展，特别是科技政策选择对于追赶型国家而言尤为重要，由此给出了国家创新体系的基本理论框架雏形和研究方向。被誉为"创新理论"鼻祖的熊彼特（Schumpeter）于 1912 年出版了名著《经济发展理论》，指出"创新就是把生产要素和生产条件的新组合引入生产体系，即建立一种新的生产函数，其目的是为了获取潜在的利润"[1]，明确创新及企业家精神对一国经济发展的核心作用，从而创立了新的经济发展理论。弗里曼和泽特（Freeman & Soete，1997）、纳尔逊（Nelson，1995）以及伦德维尔（Lundvall，1992）等学者在李斯特和熊彼特二者理论的基础上分别从不同角度提出了国家创新体系这一概念。以国家创新系统为根基的产业创新系统强调国家制度与产业相关创新合作与组织网络之间的关系，旨在通过制度和政策措施刺激科技知识在组织网络中的快速高效流动（王明明等，2009）。其中，英国经济学家克里斯托尔·弗里曼（Freeman）在其 1987 年出版的著作《技术政策与经济绩效：日本国家创新系统的经验》一书中，从制度层面剖析了日本经济 20 世纪迅速起飞及发展的原因，首次正式提出国家创新体系的概念，并将其归结为是由大学和科研院所等公共部门以及私人企业等机构所共同构成的相互联系与互动作用的网络系统，协力承担着一国新技术的开发、引进和扩散功能。很显然，与熊彼特更强调企业家精神对创新的作用不同，弗里曼更强调国家对于创新的主导行为。其后，经济合作与发展组织（Organization for Economic Co-operation and Development，OECD）[2] 在对其若干成员国的国家创新体系进行的实证研究中，也认同了弗里曼的观点，并指出"国家创新体系是共同或单独致力于新技术的开发和扩散的不同公共或私人机构组成的集合，这些机构之间

---

① Schumpeter J A. The Theory of Economic Development: An Inquiry into Profits, Capital, Credit, Interest, and the Business Cycle [M]. Cambridge, MA: Harvard University Press, 1934.

② 据 OECD 官网资料，经济合作与发展组织（OECD）简称经合组织，成立于 1961 年，总部设在巴黎，是由市场经济国家组成的政府间国际经济组织，旨在共同应对全球化带来的经济、社会和政府治理等方面的挑战，并把握全球化带来的机遇。

的相互作用为政府科技政策的制定和执行提供了参考框架，并进而影响国家创新绩效"①。

技术创新系统（technical innovation system，TIS）是指特定的结构性基础下，由每个特定技术领域中的相关组织和经济个体相互作用而形成的技术网络关系，以促进技术和知识的形成、扩散和利用（Carlsson & Stankiewicz，1991）。与国家创新系统相比，技术创新系统更加侧重于技术扩散和利用的微观特性，即每一项技术都有一个技术系统与之对应，而且每个系统在新技术开发和扩散上的能力各不相同，系统功能设计及组合是一个技术创新系统建立和发展的必要程序和条件（王明明等，2009；陈卓淳，2012）。

在国家创新系统、技术创新系统和演化经济学的相关研究基础上，意大利学者布雷斯齐和马勒尔巴（Breschi & Malerba，1997）认为"产业创新系统（industry innovation system，IIS）是由企业、其他参与者、网络、制度、知识基础、系统运行进程和协同演进七大基本要素相互联系而构成的网络系统，促进着创新的产生、扩散与产品的生产，并最终影响着产业的绩效与竞争力"②。因而，产业创新系统理论一般适用于研究零部件部门众多、创新活力和动态性强、网络关系复杂的产业（彭勃、雷家骕，2011）。

目前产业创新体系的理论研究主要涉及：产业创新体系的内涵、结构、功能与运行机制（郑小平，2006；张治河等，2006）；基于技术范式演进的技术创新价值网络体系构建（邓龙安、徐玖平，2006）；不同产业创新主体之间的共生和系统演化模式（Bianchi et al.，2011）以及技术创新效率比较（张庆昌、唐红，2011）；中国产业创新体系政策制定（孔欣欣，2008）；等等。实证研究方面，国内外学者围绕高技术产业的产业创新体系，主要是对涡轮发电机（Thomas，2003）、机器人制造（Nageswaran & Kumiko，2001）、碳纤维（Graham，2002）、石化（王明明等，2009）、新能源汽车（胡登峰、王丽萍，2010）、飞机制造（彭勃、雷家骕，2011）、互联网（罗文，2015）等产业做了专门研究。

① OECD. National Innovation System [R]. Paris：OECD，1997：1-48.
② Breschi S，Malerba F. Sectoral Innovation Systems：Technological Regimes，Schumpeterian Dynamics，and Spatial Boundaries [M]//Edquist C. Systems of Innovation，Technologies，Institutions and Organization. London：Printer，1997：130-156.

1.1.1.2 战略性新兴产业相关研究

2008 年国际金融危机之后，为调整产业结构、力争占据全球新一轮技术和产业发展制高点并实现创新驱动发展，我国于 2009 年首次提出"战略性新兴产业"这一表述，而国外对此多采用"战略产业"或"新兴产业"的提法。作为新兴前沿技术和新兴产业的一个深度融合，战略性新兴产业无疑已成为学术界的热点研究领域。主要涵盖以下研究维度：

(1) 战略性新兴产业的内涵界定及其特征研究。战略性新兴产业在国民经济中具有战略地位，对经济社会发展和国家安全具有重大和长远影响，是能够将未来经济构建成具有全新技术、产业与组织形态的新型经济（陈磊，2009；Kesting，2010；胡海鹏、黄茹，2014）；具有战略性、全局性、前瞻性、创新性、风险性、成长性、关联性、高渗透力、综合效益好等产业特征（Nicole，2005；李金华，2011；林学军，2012）；关系到国家或地区的经济命脉和产业安全，体现未来经济发展重心和政府产业政策导向，对提升综合国力具有重要促进作用，有助于获取国家战略价值（刘洪昌，2011；胡慧芳，2014）；着眼于引发新一轮重大技术革命和产业变革（钟清流，2010），以大型本土需求为发展动力（郝凤霞，2011），面临技术系统的高度复杂性、不同产业间的技术交互扩散与融合性以及多创新主体协同创新的共同治理（吴绍波、顾新，2014）。

(2) 战略性新兴产业评价方法的相关研究。大致可归纳为三个方面。第一，战略性新兴产业的相关评价研究，主要有：基于产业全局性、先导性、关联性、动态性指标的 Weaver-Thomas 模型评价（贺正楚、吴艳，2011）；基于钻石模型的产业发展评价体系构建（施卓宏、朱海玲，2014）；基于模糊层次分析法的评价指标体系和评价方法设计与应用（张丽，2015）；契合国家产业政策、区域产业现有基础和经济社会现实需求的综合评价体系建立（熊勇清、曾丹，2011）；等等。第二，战略性新兴企业的相关评价研究，主要有：从偿债能力、营运能力、盈利能力、成长性、技术创新能力、区域经济发展水平等六个方面构建企业信用评价模型（张目等，2013）；确立与经营目标和管理理念相适应的企业业绩评价原则（张蕊，2014）；基于宏微观价值七维度的核心企业商业模式评价指标体系构建与评价（周辉等，2013）；等等。第三，战略性新兴产业发展环境的相关评价研究，主要有：基于硬件和软件两个层面进行产业集群知识创新环境评价体系构建与评价应用（宋春艳，2013）；确立包含经济、环境、资源的发展效应评价指标及标准（黄鲁成等，2012）；以及基于 AHP 方法构建产业发展潜力评价指标体系并进行地域性评价应用（霍影，2012）；等等。

（3）战略性新兴产业发展的相关研究。重点聚焦于三个方面。第一，战略性新兴产业选择研究，主要有：构建基于 "AHP-IE-PCA" 组合赋权与灰色关联分析的产业选择模型（胡振华等，2011；王昌盛、周绍东，2014）；"领军还是跟进" 的企业进入时机选择研究（郭晓丹、宋维佳，2011）；以及基于技术先进性、产业带动性和产业生态性的评价指标体系筛选与模型分析（贺正楚等，2013）；等等。第二，战略性新兴产业布局与集聚研究，主要包括：产业规模分布与成长及创新在其中的作用（郭晓丹、刘海洋，2013）；空间布局及发展演化规律（吕岩威、孙慧，2013；刘佳刚、汤玮，2015）；集聚度演变及区域分布测算（吕岩威、孙慧，2013）；产业集聚的组织效应实证分析（赵玉林、史芬芬，2012）；并剖析了突破性技术创新驱动型、产业创新战略联盟型和高新技术开发区升级型三种区域集聚实践模式（涂文明，2012）。第三，战略性新兴产业的财政与金融政策研究，包括：促进产业演进的市场性金融支持体系及政策（顾海峰，2011）；财政政策对企业 R&D 投入与技术创新能力的影响（李苗苗等，2014）；促进产业发展的财税政策与措施（刘家庆，2011；杨森平、黎志杰，2011）；金融支持促进产业发展的效率（王健、张卓，2015）及其障碍与对策（马军伟，2013）；等等。

1.1.1.3 战略性新兴产业创新体系相关研究

将产业创新系统理论应用于战略性新兴产业的研究，是近年来国内产业经济领域研究的重心之一。原因在于，战略性新兴产业的形成与发展须以科学技术的重大突破性进展为前提，唯有掌握关键核心技术，才能在产业竞争中赢得主动权（邓龙安，2012）；战略性新兴产业的培育和发展涉及技术创新、产业变革乃至社会技术体制的变革（李华军等，2012）；且战略性新兴产业的技术标准林立，构建产业创新生态系统对于互补性产品的创新至关重要（吴绍波等，2014）。在具体研究内容上，主要涵盖以下三个方面：

（1）产业创新平台研究。作为区域创新体系的重要组成部分，创新平台建设有利于构建战略性新兴产业的技术创新体系，相关研究视角涉及从产业的角度（高常水，2011）、从地区的角度（陈莎莉，2012）等。

（2）产业创新驱动发展路径研究。主要有基于产业创新力、引领力、持续力、聚集力和碳减力来构筑市场、科技、资本三大支撑力（高友才、向倩，2010），从市场需求、创新投入、发展效率、发展质量四个方面分析产业创新驱动的影响因素及其螺旋关系（刘晖等，2014），以及新常态下产业创新驱动发展的路径选择（闫俊周，2016）。

（3）产业创新系统研究。大体侧重于两个方面：一是战略性新兴产业创新体系的子体系研究，主要将产业科技创新体系划分为基础创新和辅助创新两类活动（邓龙安，2012），以及产学研合作对策创新（申俊喜，2012）、创新生态系统协同创新的治理模式选择（吴绍波、顾新，2014）等；二是战略性新兴产业创新系统的不同构建视角研究，包含战略生态位管理视角（李华军等，2012）、共生视角（李煜华等，2014）、创新系统架构视角（汪秀婷、杜海波，2012）等。

1.1.1.4　广西战略性新兴产业相关研究

广西作为西部后发地区，目前学术界针对其战略性新兴产业的相关研究还较缺乏。已有研究主要涉及广西战略性新兴产业与传统产业的耦合度和耦合协调度分析（乔鹏亮，2014）、促进产业发展的财税政策及建议（黄力明等，2011；黄朝晓，2013）、科技创新问题的研究述评及设想（杨西春、朱良华，2013）、知识产权发展问题及构想（雷蕾等，2013）等。

1.1.1.5　上述相关研究存在的欠缺或不足

（1）现有相关研究未能系统地结合区域创新优势对战略性新兴产业的创新能力培育进行深入探讨，尤其缺乏对二者之间耦合互动模型构建及其动力机制与路径演化的探析，使之无法对后发区域如何通过区域创新优势的培育和发挥来促进战略性新兴产业的创新发展提供有效的现实指导。

（2）现有相关研究没有很好地结合协同发展理论与波特"钻石模型"的基本原理，以创新子系统的内在构造原理和创新子系统间的关联互动机理为研究对象，进行战略性新兴产业创新系统基本构架及其内在关联互动机理与路径的探究，从而难以为后发区域战略性新兴产业创新系统的构建及良性运作给予科学的实践启示。

（3）现有相关研究多从某个层面和视角探讨战略性新兴产业创新体系的构建，而针对特定地区战略性新兴产业创新体系的研究总体还偏少。特别是缺乏对后发区域战略性新兴产业创新体系的系统研究，对其创新体系完善和创新能力提升的理论与实践启迪价值非常有限。

（4）现有相关研究中针对后发区域战略性新兴产业创新发展的系统实证研究总体而言仍较为匮乏，特别是缺乏结合战略性新兴产业选择和创新绩效评价的整体实证分析，从而无法为后发区域在科学地进行战略性新兴产业选择的基础上，对战略性新兴产业创新能力和创新效率进行客观评价，进而构建实践性强且具有可操作性的政策措施体系给出合理答案。

针对现有相关研究存在的上述不足，本书旨在立足于作为后发区域的广西产业发展情况，在运用"AHP-IE-PCA"组合赋权法对该地区战略性新兴产业的相关细分行业进行科学甄选的基础上，从顶层设计的角度整体性地研究战略性新兴产业创新能力培育与地区创新优势实现之间的耦合机理，运用拓展的波特"钻石模型"、以"创新驱动"为核心研究战略性新兴产业创新体系构建，并对战略性新兴产业创新绩效进行实证评价，据此科学有据地提出可靠、可行、有效的政策措施体系，以弥补当前国内外战略性新兴产业创新体系研究中关于后发区域战略性新兴产业创新体系构建及其自主创新能力培育的理论与应用研究上的欠缺和不足。

1.1.2 本书的学术价值和应用价值

1.1.2.1 学术价值

本书的学术价值主要体现在以下四个方面：

（1）基于区域创新体系和产业创新体系理论，提出"区域产业创新体系"这一新概念并分析其理论内涵、基本构成与基本特点，探讨特定产业、企业在其中的创新功能定位和协同创新机理，构建区域产业创新体系的基本框架。强调区域产业创新体系构建应当遵循竞争优势等基本原则与适合该定位的战略模式。

（2）从理论层面研究广西战略性新兴产业创新能力培育与地区创新优势实现的耦合机理，构建二者之间的耦合互动模型，探析其中的动力机制与路径演化，有助于加深学术界对于后发区域如何实现地区创新比较优势发挥与战略性新兴产业创新能力培育之间良好互动这一理论问题的理解和关注。

（3）根据相关主流理论，构建广西战略性新兴产业创新体系拓展的"钻石模型"，由此拓展了传统经典理论的学术内涵和研究空间。

（4）结合理论研究与实证研究，以多层次、多维度、新视角来阐述广西战略性新兴产业创新体系完善和创新绩效提升的相关影响及作用机理，丰富了后发区域产业创新体系的理论研究内涵与实证、实践的方法应用。

1.1.2.2　应用价值

本书的应用价值主要包含如下四点：

（1）构建广西战略性新兴产业发展选择模型并进行准确的实证检验，为广西战略性新兴产业发展的具体产业选择提供现实依据。

（2）构建广西战略性新兴产业创新体系的拓展"钻石模型"与创新驱动平台，有助于厘清广西战略性新兴产业创新体系中各创新子系统间的关联互动机制、动态演化机制与协同治理机制，并为其他后发地区提供具有普适性意义的产业创新动力机制参考。

（3）构建广西战略性新兴产业创新绩效评价体系，以定量分析为主结合定性分析，准确把握产业创新绩效的各影响因素及其影响程度，科学地揭示广西战略性新兴产业创新绩效提升的关键途径。

（4）针对广西战略性新兴产业创新体系完善的具体途径，构建实践性强、决策参考价值突出的政策措施体系，将为广西战略性新兴产业创新能力培育与提升提供新的机制、新的方式和新的活力。

1.2　研究背景

1.2.1　理论背景

1.2.1.1　产业结构升级理论

产业结构是在社会再生产过程中，一个国家或地区各产业部门的构成及相互之间的生产技术经济联系和数量比例关系。产业结构理论揭示了在经济发展的过程中，主导产业部门不断替代的规律及其相应的产业结构效应，其蕴含的要核是产业结构升级。所谓产业结构升级，意指经济增长方式的转变与经济发展模式的转轨，以及产业结构从低级形态向高级形态转变的过程或趋势（肖兴志等，2012）。中共十九大报告提出，"推动经济发展质量变革、效率变革、动力变革，提高全要素生产率，着力加快建设实体经济、科技创新、现代金融、人力资源协同发展的产业体系"①。因此，从中国当前产业发展水平和产业结构调整任务的现实国情出发，产业结构升级在要核上表现为，在努力实现工业化、向发达国家迈进的进程中，需要在三个方面做好战略转向，即由规模数量增长转向高质量发展，由粗放型增长转向全要素生产效率提升，由传统资源禀赋驱动转向以知识创造与积累、科技进步为主的创新驱动，从而实现产业结构的整体优化升级。

关于产业结构升级判定标准的界定，当前学术界仍然存在着诸多争论：

（1）从宏观的视角来看，产业结构升级意味着一个国家或地区经济增长方式和经济发展模式的改变。遵循从劳动密集型增长方式向资本密集型、技术密集型和知识密集型增长方式转变，资源运营增长方式向产品运营、资本运营、资产运营、知识运营增长方式转变，以及经济增长动力由要素驱动向投资驱动、创新驱动转变等趋势。

（2）从中观的视角来看，产业结构升级旨在讨论产业内部各个行业的发展水平及联系。德国经济学家霍夫曼（Hoffmann，1931）曾经就早期工业结构的演变提出了"霍夫曼工业化经验法则"，以霍夫曼比例（即消费资料工业净产值与资本资料工业净产值之比）作为判别指标，认为"在制造业中资本资料工业所占比重会不断上升并超过消费资料工业所占比重，这一变化过程反映出一国产业结构经历从工业化初期到工业化中期、最终实现工业化的演进进程"②。中观层次的产业结构升级主要通过中间投入的进出口贸易和生产要素结构变化等视角考察，在各国产业结构升级的具体实践过程中通常伴随着信息化、高加工度化、重化工业化等特点。

---

①　习近平在中国共产党第十九次全国代表大会上的报告［EB/OL］. 新华网，http：//www. china. com. cn/19da/2017 – 10/27/content_41805113. htm.

②　Hoffmann W G. Stage and Type of Industrialization［M］. Oxford：Blackwell，1931.

（3）从微观的视角来看，产业结构升级体现在一个产业中主要企业的知识技术水平、工艺水平、产品质量、管理模式、生产效率、运营效率、产品附加值、品牌影响力、产业链地位等方面的全面提升，从而实现整体企业结构升级，并导致国家或区域主导产业的转换及相应关联产业的重组。

综上所述，无论是从宏观、中观还是微观视角，产品附加值提高都是产业结构升级的核心与灵魂，经济活动的主体性提高是产品附加值提高的根本。① 广西地处华南边境，拥有得天独厚的沿海、沿边、沿江的区位优势以及各类自然资源丰富和劳动力充裕且成本相对低廉的资源禀赋优势，既现存大量低产品附加值的传统产业，还承接了钢铁、水泥、食品加工、石化、电子产品组装、机电等不少经济发达地区因产业结构转型而转移出来的过剩产能。然而随着技术进步和经济社会的发展，这些传统产业和落后产能已经无法满足大众日益增长的高质量、高层次消费需求，也无法适应中国创新驱动、高效发展的节奏。更重要的是，产业结构层次较低直接导致广西虽在地理上处于华南地区，但在经济发展水平上仍属于西部后发省份，2010～2020 年在全国各省区市 GDP 排名中依然徘徊于第 17～19 位的中下水平，且在西部省份中也只位居中游；人均 GDP 水平更是节节倒退，从 2016 年全国倒数第 6 位下降到 2017 年的全国倒数第 4 位，2020 年更是降至全国倒数第 3 位。因此，从中观维度，广西产业结构调整升级的立足点，必须坚决淘汰传统行业的落后、过剩产能，使生产要素从低效率、低效益产业向高效率、高效益产业转移，集中力量大力发展代表未来产业科技前沿、蓝海市场前景广阔、产品附加值值高的战略性新兴产业，并在细分产业上实行错位发展，结合自身优势培育战略性新兴产业的独特核心业务、品牌和竞争力，从而实现资源合理配置和战略性新兴产业引领的产业结构优化升级；同时在微观层次上，应加大战略性新兴产业各相关细分产业内部技术创新和新知识、新产品创造的力度，促进战略性新兴产业的内部优化升级，带动整个产业链的技术效率和制造质量提升，实现从低附加值产业链到高附加值产业链的不断跨越。

---

① 陈世清. 什么是产业升级？［EB/OL］. 大公网，http：//finance. takungpao. com/mjzl/mjhz/2016－11/3391510. html.

1.2.1.2 主导产业选择理论

从战略关联的角度，主导产业是指能够依靠科技进步或创新获得新的生产函数，能够通过快于其他产品的"不合比例增长"的作用有效地带动其他相关产业快速发展的产业或产业群（Rostow，1960）。因此，对于一国或一地区而言，如何根据总体经济发展趋向和产业结构优化的战略要求以及产业技术进步状况、产业成长速度、产业带动力等维度对不同时期的主导产业进行科学甄别就显得非常关键。主导产业选择理论的形成与发展由来已久，国外较为成熟的研究成果中，最具影响力和代表性的主要有"比较优势理论""关联效应标准""罗斯托基准"和规划产业结构的"筱原两基准理论"。

（1）比较优势理论。

"比较优势理论"是在古典经济学时期由英国著名古典经济学家大卫·李嘉图（Ricardo）在其1817年出版的代表作《政治经济学及赋税原理》中所提出，认为"国际贸易的基础是生产技术的相对差别（而非绝对差别），以及由此产生的相对成本的差别，因此，每个国家都应根据'两利相权取其重，两弊相权取其轻'的原则，集中生产并出口其具有'比较优势'的产品，进口其具有'比较劣势'的产品"[1]。在理论演进上，比较优势理论又可分为静态比较优势理论和动态比较优势理论。

静态比较优势理论在假设国内土地、其他自然资源、劳动力、资本等生产要素供给基本不变的静态条件下，一国若集中生产并出口本国要素最密集的产品，而进口本国相对更为稀缺的要素生产的产品，就可获得最大利益。例如，李嘉图（Ricardo，1817）指出："国际劳动生产率的不同是国际贸易的唯一决定因素，由于一国的资源是有限的，所能生产的产品也是有限的，因而在不同产品的生产中存在替代问题，一种产品产量的增加必然要以牺牲另一种产品的产量作为替代，通过贸易既节省了资源，又使贸易的双方都能获利"；瑞典经济学家埃利·赫克歇尔（Heckscher）在其1919年发表的《对外贸易与收入分配的影响》一文中也指出，"比较优势的产生是基于两国

---

① Ricardo D. Principles of Political Economy and Taxation ［M］. London：John Murray，1817.

生产要素禀赋程度不同、不同产品在生产过程中所使用的要素比例不同"①。总之，静态比较优势理论注重充分利用当下有利的自然资源禀赋、条件和实力，优先发展现有产业结构中具有相对优势的产业，从而带动产业体系和国民经济的快速增长。例如，改革开放后中国沿海地区利用劳动力比较优势进行技术模仿追赶和全球制造代工，实现了经济的迅速腾飞并使我国一跃成为世界第一制造大国。但过于依赖静态比较优势增长也产生了一些深层次弊端，例如：基础研发能力欠缺、出口以劳动密集型产品为主，在耗费了大量资源并造成巨大环保压力的同时，制造业大而不强，无法获得国际产业链供应链分工的高端价值；并且产业需求及发展严重受制于人，而当其他主要进口国发生经济危机导致国际市场需求减少时，国内产业结构将不可避免受到连环冲击。因此，2008 年国际金融危机恰恰成为中国下决心转变这一发展模式的契机。

动态比较优势理论是以产业发展潜力的相对优势选择产业，主张将当前处于比较劣势、但未来可形成比较优势，进而带动一个国家或地区产业结构高级化演进的新兴产业作为主导产业。与静态比较优势所不同的是，动态比较优势是一国可以通过专业化学习或"干中学"、技术创新投资及知识经验积累等后天因素而人工创造出来。格罗斯曼和赫尔普曼（Grossman & Helpman, 1991）将产业内贸易放在动态框架下分析，证明了贸易模式是由各国研发出的新技术数量决定的，或者说，比较优势随着研发投资水平而动态演进；阿吉翁（Aghion）和霍依特（Howitt）在其 1998 年出版的《内生增长理论》一书中指出，"动态比较优势形成最主要的是引入具有规模报酬递增特征的研发部门"②。对于当前的中国而言，基于静态比较优势的产业模仿追赶模式在国际先进产业技术竞争加剧、发达国家一般制造业回流及传统贸易保护主义抬头、世界新能源革命、工业 4.0 等产业发展大环境下已不适合，只有通过不断增强、深化的原创性技术研发来改变跟随者的角色，逐渐成为某一新兴产业技术领域的全球领先者，以战略性新兴产业的率先突破和规模化发展所形成的动态比较优势来带动产业结构创新升级，才能实现以创新驱动

① Heckscher E F. The Effect of Foreign Trade on the Distribution [J]. Ekonomisk Tidskriff, 1919: 497-512. Translated as Chapter 13 in American Economic Association.

② 菲利普·阿吉翁（Aghion P），彼得·霍依特（Howitt P）. 内生增长理论：增长与发展译丛 [M]. 陶然，译. 北京：北京大学出版社, 2004.

整体经济的持续和高质量发展。

（2）主导产业关联基准。

主导产业关联基准可分为"关联效应标准"和"罗斯托基准"，分别由美国发展经济学家艾伯特·赫希曼（Hirschman）和美国经济史学家华尔特·惠特曼·罗斯托（Rostow）所提出，他们都认为产业关联应当作为主导产业的选择基准之一。其中，赫希曼（Hirschman）在其 1958 年出版的著作《经济发展战略》中指出，要选择在投入产出中与其前、后向产业间的关联度系数高、产业影响力和感应度较强、产业延伸链较长的产业作为主导产业来进行重点扶持，再通过主导产业的优先快速发展所产生的集聚效应和乘数效应带动区域内相关产业的同步发展。随后，罗斯托（Rostow）也在其 1998 年出版的《主导部门和起飞》一书中提出了产业扩散效应理论和主导产业的选择基准，合称为"罗斯托基准"，他主张"主导产业应从具有较强的扩散效应（包括前瞻效应、回顾效应和旁侧效应）的产业中加以选择，以将主导产业的技术、增长和市场优势辐射扩散到关联产业链上下游的各产业中，进而带动一个国家产业结构的整体升级和经济的全面起飞与发展"[1]。

（3）筱原两基准理论。

"筱原两基准理论"是由日本经济学家筱原三代平在其 1957 年发表的著名论文《产业结构与投资分配》中所提出，包括"收入弹性基准""生产率上升基准"[2]。"收入弹性基准"是指根据需求收入弹性的高低来选择战略产业，因为不同的需求收入弹性反映出人们对不同产业产品的需求量变化对收入变化具有不同的敏感程度，不同产业的需求收入弹性不同表明它们的潜在市场容量也必然不同，显然只有高收入弹性的产业才有可能不断扩大其市场份额，这也即所谓的"蓝海产业"，通常代表着一国未来产业结构调整变动的方向。"生产率上升基准"基于"比较成本说"发展而来，意指因技术进步速度的差异导致各产业部门生产率上升率的不同，在既定的价格结构下生产率上升率高的产业，其技术进步速度更快，使得生产成本不断降低，能够创造更多的国民收入，因此，对生产率上升率高的产业进行重点扶植和优先

① Rostow W W. The Stages of Economic Growth：A Non-Communist Manifesto ［M］. Cambridge：Cambridge University Press，1960.

② 筱原三代平. 产业结构与投资分配 ［J］. 一桥大学经济研究，1957（4）：23－28.

配置资源，促进其迅速突破瓶颈状态，可以带动国民收入水平的加快提升。筱原三代平认为，一国应选择收入弹性高且生产率上升快的产业作为主导产业优先发展。①

以上主导产业选择理论为战略性新兴产业的选择与发展提供了有力的理论基础，这是由战略性新兴产业本身兼具战略先导性、技术引领性、成长倍增性、辐射带动性及动态可持续性的属性所决定的。针对广西战略性新兴产业的选择，首先，其战略性决定了未来广西战略性新兴产业选择的基本方向，应在国家规划重点发展的节能环保、新一代信息技术、生物医药、高端装备制造、新能源、新材料和新能源汽车七大产业领域中进行选择。其次，新兴产业因其技术变化快、技术路线尚未完全明确，成长时间与空间有限，大多数产业并不具备完善的产业结构或规模，对于作为后发区域的广西而言更是如此，所以在对战略性新兴产业进行选择权衡时，需紧密结合本地区的资源特色、技术与人才优势，并严格按照产业规模、产业链完善性、产业发展潜力、产业扩散效应等产业选择基准进行综合、科学地考量与评判，以期实现以点带面的突破发展。

1.2.1.3 产业关联理论

产业关联是指在经济活动中，各产业之间通过投入－产出数量关系而结成的广泛的、复杂的和密切的技术经济联系（Hirschman，1958），其实质是各产业中的企业之间的因供给和需求而产生的种种关系。产业关联理论的主要研究工具是由俄裔美国经济学家里昂惕夫（Leontief，1953）所提出的投入产出模型，该模型利用投入产出表及根据投入产出表的行和列的平衡关系建立起来的数学方程组，综合定量分析和考察社会经济活动过程中各产业之间基于投入与产出而产生的广泛的、复杂的、密切的数量依存关系和技术经济联系，深入挖掘产业间内在关联以及产业结构特征②，为产业政策的制定和调整提供依据。

20 世纪中期，随着第三次科技革命的兴起，发展中国家工业化程度快速

---

① 筱原三代平. 产业结构与投资分配 [J]. 一桥大学经济研究，1957（4）：23 - 28.

② Leontief W. Domestic Production and Foreign Trade：The American Capital Position Re-Examined [J]. Proceedings of the American Philosophical Society，1953，97（4）：332 - 349.

提高，产业关联研究的重要性越发突显。1958 年，赫希曼提出了不平衡增长理论，认为应通过产业关联效应来区分各产业的相对重要性，寻找驱动发展中国家经济快速发展的少数"主导部门"进行选择性投资，促进其优先发展，再通过主导部门的"关联效应"带动前向、后向关联部门乃至整个产业部门的发展，据此为发展中国家工业化问题制定经济发展战略。赫希曼的观点构成了基于投入产出视角的产业关联分析的理论基础（杨灿、郑正喜，2014）。

从各国产业发展实践来看，任何产业都无法脱离其他产业和社会关系独自发展壮大，优势产业更多的是在一条由关联产业组成的产业链或完善、配套的产业网络中蓬勃发展。广西战略性新兴产业正处于初期发展阶段，一方面需要关联产业的集群推动和辅助产业的配套支持，利用协同效应实现倍增成长，另一方面战略性新兴产业的成长壮大也能对其前、后向关联产业的进一步发展乃至区域产业结构的调整优化、科学技术进步、人力素质改善、制度优化等起到有力的促进作用。因此，对于广西而言，应深入挖掘影响本地区战略性新兴产业发展的关键因素，全面、细致地把握战略性新兴产业与其他产业间的投入产出数量比例关系和技术经济关联特征，结合世界产业结构的演化趋势，更好地发挥区域产业政策的引导与推动作用，促进战略性新兴产业合理集聚及其关联配套产业链供应链形成，并不断向高技术、高质量、高效率、高效益的发展目标稳步迈进。

1.2.1.4　产业竞争优势理论

从国际竞争的角度，产业的竞争优势来源于产业集聚、区位条件、自然禀赋、技术、组织、效率、质量、品牌、制度等诸多方面。传统的产业竞争优势理论认为，当一个国家或区域的生产要素结构与产品所需的要素投入结构基本一致时，产业竞争优势就得以随之形成。这即是瑞典经济学家赫克歇尔（Heckscher，1919）和俄林（Ohlin，1933）所提出的"要素禀赋论"（factor endowment theory，亦称 H-O 理论）的核心思想，也就是说，一个地区应该顺应其自然资源分布，发展以其丰裕资源为生产要素的产业，便能形成该产业的竞争优势。[①]

---

① Ohlin B. Interregional and International Trade［M］. Cambridge：Harvard University Press，1933.

传统的产业竞争优势理论认为竞争优势来源于比较优势，由资源禀赋决定，这属于静态分析的范畴。而由美国哈佛大学管理学教授迈克尔·波特（Porter）在其1990年出版的巨著《国家竞争优势》一书中所提出的国家竞争优势理论则是对竞争优势作了动态的分析。该理论认为，一个国家的竞争优势，就是国家和区域产业的竞争优势，决定了该国或区域特定产业国际竞争优势的强弱，而国家的竞争力和财富是创造出来的，尤其强调决定产业竞争优势的各个要素是创造出来的。波特（Porter）运用其构建的作为理解一国或区域全球竞争地位的全新方法即"钻石"模型，进一步指出，竞争优势分为自然禀赋所赋予的竞争优势和由产品差异所形成的竞争优势，其中，由产品差异所形成的竞争优势是需要经过长期努力才能获得的较高层次的竞争优势，也更能为相关产业乃至整个国家或区域带来持续、稳定而丰厚的利润。[1]创造这种高层次的竞争优势，则需要生产要素、需求条件、相关与支持性产业以及企业战略、企业结构和同业竞争的表现这四项核心要素以及政府和机会两项辅助因素的有机整合，波特"钻石模型"即系统地刻画了这六种要素间的关系。

广西地处亚热带，有着丰富的自然资源禀赋。矿产资源方面，广西是中国十大有色金属矿产地之一，现已发现矿种145种（含亚矿种），其中已探明资源储量的矿产有97种，约占全国已探明资源储量矿种（212种）的45.75%，已发现但尚无探明资源储量的矿产有48种；已探明资源储量矿产地1326处，保有资源储量矿产地1286处；有色金属矿产资源居全国第一位的有12种、居前十位的有64种、居前五位的有47种；国民经济赖以发展的45种支柱性重要矿产广西有35种探明资源储量，其中保有资源储量在全国前十位的有：锰、锑、磷钇矿、钛、铅、锌、铝、钨、银矿、轻稀土矿、滑石、重晶石、水泥用灰岩、高岭土、普通萤石等矿种。[2] 同时，广西处于北部湾沿海地带，大陆海岸线较长且曲直比适宜，是公认的优质天然港群，拥有十分优越的海洋资源，北部湾鱼类、虾类、头足类、蟹类、贝类和其他海产动物、藻类等海洋生物资源种类繁多；煤、泥炭、铝、锡、锌、汞、金、钛铁矿、石英砂、石膏、石灰石、花岗岩、陶土等海洋矿产资源亦达到20多

---

① Porter M E. The Competitive Advantage of Nations [M]. New York：Free Press，1990.
② 广西矿产资源概况 [EB/OL]. 广西壮族自治区人民政府网站，http：//www.gxzf.gov.cn/.

种；北部湾盆地、莺歌海盆地和合浦盆地 3 个含油沉积盆地蕴藏丰富的海洋石油、天然气资源。① 并且，广西自北至南分布着 3 个植被带，即中亚热带常绿阔叶林带、南亚热带常绿季雨林带、北热带季节性林带，气候温润、降水充沛、土壤多样，生物生长快、种类多、数量大，使其成为我国生物资源最丰富的省区之一，拥有森林资源 981.91 万公顷、野生药用植物 2426 种、野生淀粉植物 109 种、野生化工原料植物 210 种、野生纤维植物 400 多种、野生芳香植物 156 种，种类均位居全国前列。② 上述得天独厚的自然资源条件为广西大力发展新材料、新能源汽车、生物医药、新能源等战略性新兴产业提供了坚实的物质基础、持续的发展动力和天然的竞争优势。

至于更高层次的地区动态竞争优势，本书结合战略性新兴产业的特点，并针对战略性新兴产业的创新能力评价，在波特"钻石模型"的基础上进行了创新型拓展，用更为体现产业创新的关键要素来代替原模型中四项核心要素的内容。第一，用创新资源代替需要生产要素。战略性新兴产业的创新发展对人才、知识、技术等生产要素的创新力都有着更高的要求和标准。第二，用创新研发与产业化替换需求条件，来衡量战略性新兴产业的创新产出和绩效。战略性新兴产业的创新产出只有逐渐得到市场的广泛认可，产业本身的"蓝海"属性才会被证实。第三，用创新服务替代相关与支持性产业。在战略性新兴产业的相关产业网络中，更注重如高校、专业研发机构、信息网络运营商等不同创新服务方与战略性新兴产业的创新资源通过横向、纵向、交叉等多类型的研发合作形成利益共享、风险共担、动态开放的创新网络，以此吸附来自不同地域、国家的创新资源，协力加快战略性新兴产业的创新发展步伐。第四，用创新制度政策与文化来考量政府在整个产业创新过程中所发挥的导向功能及其实效。战略性新兴产业的提出代表着国家对未来产业结构升级的导向，广西的经济条件、产业实力、技术基础、人口素质相对薄弱，战略性新兴产业的发展更需要政府在知识产权保护、激励机制、人才梯队建设、基础研发投入、投融资体制等方面进行全新、根本性的创新制度设计，也亟须在全社会形成有利于创新的文化氛围，促进相关企业、群体和个人牢

---

① 广西壮族自治区地形地貌类型的特点是怎样的？在广西选土地需要注意些什么自然条件？[EB/OL]. 土流网, https://www.tuliu.com/read-59296.html.

② 广西生物资源概况 [EB/OL]. 广西壮族自治区人民政府网站, http://www.gxzf.gov.cn/.

固树立创新意识，促进战略性新兴产业不断做大、做强。综上所述，本书选取了创新资源、创新研发与产业化、创新服务及创新制度政策与文化四个要素来构建战略性新兴产业创新型拓展的"钻石模型"，力图合理地阐释广西战略性新兴产业创造动态创新竞争优势的运作机制及实现机理。

1.2.1.5 产业创新理论

创新是产业竞争力的最重要来源。现代创新理论的源头是熊彼特1912年提出的创新理论。熊彼特（Schumpeter，1934）指出："创新是一个内生因素，经济发展也不过是经济体系自身内部具有的创造性所导致的经济生活的一种变动"[①]。在熊彼特看来，创新是经济发展的本质规定。同时他还指出，创新就是企业家对生产要素进行创造性的组合而建立出一种新的生产函数（setting up of a new product in function），即把一种从未有过的生产要素和生产条件的新组合，引入生产体系，并将生产新产品、开创研发新技术、开辟新市场、获取原材料的新途径和组织变革等行为都归为创新。[①]

由于技术发明和组织创新越来越复杂，传统线性框架对这种复杂关系并不能作出合理诠释，因而英国经济学家弗里曼（Freeman，1987）首次提出了创新系统的概念，即以系统论为框架来理解创新以及创新与经济绩效之间的关系。随着学术界研究的深入，又引申出了宏观层面的"国家创新系统"（NIS）、类宏观的"区域创新系统"（RIS）以及中观层面的"产业创新系统"（IIS）。

（1）国家创新系统理论。

在继承了熊彼特创新理论的基础上，国家创新系统（national innovation system，NIS）理论吸收了新增长理论和人力资本理论的思想，把对经济有用的新知识、新技能和新技术的生产、扩散和应用作为国家创新系统的核心功能和活动。新增长理论（new growth theory）的主要建立者是美国经济学家保罗·罗默（Romer，1986）和罗伯特·卢卡斯（Lucas，1988），该理论将知识、人力资本等内生技术变化因素引入经济增长模式，强调经济增长是经济体系的内部力量作用的产物，重视对知识外溢、人力资本投资、研究和开发

---

① Schumpeter J A. The Theory of Economic Development：An Inquiry into Profits，Capital，Credit，Interest，and the Business Cycle ［M］. Cambridge，MA：Harvard University Press，1934.

等新问题的研究。①② 与外生经济增长理论认为经济增长是由外生技术变化等外部力量作用的产物有着本质区别，新增长理论认为知识、技术、人力资本的内生增长是经济持续增长的"发动机"，可通过其"外溢效应"实现要素边际收益递增，促进经济的长期可持续增长。人力资本理论（human capital theory）由美国经济学家、被誉为"人力资本概念之父"的西奥多·舒尔茨（Schultz）和加里·贝克尔（Becker）在继承英国古典政治经济学体系创立者亚当·斯密（Smith，1776）、德国经济学家弗里德里希·李斯特（List，1817）以及英国新古典经济学派（也称"剑桥学派"）创建者阿尔弗雷德·马歇尔（Marshall，1890）等关于"人力资本"观点的基础上于 20 世纪 60 年代首创，该理论认为"与厂房、机器、设备、原材料、土地、货币和其他有价证券等物质资本有所不同，人力资本是体现在人身上的资本，即对生产者进行教育、职业培训等支出及其在接受教育时的机会成本等的总和，表现为蕴含于人身上的各种生产知识、劳动与管理技能以及健康素质的存量总和，人是国民财富的一个重要组成部分，是决定一国经济发展和国家贫富的关键"③④，从而为改进人类生产能力提供了一种崭新思路。新增长理论和人力资本理论对国家创新系统构建有着相通的重要启发，即是否拥有充足的人力资本并且能否对人力资本进行持续、有效的投资、开发和利用，从而源源不断地创造出新知识、新技术、新产品、新技能、新方法、新工艺等，将之投入新产业发展中发挥其最大效用，再通过知识、技术和人力资本的边际报酬递增属性实现循环累积和往复，是在当今知识经济时代下决定一个企业、一个产业、一个区域、一个国家竞争力高低的最核心因素，这就为各国指明了国家创新系统构建的必要性和方向。

（2）区域创新系统理论。

区域创新系统（regional innovation system，RIS）这一概念由英国卡迪夫

---

① Romer P M. Increasing Return and Long-Run Growth [J]. Journal of Political Economy, 1986, 94 (5): 1002 – 1037.

② Lucas R E. On the Mechanics of Economic Development [J]. Journal of Monetary Economics, 1988, 22 (1): 3 – 42.

③ 西奥多·舒尔茨（Schultz T W）. 论人力资本投资 [M]. 吴珠华，等译. 北京：北京经济学院出版社，1990.

④ Becker G S. Human Capital [M]. New York: Columbia University Press, 1964.

大学的库克教授（Cooke，1992，1996，2002）等人正式提出，是由区域集群及其支撑机构组成（Ashemi & Isaksen，2002），主要是通过集群的组织方式、运用集群组织优势进行产业创新，是一种以专业化的风格和协作为基础的同一产业或者相关企业群以及促进创新的教育机构、研究机构、政府机构、金融与商业等创新服务机构，通过地理上的集中或靠近，产生创新集聚，从而获得竞争优势的创新形式。这种创新形式强调产业集群创新的环境基础，包括需求与供应、支撑体系和地区竞争强度等（Wiig et al.，1997；Asheim & Isaksen，2002，1997；Carlsson，1999；Cassiolato，1999）。创新集聚有助于在生产者、消费者、高校和科研院所之间形成密切的相互感应和学习效应，加快知识、技术创新的扩散及应用，形成该区域的产业竞争优势。区域创新系统还与20世纪70年代伴随着"第三意大利"（third Italy）现象崛起而出现的新产业区（new industrial district）理论密切相关。"第三意大利"的概念由意大利经济社会学家巴格纳斯科（Bagnasco，1977）首先提出，是指20世纪70年代经济快速崛起的意大利东北和中部（NBc），以区别于经济一直较为落后的南部地区（第二意大利）和20世纪70年代以前经济较为繁荣但之后陷入重重危机的西北地区（第一意大利）。① 促成"第三意大利"现象形成的最关键因素是相同产业的中小企业向区域产业集聚区集中，由"纵向一体化的企业"变为"纵向一体化的产业"，在大企业分包制的专业化分工中既有合作又有竞争，促进了产业的改造和创新，使得服装、纺织、机械、冶金等产业取得了长足进步，在世界市场上的竞争力大幅增强。正因如此，"第三意大利"现已由最初的地理概念转变为一种新产业集聚经济模式的特指。在"第三意大利"模式的基础上，巴格纳斯科（1977）又提出了"新产业区"的概念，认为"是具有共同社会背景的人们和企业在一定自然地理地域上内集聚形成的'社会地域生产综合体'"②；1990年进一步指出，"新产业区的出现缘于基于特定自然和历史因素形成的区域内的人和企业因正式合作或非正式交流而产生的集合，其首要标志是本地化网络，并具有企业高度集聚的专业化分工、区内各类主体间长期稳定的本地结网、契合本地社会文化环境的根植性、行为主体地位的平等性和对称性等其他区域难以复制的各种

---

　　①② Bagnasco A. Tre Italie：La Problematica Territoriale dello Sviluppo Economico Italiano ［M］. Bologna：Il Mulino，1977.

特性"①。

众所周知，自计算机和互联网革命开始后，位于美国加利福尼亚州
（State of California）北部的大都会区旧金山（San Francisco）湾区南面的硅谷
（Silicon Valley），其核心地带南北长 48 公里、宽 16 公里、面积约 800 平方公
里，依托斯坦福大学（Stanford University）、加州大学伯克利分校（UC Berke-
ley）、加州州立理工大学（California Polytechnic State University）加州洛杉矶
分校（University of California，Los Angeles）、圣塔克拉拉大学（Santa Clara
University）、卡内基梅隆大学（Carnegie Mellon University）、伊利诺伊大学厄
巴纳 - 香槟分校（University of Illinois at Urbana-Champaign）、密歇根大学
（University of Michigan）等美国知名高校，以研究和生产以硅为基础的半导
体芯片起步，以上千家高科技中小公司集聚为基础，逐渐发展成为世界最负
盛名的电子和计算机新产业区，区域内新技术迭代符合"摩尔定律"
（Moore's law）②，半个世纪以来涌现出英特尔（Intel）、苹果（Apple）、微软
（Microsoft）、雅虎（Yahoo）、惠普（Hewlett-Packard）、思科（Cisco）、甲骨
文（Oracle）、谷歌（Google）、脸书（Facebook）、英伟达（NVIDIA）、特斯
拉（Tesla）等全球知名公司，同时集中了红杉资本（Sequoia Capital）等为
代表的美国 1/3 的风险投资资本，使硅谷成为融前沿科学、先进技术、高端
生产、金融服务为一体的蜂聚创新式新产业区，并带动了全球电子、计算机、
互联网、新能源等产业链创新升级。

（3）技术创新系统理论。

技术创新系统（technical innovation theory，TIS）理论认为技术创新系统
是在特定制度下，特定经济/产业领域中由相关参与者构成，且相互作用形成
的动态网络，涉及技术的产生、传播和利用（Carlsson & Stankiewicz，1991）。
技术创新系统理论强调一国经济发展潜力取决于各类产业或经济参与主体以
知识、信息和创新能力的交互流动为中介而协同构建的技术创新系统，其边
界可以跨越国界，特别是在资源聚集和制度基础上。技术创新系统构建的核
心目的已不仅仅是创新要素的识别，而在于技术创新系统功能的分析和实现。

---

① Bagnasco A. La città dopo Ford：II caso di Torino ［M］. Turin：Bollati Boringhieri，1990.

② 摩尔定律是由英特尔公司（Intel）创始人之一戈登·摩尔（Gordon Moore）所提出，是指集
成电路中晶体管的单位数量大约每 18 个月至 2 年就会翻一番，使得微处理器的性能每隔 18 个月提高
一倍而价格下降一半，或者说在相同的成本下实际上提供了更多的处理能力。

一个技术创新系统包含知识交流、问题识别、市场激励、资源供给和阻力消除等五大系统功能（Johnson，1998）；且具有七大功能要素，包括企业（家）的实验活动、知识的建立和扩散、搜索导向、市场形成、资源调动、合法性的确立以及正外部经济的发展（Bergek et al.，2008）；相关学者对技术创新系统的上述功能量化作了探究（Carlsson，1991；Chamindade & Edquist，2005）。而后围绕技术创新系统的产业实践并结合国家创新系统、区域创新系统等视角的研究也不断展开，包括德国的风机（Bergek & Jacobsson，2003）、太阳能电池（Klein et al.，2005）、生物质能混烧（Biomass Co-firing）（Negro et al.，2007）以及瑞典移动数据技术创新系统（Lindmark & Rickne，2006）、伊朗光伏行业（Esmailzadeh et al.，2020）、芬兰清洁技术（Lukkarinen et al.，2018）等较为成功的案例研究，同时也有荷兰生物质气化技术（Carlsson，2007）、瑞典安全传感器（Oltander & Perez，2005）等失败案例的成因分析。总而言之，技术创新系统理论强调系统功能要素之间必须建立可持续的良性循环机制，才能确保整个系统功能运作达到预期目标，如若其中的某一或某些功能要素未能如期发挥实效或缺乏相应的实现条件，都会导致技术创新系统的失效，从而使新兴产业或技术的发展面临失败风险。

（4）产业创新系统理论。

1997 年，基于国家创新系统理论和技术创新系统理论，布雷斯齐（Breschi）和马勒尔巴（Malerba）结合演化论和学习理论，提出"产业创新系统"这一概念，认为"产业创新系统是由一组特定产品构成的网络系统，其中的一系列部门为这些产品的创造、生产和销售提供了大量的市场和非市场互动"①。产业创新系统以特定产业为研究对象，探讨各产业在创新活动的类型、速度、组织方式、网络交互作用、产业边界、企业绩效等方面的差异，分析产生上述差异的影响因素，是从系统的视角研究产业层面的技术、组织和制度等创新问题。② 同时，产业创新系统理论强调一个产业创新系统需建立和完善能够促进企业间、企业与其他参与主体间的知识、信息、人才交流和设施共享的产业创新机制，以降低系统内各类创新主体的创新成本和风险，

---

①② Breschi S, Malerba F. Sectoral Innovation Systems: Technological Regimes, Schumpeterian Dynamics, and Spatial Boundaries [M]//Edquist C. Systems of Innovation, Technologies, Institutions and Organization. London: Printer, 1997: 130 – 156.

使产业内创新活动能够形成通畅的良性循环。此外，产业创新系统还关注产业的转型以及产业创新模式的历史性变迁等问题。

产业创新系统理论根植于技术创新系统理论和国家创新系统理论。其一，产业创新系统中，各创新主体之间知识、信息和技术的创造、传播、交流、吸收、扩散等为核心的知识管理（Lundval，1992；Saxenian，1999；Cohen & Levinthal，1990；Bathelt et al.，2004；Boschma，2005）是促进产业创新的基础。也就是说，产业创新系统理论从演化经济学角度，认为技术变革的动态性、随机性和多样性是驱动产业创新系统的核心要素。企业正是通过不断的学习、搜寻和选择才实现了技术的创新，进而推动组织的演化（Nelson & Winter，2009）。纵观 1945 年以来不列颠 2000 多项重大创新实践，不同类型的企业其技术来源和技术变革的方向存在差异（Pavitt，1984），这正是产业创新理论技术变迁的重要原因。其二，产业创新系统理论基于国家创新系统理论以及日本的产业发展实践，认为在一国经济由封闭经济转为开放经济的背景下，产业创新系统可以跨越国家边界（胡明铭、徐姝，2009）而形成全球产业技术流动和合作网络。早前，弗里曼（Freeman，1987）在界定国家创新系统的概念时，认为一个国家的技术赶超并非某项技术的赶超，而是整个"技术－经济范式"的变迁和超越，它依赖于国家创新系统对技术创新资源的集成能力、集聚效率和适应性效率，其中，起关键作用的是政府政策、企业组织与研发、教育培训和产业结构 4 个要素。[1] 但随后，纳尔逊（Nelson，1993）从研发配置、资金来源、公司特征、重点产业、大学角色和政府政策这 6 个角度，将 15 个处于不同经济发展阶段的国家和地区划分为 3 类，即作为高收入大国的美国、日本、德国、英国、法国和意大利，作为小型高收入国家的丹麦、瑞典、加拿大、澳大利亚，以及作为低收入国家和地区的韩国、巴西、阿根廷、以色列以及中国台湾地区，并对这些不同经济发展水平的国家和地区的国家创新体系做了比较，结果发现，由于技术演化的不确定性，事前很难确定到底哪一种技术会取得成功。[2] 因此，随着经济全球化的发展

---

① Freeman C. Technology Policy and Economic Performance：Lessons from Japan［M］. London：Printer Publishers，1987.

② Nelson R R. National Innovation Systems：A Comparative Analysis［J］. University of Illinois at Urbana-Champaign's Academy for Entrepreneurial Leadership Historical Research Reference in Entrepreneurship，1993.

及国家对外开放度的提高，针对本国产业技术跨国界多元化、差异化、竞争合作的产业创新系统制度设计成为各国和地区产业技术创新的重要必要条件。

从近十多年来的各国产业创新系统实践来看，为促进产业创新系统的技术演进，如何提高主体企业的外部知识获取能力、知识网络嵌入能力和知识吸收能力（Nicotra et al.，2014），特别是关键隐性知识在网络主体间的传播、扩散和商业化能力（Ranucci，2015），并有效防止产业知识网络核心成员流失、过度嵌入网络而与外部知识隔绝以及不合理的网络制度设计和实施而产生的风险（Uzzi，1997），对一国特定产业创新系统的通畅运行并较好达到预期效果至为关键。在这方面，政府的创新政策及工具选择的适宜性对新技术发展方向及其后续产业创新系统形成起到了有力的引领作用。例如，20世纪60年代经济合作与发展组织国家为解决成员国共同面临的工业化问题，将创新政策区别于以往的科学政策和技术政策而加以单独制定（Lundvall & Borras，2005），并把政策重心特别放在产业集群创新政策上，像美国几乎各州都在美国国家科学技术委员会和美国国家竞争力委员会为推动创新所颁布的基本框架条件下制定了本州的集群创新政策（徐占忱，2007）；法国、荷兰、意大利、瑞典、奥地利和挪威对信息技术、基因技术等前沿科学领域的项目研究资助普遍给予了较大的倾斜支持，从而引导了这些领域的技术进步方向（Lepori，2007）。在具体政策工具上，各国在促进产业集群创新上会灵活采取专利、技术标准、政府资助、风险投资、信贷等20多种技术创新政策工具，这些工具构成了政府的技术创新复合政策体系，是政府干预拟未来重点发展的新兴产业中企业全流程技术创新活动的有效而重要的手段（Rothwell & Zegveld，1985）。此外，具备"从事创造性破坏的创新者"的企业家对于产业创新系统中企业成功实现创新与成长以及整个社会的经济发展和技术进步（Galor & Michalopoulos，2007）至关重要。但企业家精神是一种稀缺资源，其三个基本内涵维度是创新、冒险和超前行动（Miller，1983），其中，家庭（主要是父亲）对子女创新、冒险等思维与行动倾向具有较大影响，而影响途径与子女的性别也存在着一定关联（Kirkwood，2007）。

从上述创新系统理论演化的归结可知，在国家创新系统理论、区域创新系统理论和技术创新系统理论基础上形成而发展起来的产业创新系统理论，

主要基于 20 世纪中期以后欧洲发达国家的产业创新实践历程而提出，并不能
完全诠释后发国家和地区的产业创新实践问题。实际上，由于经济体制和发
展政策的不同，政府、外来技术源等因素在后发国家和地区的新兴产业创新
和成长中发挥着独特而重要的作用，而传统创新理论并未深入考虑到上述因
素的影响。为此，本书将结合广西经济发展、产业结构的实际情况和战略性
新兴产业自身的特点，从自主技术创新、产业链创新、产业集聚创新、应用
创新和政策创新五个角度对传统产业创新系统理论进行适当的调整与优化，
阐明构成战略性新兴产业创新体系的几大要素的基本情况及其相互之间的关
系，构建广西战略性新兴产业创新体系模型框架，指出其中影响产业创新、
产业竞争力和整个产业创新系统顺畅运行的关键因素及机理。

1.2.1.6　协同发展理论

从本质上看，协同发展是指两个或者两个以上的不同资源或个体，相互
协作实现某一目标，达到共同发展的双赢效果。协同学领袖哈肯（Haken，
1989）提出的协同论（synergetics）认为，"千差万别的系统，尽管其属性不
同，但在整个环境中各个系统间存在着相互影响而又相互合作的关系"[1]。对
产业系统而言，其协同发展要求不同子系统具有差异化和多样性，不断通
过知识创新、技术创新、产品创新、流程创新、营销创新、组织创新、管
理创新等各类创新来进行市场卡位，并利用隐性知识的传播和扩散，增强
产业链供应链的黏性和关联度，使不同产业系统主体或资源各取所长、互
融互通、强强联合，共同促进区域产业协调发展和共同繁荣。当下，协同
发展理论已成为世界许多国家和地区产业践行创新与可持续发展战略的依
据和基础。

产业系统中，传统产业大部分是直接关系到国计民生的基础产业，如冶
金、轻纺、建材、化工、机械、能源等，其工业增加值在 GDP 中的占比高、
涉及面广，对一国或地区经济发展仍然起到全关重要的支撑作用，同时这些
传统产业内部的某些细分领域也因新技术突破而叠加了新兴产业的高知识、
高技术和快速成长的属性。因此，对于后发区域而言，既不能固守传统产业，
也不能片面强调战略性新兴产业的孤立发展，而应实现两者之间的兼顾、耦

---

① 哈肯（Haken H）. 高等协同学［M］. 郭治安，译. 北京：科学出版社，1989.

合、协同发展，增强产业结构内部的关联效应。在这种协同关系中，战略性新兴产业能通过新技术的传播与扩散，影响推动传统产业淘汰部分高耗能、高污染、非绿色经济的业务而重焕生机；而传统产业反过来又给予战略性新兴产业强大的资源、技术、人才基础和支撑，使其快速成长并促进战略性新兴产业链供应链的完善，同时又为新兴产业的新技术、新产品提供了广阔的市场空间。当前，广西部分产业形成了战略性新兴产业与传统产业衔接发展和互促融合的态势。例如，柳州市的汽车产业正在从传统汽车产业向新能源汽车产业进行加速转型迭代，自 2017 年以来上汽通用五菱基于全球小型电动车平台（global platform for small electric vehicles，GSEV）先后推出的宝骏 E100、宝骏 E200、新宝骏 E300/E300Plus、宏光 MINI EV 接连成为持续热销的市场明星产品，2020 年以总计销量 174005 辆斩获中国纯电动汽车销量冠军①，2021 年 1~6 月 GSEV 平台累计销量高达 189644 辆并已超过 2020 年全年销量②；特别是被喻为"人民的代步车"的宏光 MINI EV 自 2020 年 7 月上市之后连续 10 个月销量遥遥领先于其他国产新能源车型，一度超越特斯拉成功蝉联中国新能源单一车型销量冠军，其间还两度问鼎全球新能源单一车型销量冠军；据 2020 年 12 月 24 日由新能源汽车国家大数据联盟联合多家权威机构发布的《中国小型纯电动乘用车出行大数据报告》显示，在 2020 年中国小型纯电动乘用车市场中，上汽通用五菱市场占有率高达 51%，产品月均上线率达到 93%，百公里耗电量仅为 10 千瓦时左右，具有较好的经济实用性。③ 又如，玉林市作为"中国南方药都"，医药产业也具备了从中药材产业为主向涵盖中药制药、健康食品、医疗器械制造的大健康产业转型和升级的条件，从市场需求、要素供给、市场开发、研发投入、产业集聚、创新网络等方面正呈现出战略性新兴产业与传统产业协同发展的良好局面，表现为：以玉林制药为核心，利用其品牌影响力和市场号召力引进战略投资者，在正骨水、云香精、湿毒清和鸡骨草胶囊等畅销非处方药基础上，大力推

①　盖世汽车快讯. 上汽通用五菱凭借全球小型电动车系列产品获 2020 年中国纯电动汽车销量冠军 [EB/OL]. https：//auto. gasgoo. com/.

②　科技壹周谈. 上汽通用五菱销量暴涨 40%！五菱宏光 MINI EV 连续 10 个月蝉联第一 [EB/OL]. https：//www. 360kuai. com/.

③　新能源汽车国家大数据联盟. 《中国小型纯电动乘用车出行大数据报告》出炉，上汽通用五菱跃升行业龙头！[EB/OL]. 中华网汽车，https：//auto. china. com/sale/18242. html.

进新中药和天然药物的研发、生产和销售，利用互联网开启品牌年轻化战略，加快资本市场上市步伐，进一步扩大龙头企业的市场辐射范围；与国内科研机构、高等院校、专业团队等联合建立合作研发平台，开展中药制药、中药饮片生产、植物提取、健康食品的研发，不断延伸产业链，提升中医药产业的附加值；依托玉林中医药健康产业园，积极开展招商引资，初步形成以玉林制药、康臣药业、大参林医药、上海和黄医药等中成药、中药饮片加工企业为主，以医药、医疗业务为支柱，包括原材料加工、制药、医疗器械生产等的中医药产业集群。①

除了战略性新兴产业与传统产业之间的协同发展之外，战略性新兴产业创新体系内部也存在着协同演化机制。首先，核心知识和技术是创新资源的一个关键要素。在创新的过程中，科学知识技术贯穿于产业创新体系的任意一个子系统之中，搭建各子系统间信息互通的桥梁，促进各子系统的协同发展。其次，战略性新兴产业的创新发展对各类人才的需求非常迫切，尤其是高精尖的人才。而正如古语有云"良禽择木而栖"，高素质的人才会自发地流入经济基础好、产业发达、创新活力强的地区。而一个地区产业创新体系的发展质量，则依靠各创新子系统的协同作用，缺一不可。再次，资源作为价值的载体，在产业创新体系四个子系统之间的流动十分频繁。在创新资源子系统中，创新所需要的资源一般以原始形态存在，包括各类自然资源、能源、信息、知识、人力资源等。对于本地区创新欠缺或不足的资源，可通过创新服务子系统以及创新制度政策和文化子系统予以合理的配置及补齐，实现关键创新资源共享；再通过创新研发和商业化子系统，完成资源的最终转化和退出过程。最后，产品的价值是在生产过程中不断增值的。战略性新兴产业创新体系的信息流、人才流、物质流和价值流贯穿于各创新子系统之间有相互利益关系的各方组织之中，通过产品价值增值而使其相互联系、相互影响与相互作用，共同实现产品的最终价值及增值，使得整个战略性新兴产业创新体系得以有序、高效、高质量地运转，充分发挥对本地区战略性新兴产业创新发展的支撑作用。

---

① 黄珊．玉林："南方药都"迈上新征程［N］．广西日报，2021－08－05．

1.2.2 实践背景

1.2.2.1 国家层面的实践背景

（1）向先进制造转型的实践背景。

改革开放四十多年间，中国以庞大的人口红利和市场潜力迅速吸引了大量的境外投资，外企和跨国企业遍地开花并大多以核心企业身份深入涉足众多产业链供应链体系中，使境内产业不仅获得了大量的实体投资，更重要的是可以学习到来自发达国家先进的知识、科学技术和管理理念。在这一阶段，中国制造业和服务业均实现了飞速发展，产业体系不断扩充和完善，极大地推动了国民经济总量增长，并在一定程度上促进了国民素质提高与社会进步。然而，随着中国经济、科技、军事实力的不断提升和综合国力的显著增强，发达国家及其跨国公司为了保持科技领先优势与全球产业价值链分工顶端利益，采取禁止其核心高端技术流出本国的策略，并企图继续以低端的技术产品和低附加价值的制造环节，来换取如中国这样的发展中大国廉价的生产要素和巨大的产品市场，以不断强化自身的全球技术和市场垄断地位，将发展中国家的很多主导产业牢牢锁定于全球价值链的低端位置。

以当前中国最大短板产业之一的芯片产业为例，自中国加入 WTO 以后，发达国家半导体企业包括高通（Qualcomm）、英特尔（Intel）、博通（Broadcom）、美光（Micron）、英飞凌（Imfineon）、德州仪器（Texas Instruments）、恩智浦（NXP）、意法半导体（ST）、东芝（Toshiba）、三星（Samsung）、SK海力士（Hynix）都在或曾在上海、深圳、无锡、西安等地投资设厂生产芯片，同时也带动了一批中国境内芯片企业的崛起。众所周知，芯片业务主要分为设计、制造、封测三块主体流程，其技术难度排序为：制造最难，封测最易，设计处于中间水平。从世界芯片产业发展历程来看，除了发展历史超过 30 年的头部公司如英特尔、德州仪器、英飞凌、意法半导体、三星是采取垂直一体化的整合元件制造商（integrated device manufacturer，IDM）模式外，绝大多数企业均是垂直专业化分工（vertical specialization）模式的参与者，即一般只从事其中的一块业务。例如，高通、英伟达、赛灵思（Xilinx）等公司专注于芯片设计，台积电（TSM）、格罗方德（Global Foundries）、联电等公司专事代工，阿思麦（ASML）、应用材料（AMAT）、泛林集团（Lam Research）、东京电子（TEL）等公司专门提供芯片设备，还有 19 种半导体关键材料由日本相应专业化厂商如东京应化（TOK）、味之素（Ajinomoto）等公司占据了其中 14 种超过 50% 的全球市场份额。由此可见，芯片制造工序复杂，没有弯道超车和跳跃前进模式。① 令人鼓舞的是，近年来中国芯片产业链本土企业正在苗壮成长，涌现以华为海思、卓胜微、韦尔、兆易创新、紫光国微为代表的各类芯片设计公司，以中芯国际、华虹华导体、华润微为代表的大型芯片制造厂商，以中微公司、北方华创、上海微电子为代表的集成电路设备厂商，以长电科技、晶方科技、通富微电、华天科技为代表的封测厂商，还有少数芯片材料厂商如南大光电等也在加快成长中。由于受到中国芯片产业起步晚、基础技术欠缺、发展经验不足等不利因素影响，国产芯片自产率仅为 15.9%，约 227 亿美元，其中，总部位于中国的公司的总产值仅为 83 亿美元，只占到中国 2020 年 IC 市场总量的 5.9%②，高端芯片几乎全部依赖进口，这一问题需要在全球芯片产业链厂商通力合作发展中一步一步地加以解决。但无可否认，中国芯片产业链正在不断完善，企业正在不断成长，产业规模正在不断扩大。正因如此，美国为遏制中国芯片产业的崛起，确保其全球芯片产业的霸主地位，对中国芯片产业进行精准制裁，其最针对性的手段是利用《瓦森纳协定》（*The Wassenaar Arrangement on Export Controls for Conventional Arms and Dual-Use Good and Technologies*，简称 *Wassenaar Arrangement*）③，禁止中国芯片企业进口芯片制造所需的最关键设备 EUV 光刻

---

① 来莎莎. 中芯国际二季度利润暴涨 398.5%，称集成电路没有弯道式超车［EB/OL］. 第一财经，https：//www. yicai. com/news/101132312. html.
② IC Insights. 麦克林报告：2021［R］. 雪球网，https：//xueqiu. com/9983210953/164947817.
③ 《瓦森纳协定》即瓦森纳安排机制，全称为《关于常规武器和两用物品及技术出口控制的瓦森纳协定》，是 1991 年苏联解体后，由美国操纵于 1996 年 7 月以美国、英国、法国、德国、日本、荷兰、澳大利亚、加拿大、意大利、卢森堡、比利时、丹麦、希腊、挪威、葡萄牙、西班牙、土耳其等西方国家为主的 33 个国家在奥地利维也纳签署，决定从 1996 年 11 月 1 日起实施新的控制清单和信息交换规则，目前成员国已扩展到包括俄罗斯、乌克兰、爱沙尼亚、立陶宛、拉脱维亚、斯洛文尼亚、印度、墨西哥等在内的 42 个国家。《瓦森纳协定》包含两份控制清单：一份是军民两用商品和技术清单，涵盖了先进材料、材料处理、电子器件、计算机、电信与信息安全、传感与激光、导航与航空电子仪器、船舶与海事设备、推进系统等 9 大类；另一份是军品清单，涵盖了各类武器弹药、设备及作战平台等共 22 类。《瓦森纳协定》签订的目的，是由美国进行实际控制，禁止成员国向所有非缔约国包括中国实行上述领域的敏感产品和技术禁运。

机，并且不允许中芯国际等晶圆代工厂商利用产线上美国芯片设备和技术为华为等国内顶尖电子消费品终端厂商制造芯片，迫使中国由自产高端5G芯片转向重新采购美国高通等公司的芯片。美国对中国芯片产业的制裁与1980年末对日本发动芯片战争攻略的目的如出一辙，即打压技术后进国家利用后发优势实行从原料、设备到制造的全部自产自研的产业赶超，全力确保美国尖端芯片的市场份额领先；同时将后发国家锁定于由发达国家掌控的全球成熟产业分工的低端及劳动密集型制造环节，且阻碍其向先进制造产业体系转型。美国对日本芯片产业的打压达到了预期效果，据 IC Insights 发布的相关半导体产业统计报告显示，自1990年以来，日本在动态随机存取存储器（Dynamic Random Access Memory，DRAM）等产品上的市场份额由近50%一路下滑至2020年的6%，而以美国为代表的北美芯片同期市场份额则从38%恢复上升到55%。不过，日本芯片产业并未因美国打压而在世界芯片制造版图中谢幕，而是由原来的IDM战略转向了力争在芯片中间材料业务上做大做强，利用其雄厚的化学、物理、金属与非金属材料等学科的基础研发与应用技术力量，通过产学研合作、企业间合作联盟及集团化作战思维，经过三十多年的培育与发展，成为硅片、光刻胶和配套材料、湿电子化学品以及电子气体、掩模版、靶材及蒸发材料、抛光材料等芯片生产必需关键材料的主要供给国，在每种半导体材料环节都有几个世界知名公司占据，包括信超化学、东京应化、日本JSR、日本TOK、东京应化、住友化学、三菱化学、关东化学、味之素等等。

芯片产业的上述国际竞争实例表明，对于新兴技术与产业后发国而言，单纯对发达国家先进技术的仿制不会成就伟大的企业和伟大的产业，而必须着眼于世界产业科技前沿，潜心地开展战略性新兴产业相关领域的基础技术研发与创新，尽可能多地积累和掌握核心技术和发明专利，脚踏实地地逐步接近、达到与超越世界先进水平，才能增加与全球新兴产业链头部企业合作的机会与高端价值分配的话语权，取得战略性新兴产业持续和长远发展的自主可控力。

（2）创新驱动发展的实践背景。

发达国家主导的经济全球化使得中国知识密集型、技术密集型产业陷于非常不利的发展境地。长期主导的"以市场换技术"的战略思维是依靠廉价的生产要素而非以竞争优势原则来介入国际分工，这就决定了中国产业在国际价值链分工中往往处于被动的地位，消耗大、利润低、净资产收益率低、环境污染严重且产业链技术升级容易受制于人，其结果是一次次延误了中国产业的自主创新之路。因此，产业体系以战略性新兴产业的创新发展为突破口，由追求低效规模增长向以创新驱动提质增效进行转型升级势在必行。

以汽车产业为例，放眼全球主要发达国家的工业化之路，无不与汽车产业从成长到发达的发展历程息息相关，典型的国家包括美国、德国、英国、意大利、法国、日本、韩国等。究其原因，在于一辆汽车一般由 2 万多个零部件组装而成，而一些高级定制型汽车的零部件甚至多达 3 万个以上，这就决定了其供应链非常庞大，单个国家市场就可达到万亿元级别，可以容纳数千家供应商提供各级零部件，因而一国汽车产业的发展能够带动整个工业体系技术水平的提高，并可成为 GDP 增长的重要引擎。而且，汽车产业属于朝阳产业，也即可以大而不衰，原因在于产业生产技术的不断升级。例如，1913 年，享利·福特（Ford）在其建立的福特汽车公司中首次将流水线（assembly line）技术引入"T 型车"产线，用规格统一的零件、可互换的总成实现了大规模生产（mass production），极大地提高了生产效率，大大地降低了生产成本和汽车售价，使汽车市场规模迅速扩大，汽车产业也因此成为第二次产业革命美国高速增长的主导产业之一。又如，随着 20 世纪 90 年代以来信息网络技术的迅猛发展和供应链管理信息化手段的广泛运用，敏捷制造（agile manufacturing）是满足发达国家大众对低成本享受汽车消费个性化的最有效手段，日本丰田公司（Toyota Motor Corporation）的即时制方式（just in time，JIT）正是敏捷制造最成功的代表，帮助相对于美国、欧洲而言属于汽车后进国的日本汽车产业在短短三十年时间里实现由进口替代向出口导向转化，再到海外投资就地生产的雁形形态产业升级，丰田汽车销量自 2008 年国际金融危机开始逐渐取代美国通用汽车公司（GM）成为全球销量排名第一的公司，随后的几年又超越了大众汽车（Volkswagen），虽然 2016 年之后的五年大众汽车公司销量又重回榜单第一，但在 2020 年汽车市场遭遇重大外部事件冲击而大幅萎缩的情况下，丰田公司时隔五年再次以 952.8 万辆的销售业绩夺回了全球汽车厂商销量的桂冠。同时，汽车产业作为深受模块化（modularity）技术影响最为深入的产业之一，进入产业模块化大发展时代（青木昌彦，2003），其生产体系已发生重大变革，原来数以万计的众多零部件归入动力总成、底盘总成、车身系统、电子总成和内饰总成五大模块总成，尽管零部件总数没有缩减，但因归属于不同模块总成，因而，模块化变革显著增强了汽车模块的通用性与兼容性、产品个性化定制力、供应链企业创新力与竞争合作机会，成为汽车产业即时制生产模式的重要支柱，并且推动了整个产业持续的技术进步。再如，自 2008 年以来，新能源汽车逐渐进入产品推广期，出现了以丰田为代表的氢能源汽车（hydrogen energy vehicle）、油电混合动力汽车（hybrid electric vehicle，HEV）和纯电动汽车（electric vehicle，EV）三种不同的技术路线，2020 年新能源汽车全球市场渗透率出现加速上行，中国新能源汽车市场渗透率由 2019 年的 4.7% 上升至 10%，其中纯电动车的渗透率达到 5.9%，挪威、德国、英国、法国、意大利、瑞典六国的电动车销量同比增长了 4 倍，特别是挪威纯电动汽车 2020 年以 60.8% 的市场渗透率高居全球榜首①，德国 2020 年 12 月渗透率也攀升至 27%②，而主要欧洲国家政府基本都宣布了大致在 2025 ~ 2040 年左右的时间段里全面禁售燃油车，美国政府也宣布计划 2030 年在美国销售的所有新车中有 50% 是全电动、插电式混合动力或氢动力汽车③；而且，新能源汽车系统架构与传统燃油车明显不同，不管是氢能源还是纯电动汽车，都可新建数量庞大的供应链体系及后服务市场，当下特斯拉、比亚迪等核心纯电动整车品牌厂商的产业链带动效应已充分显现，传统燃油车强企如大众、通用汽车、奔驰（Mercedes-Benz）、宝马（BMW）、捷豹（Jaguar）、沃尔沃（Volvo）等也向市场明确表达了向新能源汽车转型的坚定决心并已开始分步实施相应举措，因而新能源汽车产业无疑具备可以成长成为一国乃至世界经济增长和科技创新"发动机"的巨大潜力。可见，20 ~ 21 世纪汽车产业生产技术发生重大迭代的三个时间段里，分别以福特、丰田、特斯拉三个企业为代表的不同技术路线的更替和市场竞争使得世界汽车产业保持强劲的技术进步动力，这也说明，对于兼具技术、知识、资本密集型特征的产业而言，随着企业家创新所驱动的新

---

① 新能源汽车渗透率，中国 5.9%，挪威 60.8%，日本倒数第一 ［EB/OL］. 网易号，https://www.163.com/dy/article/G3HM98RM05278SVC.html.

② 建信基金. 新能源汽车在全球市场渗透率迎来新一轮提速，景气不断上行 ［EB/OL］. 财富号，http://caifuhao.eastmoney.com/news/20210113162937965328850.

③ 拜登总统希望 2030 年美国售出的新车有一半是混合动力或全电动汽车 ［EB/OL］. 新浪科技，https://finance.sina.com.cn/tech/2021 - 08 - 05/.

技术路线与供应链管理新模式的出现，始终属于处于规模不断成长、成本不断下降、市场空间不断打开的新兴产业。

反观中国汽车产业，真正的起步发展始于新中国成立以后的 20 世纪 50 年代，明显晚于美国、欧洲、日本等发达经济体。改革开放以后，中国综合国力明显增强，人民收入水平和生活水平迅速提升，对汽车的需求出现井喷。为满足国内迅速扩大的汽车市场和推动自主汽车品牌做强做大，中国 20 世纪 80 年代采取了"以市场换技术"战略，即通过"技术引进—消化吸收—自主研发"的发展路径，最终实现中国汽车产业企业、技术、产品、品牌国际竞争力飞跃的良好愿景。但在具体实施过程中，该战略并未达到预期效果，反而使内资车企更加沉溺于从国外进口零部件直接组装出售完成资本短期内回收增值，而不愿花力气、资金和时间成本对引进的技术进行消化吸收、改良和再创新；外资车企进行合资的目的显然是为了享受中国巨大的汽车市场，本质上没有技术转让的意愿，合资中方也没有对应的制衡手段；地方政府出于税收和就业考虑，对外资汽车品牌合资建厂争相给予优惠条件，导致几十年来合资汽车厂比比皆是，市场是出让了，核心技术却依然被外资车企牢牢把控。因此，在传统燃油车市场上，内资品牌依然处于竞争劣势。根据中国汽车工业协会（以下简称"中汽协"）公布的数据：2019 年，中国品牌乘用车共销售 840.7 万辆，占乘用车销售总量的 39.2%，分别比上年同期下降 15.8% 和 2.9%①；2020 年前三季度，中国自主品牌乘用车销量为 487.3 万辆，市场占有率 36.4%，同比下滑 2.3%，继续低于 40% 的"市场份额红线"，而同期德系、日系乘用车的中国市场占有率则分别上涨了 25.2% 和 23.8%。② 2019 年，中国汽车出口 102.4 万辆，同比下降 1.6%；2020 年出口 80.5 万辆，继续同比下降 12.5%。③ 同样，在世界汽车零部件供应链体系中，产业模块化趋势使得各大跨国整车企业纷纷大幅降低了零部件自给率，转而与外部大型零部件供应商建立了长期稳定的模块化配套供应关系，形成

① 中汽协会行业信息部 . 2019 年汽车工业经济运行情况 ［EB/OL］. 中国汽车工业协会网站，http：//www. caam. org. cn/chn/4/cate_39/con_5228367. html.

② 都说中国是制造大国，为何国产发动机不如日本发动机？［EB/OL］. 新浪汽车，http：//k. sina. com. cn/article_2693883292_a091659c00100qnvy. html.

③ 2020 年中国乘用车出口数量、出口金额及出口均价统计 ［EB/OL］. 华经情报网，https：//www. huaon. com/channel/tradedata/683614. html.

了紧密的全球汽车专业化分工协作体系，汽车零部件行业也因而发展成为价值体量庞大的市场，德国、日本、北美是全球汽车核心模块产业链的主要市场垄断者，拥有长期占据国际销售价值排名前十的顶级汽车系统零部件供应商，包括德国博世（Bosch）、德国大陆（Continental AG）、德国采埃孚（ZF）、日本电装（Denso）、日本爱信精机（Aisin）、美国德尔福（Delphi）、美国李尔（Lear）、加拿大麦格纳（Magna）等，都是资金和技术实力雄厚、掌握多项核心发明专利、引领世界汽车零部件行业技术发展方向的大型跨国公司。近些年，中国汽车零部件企业在汽车市场的持续繁荣中得到了较快发展，企业规模迅速扩大，但总体来说，中国汽车核心零部件与国际行业先进技术水平相比仍存在一定差距，每年有大量汽车零部件、原材料、辅料、器具等需要从国外进口，汽车零部件企业整体的全球价值份额占比依然稀少。在中国的汽车零部件供应链体系中，德国、日本、韩国、美国等已经成为中国主要的汽车零部件来源国。据有关数据显示，2019 年中国汽车零部件进口额为 367.11 亿美元，其中德国、日本、韩国、美国的进口额分别达到 102.8 亿美元、98.55 亿美元、23.44 亿美元、21.66 亿美元，各占 28%、27%、6% 和 6%，来自这四国的进口份额总计 67%。① 根据欧美等成熟汽车市场经验，汽车行业整车与零部件规模比例约为 1∶1.7，按照中汽协所统计的 2019 年中国 13750 家规模以上汽车零部件企业全年累计主营业务收入 3.6 万亿元②、前二十强整车企业销售收入 41190.83 亿元③计算，中国这一比值仅为 1∶1.14，这反映出中国汽车零部件产业仍需加紧发展壮大，实现上规模、上档次和提高市场竞争力。目前中国国产汽车零部件产业链对外依存度较大的领域主要集中在转向系统、传动系统、制动系统、车身附件、行驶系统及电子电器上，根据中国海关和前瞻产业研究院的统计数据，2019 年进口金额占比分别为 35.36%、30.49%、23.05%、

① 全球车企供应链面临中断 中国进口零部件或迎国产化［EB/OL］. 搜狐网，https：// www.sohu.com/a/382620776_183181.

② 前瞻趋势.2020 年全球及中国汽车零部件行业市场现状与竞争格局分析市场集中度将进一步提高［EB/OL］. 网易号，https：//www.163.com/dy/article/G0A4VB2L051480KF.html.

③ 根据中汽协公布的有关资料，2019 年中国汽车工业整车 20 强企业是上汽、一汽、东风、北汽、广汽、吉利、华晨、长安、重汽、长城、陕汽、比亚迪、江淮、宇通、奇瑞、厦门金龙、成都大运、庆铃、中通客车、华菱星马。

4.32%、2.16%和2.08%①，具体产品包括发动机及控件、制动器、自动变速箱、离合器、ABS系统、车桥、芯片、传感器、安全气囊、车载电子系统、电喷系统、技术平台，以及其他诸多精密加工部件、主动安全部件、电子控制部件等，这些高精尖、高价值部件对国内整车厂而言几乎全部依赖于进口。根据盖世汽车资讯，《美国汽车新闻》（*Automotive News*）发布了2019全球汽车零部件配套供应商百强榜，共有延锋、北京海纳川、中信戴卡、德昌电机、敏实集团、五菱工业、安徽中鼎密封件股份有限公司7家中国供应商入围，较2017～2018年增加1家，分别位列第15名（上年为第16名）、第61名（上年为第65名）、第65名（上年为第71名）、第80名（上年为第79名）、第86名（上年为第92名）、五菱工业为第89名（上年为第80名），新入围的安徽中鼎密封件股份有限公司排在第92名②。从上述排名的变化可以看出，中国汽车零部件供应商实力正在逐年增强，这与重视研发、技术积累、工艺升级、国产替代等因素息息相关。不过，从这7家入围全球汽配百强榜的中国供应商的产品结构来看，主要是内饰覆盖件、铝合金轮毂、车身结构件、汽车装饰件等非电子电气类产品、非核心零部件为主③，进入壁垒低、过度竞争、毛利率普遍不高。

随着中国综合国力的增强，显然这种"以市场换技术"所带动的知识技术密集型产业发展，就愈加显得被动、短视和不可持续。针对中国汽车整车和零部件产业的上述问题，解决的现实路径主要是以下两种：第一，在传统燃油车领域，以解决产业发展面临的最严重短板为核心目标和行动纲领，以满足国内国际双循环为导向，继续加大研发投入，并举加强技术引进、消化吸收与自主研发，精练内功，争取在对外依存度较高的领域逐步实现国产替代，与发达国家汽车强企并道竞争；第二，基于中国新能源汽车产业链的现有先发优势，充分发挥纯电动整车、动力电池、正极、隔膜、电解液、负极等领域龙头企业的带动和示范效应，在电机、电控、电池控制系统（battery

①　前瞻产业研究院. 中国汽车零部件制造行业深度市场调研与投资前景预测分析报告［R］. https：//www. sensorexpert. com. cn/article/8466. html.

②　2019年全球汽车零部件供应商百强榜：7家中国企业入围［EB/OL］. 盖世汽车资讯, https：//auto. gasgoo. com/News/2019/06/2406030030I70112331C101. shtml.

③　自主品牌车身零件遍布欧美供应商，一个电喷零件就被赚走1000块［EB/OL］. 车家号, https：//chejiahao. autohome. com. cn/info/2014351.

management system，BMS）等方面进一步加强核心技术攻关，大力扩充充电桩、储能、光伏充电站等必需配套产品与服务，树立国际产业标杆形象，增加产业链整体的全球市场销售份额和高端价值占比，并适时切入氢能源汽车等具有较好市场前景的技术路线，共同推动汽车产业实现换道超车。不管是以上哪种路径，中国汽车产业要向先进制造业转型和实现高质量发展，核心技术创新无疑是第一要务。

为此，中共十八大明确提出："科技创新是提高社会生产力和综合国力的战略支撑，必须摆在国家发展全局的核心位置"，强调"要坚持走中国特色自主创新道路、实施创新驱动发展战略"，并指出"要深化科技体制改革，加快建设国家创新体系，着力构建以企业为主体、市场为导向、产学研相结合的技术创新体系"①。中共十八大以来，习近平总书记把创新摆在国家发展全局的核心位置，高度重视科技创新，围绕实施创新驱动发展战略、加快推进以科技创新为核心的全面创新，提出一系列新思想、新论断、新要求②。2015 年 10 月 29 日，习近平总书记在中共十八届五中全会第二次全体会议上的讲话中指出，"我们必须把创新作为引领发展的第一动力，把人才作为支撑发展的第一资源，把创新摆在国家发展全局的核心位置，不断推进理论创新、制度创新、科技创新、文化创新等各方面创新，让创新贯穿党和国家一切工作，让创新在全社会蔚然成风"③。"创新驱动发展"战略既指出创新的目的是驱动发展，同时也明确了中国未来的产业发展不再单纯依靠传统的资源要素驱动、投资驱动和规模扩张，而是要由创新驱动。这里，创新既要以科技创新为核心，又包含促进科技创新的体制创新和管理创新，通过制度建设创新和管理优化，促进科技资源、创新要素向具备创新思维、理念与行动力的先进企业流动和集聚，激发企业作为创新主体和高水平人才作为创新个体积极开展自主创新的内生动力和能力，尽快形成以企业主导的产业技术研发创新体系，推动新技术、新产品的商业化、产业化、市场化，打造中国经

① 胡锦涛在中国共产党第十八次全国代表大会上的报告［EB/OL］. 中央政府门户网站，http：//cpc. people. com. cn/n/2012/1118/c64094 - 19612151. html.

② 科技日报. 创新驱动发展战略：为建设科技强国奠基［EB/OL］. 新华网，http：//www. xinhuanet. com/techpro/20210702/C96FD7577FB000016018191F1C001E7E/c. html.

③ 习近平谈创新［EB/OL］. 人民网 - 人民日报海外版，http：//politics. people. com. cn/n1/2016/0301/c1001 - 28159755. html.

济新的核心竞争力①，提升产品附加价值和全球产业价值链分工地位，实现产业高质量发展、高效益发展和可持续发展。

1.2.2.2　广西层面的实践背景

（1）工业高质量发展的实践背景。

广西地处中国华南地区，改革开放以来，其经济发展和产业结构一直处于相对落后的状态。根据国家统计局和广西统计局公布的相关统计数据，2020 年，广西实现地区生产总值为 22157 亿元②，在我国 31 个省份中居第 19 位，位次与 2019 年持平，比 2015 年的第 17 位倒退 2 位，而同期属于西部地区的云南、贵州、重庆、陕西的排名却分别上升了 5 位、3 位、3 位和 1 位；人均地区生产总值为 44671 元，大幅低于全国 70892 元③的平均水平，在全国位居第 29 位。从三次产业结构来看，2020 年，广西第一、第二、第三产业增加值占地区 GDP 的比重分别为 16.0%、32.1% 和 51.9%，对经济增长的贡献率分别为 21.9%、19.9% 和 58.2%；而全国第一、第二、第三产业增加值占地区生产总值的比重分别为 7.7%、37.8% 和 54.5%，对经济增长的贡献率分别为 9.1%、-7.6% 和 78.6%。从 2020 年广西和全国三次产业结构的数据对比中可以看出，广西工业化程度明显滞后于全国平均水平，农业比重仍然过高，服务业占比在工业化发展尚未充分的情况下呈现虚高现象。由以上分析可知，广西不仅与东部发达地区相比是一个典型的后发省份，自2015 年以来在西部省份的经济发展总量和质量上也显现出相对劣势。

从研发经费支出、研发人员全时当量、研发项目数、专利申请数、有效发明专利数、新产品开发项目数、新产品开发经费支出、新产品销售收入等指标的对比来看，广西在中国西部各省份中创新程度位于中游。但因受到地处边疆、投资项目少、大宗商品运输能力不足、人才吸引力欠佳等多重固有

---

① 专家谈十八大报告"实施创新驱动发展战略"论述 [EB/OL]. 中央政府门户网站，http：// www. gov. cn/jrzg/2012 - 11/12/content_2263432. htm.

② 广西壮族自治区统计局，国家统计局广西调查总队. 2020 年广西壮族自治区国民经济和社会发展统计公报 [EB/OL]. 广西壮族自治区统计局网站，http：//tjj. gxzf. gov. cn/tjsj/tjgb/ndgmjjhshfz/ t8851271. shtml.

③ 国家统计局. 中华人民共和国 2020 年国民经济和社会发展统计公报 [EB/OL]. http：// www. stats. gov. cn/tjsj/zxfb/202102/t20210227_1814154. html.

因素的综合影响，工业结构层次与广东等东部先进省份相比总体上存在明显代差，主要依靠传统的以制糖为主的食品加工产业、以初级冶炼为主的有色金属产业以及以组装为主的汽车、机械和电子信息产业作为支柱产业发展地区经济，是较为典型的资源驱动型发展地区。而且在既往发展中，广西承接了大量东、中部地区淘汰转移的落后产能，这虽然在一定程度上带动了广西地方经济的短期发展，但同时也遗留了严重的资源危机、环境污染、人均收入水平低、有效需求不足、增收不增利、新兴产业发展缓慢等问题，当下不得不面临产业转型升级之重任。此时，唯有坚决响应党中央号召，不畏荆棘走创新驱动发展之路，契合本地资源优势和产业基础，高技术、高标准、高起点地选择和培育一批战略性新兴产业，促进其快速苗壮成长，再依靠新兴产业创新发展迸发的强大关联效应带动相关产业链同步增长和完善，才能确保整个工业体系顺利实现新旧动能转换，推动地区经济高质量和可持续发展。

2010 年 10 月 10 日，国务院出台了《国务院关于加快培育和发展战略性新兴产业的决定》，确立"将节能环保、新一代信息技术、生物、高端装备制造、新能源、新材料、新能源汽车作为七大战略性新兴产业，提出 2015 年战略性新兴产业增加值占国内生产总值的比重力争达到 8% 左右，2020 年力争达到 15% 左右，节能环保、新一代信息技术、生物、高端装备制造产业成为国民经济的支柱产业，新能源、新材料、新能源汽车产业成为国民经济的先导产业，到 2030 年前后战略性新兴产业的整体创新能力和产业发展水平达到世界先进水平，为经济社会可持续发展提供强有力的支撑"①。随后，在国务院 2011 年 3 月 14 日发布的《中华人民共和国国民经济和社会发展第十二个五年规划纲要》和 2016 年 3 月 16 日发布的《中华人民共和国国民经济和社会发展第十三个五年规划纲要》中，都把战略性新兴产业放在了重点培育的产业位置，将其视为抢占新一轮国际竞争中经济和科技发展制高点的关键所在。2016 年 11 月 29 日，国务院又出台了《"十三五"国家战略性新兴产业发展规划》，提出"要加快壮大战略性新兴产业，打造经济社会发展新引擎，2020 年战略性新兴产业增加值占国内生产总值比重达到 15%，形成新一

---

① 中华人民共和国国务院. 关于加快培育和发展战略性新兴产业的决定［EB/OL］. http：//www.gov.cn/zwgk/2010－10/18/content_1724848.htm，2010－10－18.

代信息技术、高端制造、生物、绿色低碳、数字创意等 5 个产值规模 10 万亿元级的新支柱，发明专利拥有量年均增速达到 15% 以上，中高端制造业、知识密集型服务业比重大幅提升；到 2030 年，战略性新兴产业发展成为推动我国经济持续健康发展的主导力量，我国成为世界战略性新兴产业重要的制造中心和创新中心，形成一批具有全球影响力和主导地位的创新型领军企业"[①]。广西壮族自治区人民政府办公厅 2016 年 10 月 9 日也出台了《广西战略性新兴产业发展"十三五"规划》，"确定了力争战略性新兴产业增加值年均增长 15% 以上，到 2020 年战略性新兴产业占地区生产总值比重达到 15% 左右的主要发展目标；重点培育发展新一代信息技术、智能装备制造、节能环保、新材料、新能源汽车和大健康六大战略性新兴产业，并提出创新能力提升、产业化促进、新兴企业培育、市场培育、开放合作以及军民融合发展等六大行动"[②]。这意味着"十三五"时期以来，在国家和广西的相关政策实施下，广西战略性新兴产业迎来了前所未有的巨大发展契机。

从国家对战略性新兴产业的发展战略部署和广西对本地区战略性新兴产业的发展规划定位来看，战略性新兴产业的发展方向以新兴科技与新兴产业深度融合的高端先进工业为主，这表明，不管是国家层面还是广西地方层面，都深刻地认识到工业高质量发展对于中国或地区加快推进工业化进程和培育经济发展新动能是一项重要而紧迫的任务。当前，正如习近平总书记在多场合中所指出的，"世界处于百年未有之大变局"[③]，以中国为代表的新兴经济体在经济、科技及综合国力方面有了质的飞跃，正在以崭新、积极的姿态参与到全球治理机制和国际秩序的完善中，在这一过程中，发达国家所代表的旧秩序必然会出于维护自身利益的需要进行强力干预和阻挠，这使得国际金融危机之后针对新兴经济体的贸易保护主义有所抬头，并且已对经济全球化产生了一定程度的逆向影响。正如近年来我们所看到的现象，即使是在 WTO 贸易规则下，中国作为世界最大的新兴经济体，在电子信息和通信技术、光

① 中华人民共和国国务院."十三五"国家战略性新兴产业发展规划 [EB/OL]. http://www.gov.cn/zhengce/content/2016-12/19/content_5150090.htm, 2016-12-19.
② 广西壮族自治区人民政府. 广西战略性新兴产业发展"十三五"规划 [EB/OL]. 广西壮族自治区人民政府门户网站, http://d.gxzf.gov.cn/file/2017/05/17/1495010801.pdf, 2017-05-17.
③ 习近平总书记指出，当今世界正面临百年未有之大变局 [EB/OL]. https://www.sohu.com/a/243814387_787153, 2018-07-27.

伏、风塔、机械设备、医药、汽车配件、航天航空、机器人等产业产品中，多次面临着被加征高额关税或被以作为所谓新贸易保护主义（new trade protectionism，又称为"新重商主义"或"超贸易保护主义"）手段的反倾销、反补贴、技术壁垒、绿色壁垒和知识产权保护等非关税壁垒措施为名多次发起贸易摩擦，试图大幅增加中国出口新兴工业品的成本甚至排除中国富有竞争力的新兴科技产品进入国际市场。

自20世纪80年代以来，在新兴技术进步与信息化的推动下，由发达国家跨国公司主导的经济全球化进程明显加快，新兴经济体与发达经济体之间的产业内贸易分工合作日益深入，形成了"我中有你、你中有我"的产业"命运共同体"。例如，作为全球航空制造巨头的波音商用飞机集团（BCA），其于2004年4月启动开发并于2010年正式交付使用的最新型号客机波音787超远程中型客机（Dreamliner，也称为"梦想客机"），由400多万个零部件构成，采取分段模块化设计、生产和装配模式，其研制方法由以往的"公司内设计图纸并按零部件或分段机体交付制造伙伴生产"方式改为与合作伙伴进行协同研制，即利用达索系统（Dassault system）公司开发的全球产品全生命周期管理（product overall lifecycle management，PLM）平台，由全世界6000多名工程师基于该平台进行共同设计和工程化。在波音787的模块化供应链体系中，波音作为产品系统规则的设计师，负责制定波音787的基本系统架构、接口规则和技术标准，将波音787机体系统架构模块化分解成若干个具有整体结构功能的一级模块子系统，而后选定相应的一级模块供应商并赋予其全面的一级模块子系统结构设计、生产、分包与系统集成的任务和责任，波音只与全球23个一级供应商直接发生交易关联。[①] 波音787作为标准的国际化产品，波音公司本身只占据该机型10%的市场价值，由美国、英国、日本、法国、意大利、中国6个国家的上万家大中小企业参与零部件合作生产和价值分享。包括：美国通用电气公司（GE）和英国罗尔斯·罗伊斯公司（Rolls-Royce）联合研制低油耗、低污染与低噪声的新一代发动机；意大利的阿莱尼亚航空制造公司（Alenia Aereonautica）负责生产48段碳复合材料主机身；美国的Spirit航空系统公司（Spirit AeroSystems）、沃特飞机工业公司（Vought Aircraft Industries）分别负责制造机身43段和47段；日本的

---

① 李政. 基于波音787的全球供应链战略模式研究 [J]. 科技促进发展，2012 (5)：97 – 102.

富士重工（Fuji Heavy Industries）、川崎重工（Kawasaki Heavy Industries）和三菱重工（Mitsubishi Heavy Industries）等公司负责制造机翼 12 段、主起舱 45 段、中心翼盒 11 段和机身 13 段；北美的古得里奇宇航公司（Goodrich Aerospace）负责制造发动机短舱和反向装置，全球航空公司负责机尾 47 段和 48 段对接装配；法国生产起落架；中国的沈飞、哈飞与成飞分别负责垂直安定面前缘、飞机前裙板和垂直尾舵的生产。最后由波音公司利用超大型运输机 LCA 把世界各地设计、制造和组装的 10 多个模块大部件运到波音公司总部进行对接总装、试飞和客户交付工作。① 其中，上述任何一道生产环节中发现一处问题，都会导致波音 787 机型的延迟交付，因此，全球供应链上各国大中小企业间的无缝、高效紧密协作是波音 787 成功商业化、产业化的制胜法宝，同时也顺利获得了接包国的市场。

　　那么，中国等新兴经济体在高端制造产品上能够像波音公司一样作为全球先进供应链的链主进行模块化生产体系的构建和掌控吗？正如前文述及的原因，在现时的国际政治经济环境下答案显然是否定的。当发达国家面临新兴经济体新兴产业产品竞争时，势必将"本国优先"原则放在首位，采取专利授权限制、创新人才流动限制、跨国并购限制以及采取供应链关键设备、零部件、材料断供等种种打压手段，遏制新兴经济体新兴产业的发展，以保持自身的技术领先优势。面对这样的现实挑战，中国战略性新兴企业亟须在基础技术、生产工艺、关键设备、核心原材料等方面以创新加强异质性实力和补齐弱势短板，实现战略性新兴产业的核心技术实质性突破，完善高精尖现代工业体系，推动中国由初级代加工国家向中高端制造业强国转变，成为全球新兴产业不可或缺的关键供应链基地。从结构指标来看，中国第三产业占 GDP 的比重已超出第二产业 16.9 个百分点，符合工业化后期的产业结构规律，但从人均 GDP 水平、制造业内部的产品结构和技术密集型程度以及关键设备、元器件和材料的进口依存度等方面来看又呈现出工业化中期的特征，因此，对互联网、金融、房地产等第三产业的资源过度流入进行合理干预，促进新兴工业领域的资源得到优化配置，推动高端制造业向世界制高点迈进，巩固强国之基，对于中国"2035 年

---

① 高江虹. 大飞机"长成"记［N］. 21 世纪经济报道，2015 – 11 – 02.

实现新型工业化目标"①，以及落实"加快构建以国内大循环为主体、国内国际双循环相互促进的新发展格局"② 的战略、路径部署十分必要和重要。

根据《中国统计年鉴》和《广西统计年鉴》相关数据，相比全国，广西工业化发展水平更低，但工业占地区 GDP 的比重却从 2000 年的 29.4% 缩减至 2019 年的 24.9%，20 年间减少了 4.5 个百分点；而第一产业占地区 GDP 的比重虽然由 26.8% 降至 16%，但比全国 7.1% 的占比高出了近 9 个百分点；第三产业占地区 GDP 的比重从 38.1% 提升至 50.7%，只比全国第三产业占比低了 3.2 个百分点。以上数据充分说明，近 20 年来，广西工业化进程明显滞后于全国，工业发展规模处于相对萎缩和落后的状态，对第一产业过剩劳动力的吸纳能力和发展带动能力明显不足，并且房地产、金融等服务业跟随国内大环境出现资源过度流入的问题，从而导致社会资本对工业领域的关注度及投资意愿不足，工业规模经济程度偏低，质量效益不佳，落后产能退出困难，先进制造企业数量较少，新兴产业及企业的核心技术专利和研发创新能力不足，致使工业结构处于较低层次，对地区稳增长、强实力极为不利。对此，广西壮族自治区人民政府于 2021 年 3 月制定出台了《关于推进工业振兴三年行动方案（2021—2023 年）》和《关于推进工业振兴的若干政策措施》，提出未来三年将强企补链扩群行动、产业优化升级行动、工业园区提质升级行动、企业提质增效行动等四大行动；力争到 2023 年，广西产业集群产业链水平明显提升，新建 60 项以上百亿元项目，建设 10 个左右千亿元园区，打造先进装备制造、绿色新材料 2 个万亿元产业集群；工业投资实现较快增长，制造业增加值占全区地区生产总值比重提升 3 个百分点以上；工业结构进一步优化，传统产业高端化、智能化、绿色化水平明显提升，轻工业占工业比重提升 3 个百分点以上，战略性新兴产业占工业比重提升 5 个百分点以上，规模以上工业单位增加值能耗下降 6% 以上，综合创新能力明显提升，推进全区工业向中高端迈进；并在财政扶持、重大工业项目建设、企业技术改造奖补、园区基础设施建设、企业做大做强、产业股权投资、企业融资渠道、企业经济贡献奖励、资源要素保障、工业绩效考核等方面提出了相

① 中国共产党第十九届中央委员会第五次全体会议公报 [EB/OL]. 人民网 - 财经频道，http://finance.people.com.cn/n1/2020/1029/c1004 - 31911556.html.

② 中共中央关于制定国民经济和社会发展第十四个五年规划和二〇三五年远景目标的建议 [EB/OL]. 中央政府门户网站，http://www.gov.cn/zhengce/2020 - 11/03/content_5556991.htm.

应的政策措施导向。①② 这里需特别强调的是，在国家间、区域间围绕新兴产业的新兴科技展开角逐的今天，广西虽作为西部省份，但在工业发展上必须摒弃过去后发区域应遵循梯度发展规律以承接发达地区过剩产业、而后再进行逐步升级的传统发展思维定式，而应立足于世界工业科技前沿和先进智造产业链分工，根据自身的资源、工业基础优势，加快构建高技术标准、创新驱动、资源集约化、绿色节能的现代先进制造业体系，切实推动工业高质量发展，形成专精特新的新兴工业价值节点，以此为突破口切入全球高端制造价值链分工体系和国内自主可控产业价值链分工体系，促进新兴工业体系提升增效和实现国内国际双循环发展，从而加速推进工业化进程，有效促进地区产业结构合理化、高度化。

（2）全方位开放发展的实践背景。

广西凭借地处我国大陆东、中、西三个地带的交汇点，是华南经济圈、西南经济圈与东盟经济圈的结合部，也是联结粤港澳与西部地区的重要通道的优越的地缘优势，近二十年来外贸保持了良好的增长势头。特别是2010 年中国－东盟自贸区全面建成的十年间，中国与东盟经贸往来进一步加深，东盟已超越欧洲和美国而成为中国第一大贸易伙伴，广西作为中国陆海对接东盟的桥头堡，在中国与东盟共建绿色化"一带一路"、广西沿边金融综合改革试验区建设全面启动与深化、广西建设面向东盟的金融开放门户正式上升为国家战略③等利好政策刺激下，广西外贸总体呈现规模逐年扩张的趋势，与东盟贸易额节节攀升。根据南宁海关和广西商务厅公布的数据，2020 年，广西外贸进出口总额、出口额、进口额均再创历史新高，广西外贸进出口总值4861.3 亿元，比 2019 年增长 3.5%，显著高于全国 1.9%的增幅；出口 2708.2 亿元，增长 4.3%，高于全国 4.0% 的增幅；进口2153.1 亿元，增长 2.6%，较全国高出 4.4 个百分点；贸易顺差 555.1 亿元，

---

① 广西推进工业振兴三年行动新闻发布会召开［EB/OL］. 广西壮族自治区人民政府门户网站，http：//www. gxzf. gov. cn/zt/xwfb/xwfbh0319/dt/t8345138. shtml.

② 广西壮族自治区人民政府. 广西壮族自治区人民政府印发关于推进工业振兴若干政策措施的通知［EB/OL］. 广西壮族自治区人民政府门户网站，http：//www. gxzf. gov. cn/zfwj/zxwj/t8017104. shtml.

③ 广西：奋力建设面向东盟的金融开放门户［EB/OL］. 人民网－人民日报，http：//money. people. com. cn/n1/2020/1127/c42877－31947233. html.

增加 11.2% 。①

在看到可喜一面的同时，广西外贸发展依然存在隐忧，即外贸规模偏小，产品档次不高，增收多而增利少。2020 年，作为广西邻省的外贸强省广东，货物进出口总额为 70844.82 亿元，出口额 43497.98 亿元，进口额 27346.84 亿元②，分别是广西的 14.6 倍、16 倍和 12.7 倍。可以说，广西与广东相比货物外贸规模差距相当明显，而此时距中国－东盟自由贸易区（China-ASEAN Free Trade Area，CAFTA）2010 年 1 月 1 日正式全面启动已过去整整 10 年。而且，广西各种外贸方式的增长势头有所差异，2020 年，广西一般贸易进出口 1522.7 亿元，同比下降 8.1%，占广西外贸总值的 31.3%；边境小额贸易、保税物流、加工贸易同比分别增长 3.2%、36.3%、15.6%，分别占广西外贸总值的 23.2%、20.2%、19.3%，其中，边民互市贸易受到广西实施互市贸易"集中申报、整车通关"模式以及在全国率先启动海运方式进口互市商品试点的有利政策影响，广西互市进口商品范围扩大到东盟 10 国，全年边境贸易总额继续位列全国首位，占全国比重近半，但受中越边境疫情防控要求影响，全年进出口 283 亿元，下降 28.4%。从出口商品结构来看，2019 年，广西货物出口额超过 100 亿元的商品包括机电产品、高新技术产品、服装、纺织四类，出口额依次是 1301.81 亿元、528.33 亿元、185.48 亿元、168.14 亿元，分别占广西货物出口额 2597.15 亿元的 50.1%、20.3%、7.1% 和 6.5%，虽然机电和高新技术产品合计在出口中的占比超过七成，但这两类产品大多是外资企业、东部发达地区企业在广西设厂进行加工组装再出口的成熟类产品，真正具有自主知识产权、核心发明专利的战略性新兴产业产品出口占比很低。从以上不同角度的分析可知，近年来，广西外贸进出口稳住了基本盘，而且增长高于全国平均增速。但是，2020 年广西一般贸易进出口额仅占外贸进出口总额的 31.3%，而且增速较 2019 年下降了 8.1%；相反，附加值较低的保税物流和加工贸易却同比呈现较大幅度增长。与广西外贸方式表现有所不同，2020 年全国一般贸易进出口 19.25 万亿元，同比增长 3.4%，占中国外贸总值的 59.9%，比 2019 年提升 0.9 个百分点，其中，

---

① 骆万丽，何紫昀. 2020 年广西外贸进出口规模再创历史新高 [N]. 广西日报，2021 - 01 - 24.

② 2020 年广东省国民经济和社会发展统计公报 [EB/OL]. 人民网－广东频道，http：//gd. people. com. cn/n2/2021/0301/c123932 - 34598018. html.

出口增长 6.9%，进口下降 0.7%；而加工贸易进出口则同比下降 3.9%，占中国外贸总值的 23.8%。[①] 上述数据对比说明，广西外贸增速来自附加价值较低的边境小额贸易、保税物流、加工贸易，贸易方式相较全国平均水平而言有待优化；在得天独厚的地缘优势以及中国-东盟自由贸易区正式建成、"一带一路"建设、中国-东盟博览会（China-ASEAN Expo，CAEXPO）自 2004 年起已连续在广西首府南宁举办了 17 届等有利发展契机下，广西外贸进出口总体规模与广东、江苏、上海、浙江、福建等东部沿海省份相比仍然较弱；优势出口商品种类较少、档次不高，以加工型产品为主，外贸增加值较低。总之，广西外贸存在的上述种种问题，归根结底还在于本地区产业体系不健全，制造业基础薄弱且以传统制造业为主，对外输出的优势产品基本上属于劳动密集型、低技术含量、低附加值的产品类型，产品差异化程度低，市场进入壁垒低，低端产品过度竞争现象较为突出，产业市场结构以中小企业为主，大企业龙头带动能力和作用不强，出口竞争力弱，具有自主核心技术的战略性新兴产业产品较少，尚未形成明显的品牌效应和出口规模，导致广西一般货物贸易增长乏力。

为大力解决广西外贸发展面临的规模、质量、效益等方面的瓶颈问题，广西壮族自治区党委和广西壮族自治区人民政府采取了多方举措。一方面，继续推进高水平对外开放，加快构建"南向、北联、东融、西合"全方位开放发展新格局，高标准建设中国（广西）自贸试验区，加快西部陆海新通道建设，纵深推进面向东盟的金融开放门户、中国-东盟信息港等开放平台建设；另一方面，出台稳工业、稳外贸、促消费等系列政策措施，包括开展重大项目建设、优化营商环境、实施产业大招商等[②]。这些举措的实施收到了明显实效，2020 年，广西实际利用外资额在 2019 年几乎翻番的基础上继续同比增长了 18.7%，实际利用外资金额约 13.17 亿美元[③]；北部湾港口集装箱吞吐量突破 500 万标箱，同比增长 31%，增速位居全国港口首位，自 2015

[①] 海关总署：2020 年我国货物贸易进出口总值 32.16 万亿元同比增长 1.9%［EB/OL］. 中国网财经，https：//www. sohu. com/a/444432133_436021.

[②] 广西全力推动开放再扩大，外贸高速增长［EB/OL］. 中国新闻网，http：//www. chinanews. com/m/cj/2019/12-25/9042538. shtml.

[③] 2020 年 1~12 月广西实际利用外资情况［EB/OL］. 广西壮族自治区商务厅，http：//swt. gxzf. gov. cn/swsj/wzsj/t7847773. shtml.

年以来年均增速保持在 25% 以上，已开通内外贸航线 52 条，通达全球 70 多个国家和地区的 150 多个港口①；西部陆海新通道建设取得实质成效，2021年 1 月 12 日成功开通了"遂宁－钦州"海铁联运班列从而实现了西部陆海新通道班列与中欧班列的互通互联②，5 月 13 日开行了首趟"中国－越南－老挝"农资产品跨境多式联运班列③，开辟了途经东盟两国的"铁路—公路"长距离、高效便捷的跨境多式联运班列运输新路线，打通了国内和国外大循环联动运输大动脉，切实发挥了"一带一路"的有机衔接功能，助力更多的"中国制造"商品通过跨境班列出口东盟各国；中国（广西）自由贸易试验区发展提速，推进试点任务 55 项，新设立企业 2539 家，57 家金融机构入驻中国－东盟金融城。

近几年，在国家战略导向与政策扶持、地方政府政策制度安排和对外衔接基础设施建设日臻完善等综合举措，广西全方位开放发展水平有了"量"的提高。但从贸易发展现状的梳理来看，广西要真正实现"南向、北联、东融、西合"全方位开放发展新格局，必然着力打造本地区强势战略性新兴制造业体系，以此为核心进行内外横向、纵向、交叉融合的战略性新兴产业链延伸和战略性新兴产业价值网构筑，更多地推出具有对外贸易竞争力的、叠加新兴科技的新兴产品和服务，从而推动广西外贸地位由过境贸易渠道主体向制造贸易出口主体转变。从该意义上说，战略性新兴产业发展对于广西在中国－东盟自由贸易区升级版打造、"一带一路"建设等一系列国家战略的实施下更好地利用国内国外"两种资源、两个市场"，提升全方位开放的贸易规模、质量和效益，将起到决定性作用。为此，广西一方面要积极推进与其他国家和地区之间的优势产业链分工合作，推动贸易双向发展，扩大国内国际市场占有率，拓展盈利空间；另一方面要充分利用好后发学习优势，积累有益的创新经验和技术工艺诀窍，多渠道聚积核心创新资源要素，抓住世界范围内新兴科技与新兴产业同步布局发展的机会之窗，以自身积淀打造一批富有本地区异质性创新资源要素特色的战略性新兴产业、产业链价值节点、

---

① 广西北部湾港 2020 年集装箱吞吐量突破 500 万标箱 [EB/OL]. 新华网，http：//www. gx. xinhuanet. com/newscenter/2020－12/29/c_1126919582. htm.

② 龙巍，郑燕. 北部湾港集装箱吞吐量首次位居全国沿海港口第八位 [EB/OL]. 中国水运网，http：//www. zgsyb. com/news. html? aid＝583402.

③ 南宁市加快推进西部陆海新通道建设 [N]. 广西日报，2021－06－01.

旗舰企业和产品，自主研发能够满足未来国内国际双循环市场需求的新技术、新产品，争取在关键产业领域异军崛起，并逐渐形成产业链扩散效应，推动战略性新兴产业体系向高端化、智能化、服务化、集聚化的方向发展，以此促进广西地区产业结构的整体创新跨越转型。

1.3 研究对象和目标

1.3.1 研究对象

本书根据中共十八大作出的"创新驱动发展战略"部署和2016年5月由中共中央、国务院共同发布的《国家创新驱动发展战略纲要》中所提出的"国家创新驱动发展战略"的顶层设计，并基于"十三五"以来国家与广西地方相关战略性新兴产业发展规划的有序推进实施及产业创新能力提升在发展规划中地位凸显的背景，结合产业结构、产业组织、产业关联、产业创新与协同发展等相关理论，以研究作为后发区域典型的广西战略性新兴产业创新体系为总纲，分析广西战略性新兴产业发展及其创新体系的基本现状、发展趋势及存在问题，对广西战略性新兴产业的重点发展领域作出科学评价与选择，阐述广西战略性新兴产业创新能力培育与地区创新优势实现之间的耦合互动机理，构建基于"钻石模型"拓展的广西战略性新兴产业创新体系与创新驱动平台，客观地评价广西战略性新兴产业的创新绩效，在此基础上对广西战略性新兴产业创新体系完善途径进行整合协调及针对性政策措施体系建构。

1.3.2 研究目标

本书研究的总目标，是以相关理论与实践背景的研究为基础与依据，在对广西战略性新兴产业进行科学选择的基础上，构建以"创新驱动发展"为核心的广西战略性新兴产业创新体系，研究广西战略性新兴产业创新驱动的发展机制、方法论思路、政策措施等，以推进基于构建产业创新体系的广西战略性新兴产业创新驱动发展战略理论与应用的研究，为各级政府有关部门未来制定广西战略性新兴产业相关发展规划和政策提供符合广西地方实际、力求具有针对性和可操作性、能够有效促进广西战略性新兴产业创新发展的政策建议。围绕这一总目标，本书设立了 5 个子目标：

（1）构建广西战略性新兴产业发展评价选择模型并进行准确的实证检验，为广西战略性新兴产业重点发展的具体产业领域选择提供现实依据。

（2）探究广西战略性新兴产业创新能力培育与地区创新优势实现之间的耦合互动机理，为作为后发区域的广西如何通过地区创新优势的实现与发挥来培育战略性新兴产业的创新能力提供理论依据与实践指导。

（3）构建广西战略性新兴产业创新系统的拓展"钻石模型"与创新驱动平台，为广西战略性新兴产业创新体系的调控与治理提供理论依据，解决创新能力提升的核心动力问题。

（4）对广西战略性新兴产业的创新绩效进行科学评价，以定量分析为主结合定性分析，探究其创新绩效提升的关键途径。

（5）对广西战略性新兴产业创新体系的完善途径进行整合协调及政策措施体系建构，为广西战略性新兴产业创新体系的完善及创新能力的提升提供理论依据、实践指导与决策参考。

1.4 研究框架和重点难点

1.4.1 研究总体框架

本书的研究框架共分为以下八个部分：

第一部分：理论背景和实践背景分析。

主要研究内容：阐述产业结构与升级理论、产业关联理论、产业竞争优势理论、创新理论与协同发展理论等相关理论的具体内涵及其与本研究的结合视角，对于本研究的指导意义、具体要求与方法论运用；分析广西发展战略性新兴产业、实现创新驱动产业结构转型升级与经济跨越式发展所处的经济新常态、国内国际双循环新发展格局以及推进广西工业高质量发展与全方位开放发展等时代背景与宏观层面的外部背景；系统考察广西战略性新兴产业发展及其创新体系的基本现状、发展趋势及存在问题和所需要的理论和实践支撑。为本书提供科学的理论依据、实践背景依据和现实需求依据。

第二部分：战略性新兴产业创新体系的基本理论问题研究。

主要研究内容：明晰战略性新兴产业与朝阳产业、成长产业、新兴产业和高技术产业之间的区别与联系，明确产业创新体系的内涵及其与国家创新体系、技术创新体系的关联与区别，从技术创新、产业链创新、产业集聚创新、应用创新和政策创新层面研究战略性新兴产业创新体系的构成，厘清广西战略性新兴产业创新发展的必要性和可行性。

第三部分：广西战略性新兴产业选择分析研究。

主要研究内容：梳理战略性新兴产业这一概念表述的定义及其解释，阐述战略性新兴产业形成的推动力与发展路径；从国家战略原则、比较优势原则、市场需求原则、产业关联原则等方面阐述广西选择战略性新兴产业的基本原则，基于"AHP-IE-PCA"组合赋权法进行广西战略性新兴产业选择模型构建与实证分析。

第四部分：广西战略性新兴产业创新能力培育与地区创新优势实现的耦合机理研究。

主要研究内容：厘清后发区域战略性新兴产业创新能力培育与地区创新优势实现之间的理论关系；从创新投入能力、创新转化能力、创新产出能力和创新扩散能力等方面探析广西战略性新兴产业创新能力培育与广西地区自然资源、人力资源、资本资源、知识资源和信息资源等产业、区域方面的创新优势实现与发挥之间的耦合互动机理；重点在于二者之间的耦合互动模型构建、耦合互动的动力机制与耦合互动的路径演化探析。

第五部分：基于"钻石模型"拓展的广西战略性新兴产业创新系统构建研究。

主要研究内容：基于协同发展与"钻石模型"的基本原理，从创新研发与产业化子系统、创新资源子系统、创新服务子系统、创新制度政策和文化子系统四个层面构建广西战略性新兴产业创新系统拓展"钻石模型"，重点在于分析各创新子系统内在的基本构架、主体构成、要素流动以及功能定位与实现机制；从信息流、人流、物质流、价值流四个维度阐述各创新子系统之间的关联互动机制、动态演化机制与协同治理机制。

第六部分：广西战略性新兴产业创新驱动平台构建研究。

主要研究内容：结合广西战略性新兴产业的产业特征，探究以科技创新为核心、以产业价值链攀升和产业布局优化为主线以及搭建创新驱动基础平台的广西战略性新兴产业"三位一体"创新驱动平台模式，从重点领域和关键环节的"顶层设计"突破，解决广西战略性新兴产业创新能力提升的核心动力问题。

第七部分：广西战略性新兴产业创新绩效评价研究。

主要研究内容：以广西战略性新兴产业创新绩效的内涵界定为基础，从创新能力评价与创新效率评价构建广西战略性新兴产业创新绩效评价结构体系；以相关产业统计数据为依据，基于因子分析法对广西战略性新兴产业创新能力进行评价，基于随机前沿模型对广西战略性新兴产业创新效率进行评价，探究其各自的影响因素及各因素对其的影响程度，并从经济学理论视角阐述各因素对于创新能力、创新效率的影响机制与影响路径。

第八部分：广西战略性新兴产业创新体系完善途径的整合协调及政策措施体系建构研究。

主要研究内容：以广西战略性新兴产业创新体系完善为总目标，以产业结构转型升级理论、产业组织理论、产业关联理论、产业竞争优势理论、产业创新理论与协同发展理论等相关理论依据为基础，结合战略性新兴产业发展的内外部环境的变化趋势以及广西战略性新兴产业创新发展的具体实践情况，对上述系列研究的结论与功能进行互补性整合和操作实施协调，从政府、企业和专业研究机构层面构建有针对性、可操作性且具有实际意义的政策措施体系。

1.4.2 研究的重点难点

本书研究的重点与难点在于：

（1）系统地梳理本研究的相关理论与现实依据，正确地界定战略性新兴产业的具体内涵，科学地构建广西战略性新兴产业发展选择模型，并进行准确的实证检验。

（2）科学地构建广西战略性新兴产业创新能力培育与地区创新优势实现之间的耦合互动模型，科学地揭示其耦合互动的动力机制、机理与路径演化。

（3）科学地构建由创新研发与产业化子系统、创新资源子系统、创新服务子系统、创新制度政策和文化子系统构成的广西战略性新兴产业创新系统的拓展"钻石模型"，系统阐述各子系统的基本构架、主体构成、要素流动、功能定位与实现机制，以及各子系统之间的关联互动机制、动态演化机制与协同治理机制。

（4）科学地探究以科技创新为核心、以产业价值链攀升和产业布局优化为主线以及搭建创新驱动基础平台的广西战略性新兴产业"三位一体"创新驱动平台模式。

（5）科学地构建广西战略性新兴产业创新绩效评价模型，全面系统地收集与整理相关产业数据，并进行客观的实证分析。

（6）科学地进行完善广西战略性新兴产业创新体系具体途径的整合协调，构建具有针对性、实效性及实践价值的政策措施体系。

1.5　研究思路与方法

1.5.1　研究思路

在经济全球化与信息化纵深发展、新兴科技与新兴产业加速融合、工业体系高质量发展、国内国际双循环、"一带一路"建设等产业发展新背景下，以广西战略性新兴产业作为后发区域战略性新兴产业创新发展个案，以产业创新体系构建为基本研究对象，以创新驱动发展为研究重点，依照战略性新兴产业选择—战略性新兴产业创新能力培育与地区创新优势实现的耦合互动—战略性新兴产业创新系统构建—战略性新兴产业创新驱动平台构建—战略性新兴产业创新绩效评价—完善战略性新兴产业创新体系的政策措施体系建构的总体研究思路，研究广西战略性新兴产业的重点发展方向、创新能力培育、产业创新体系和创新驱动平台构建以及政策措施体系等核心理论与实践问题。

根据上述研究的基本思路，本书采取技术路线如图 1.1 所示。

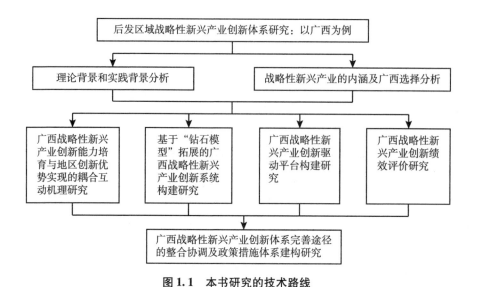

图 1.1　本书研究的技术路线

1.5.2　研究方法

理论研究方面，本书综合运用产业经济学、系统与协同科学、创新经济学、管理学等多门学科的"多维理论分析构架"作为基本的分析方法体系，深入分析产业创新体系形成演化的历史沿革与动态规律，并针对战略性新兴产业创新体系的基本构架、主体构成、要素流动、功能定位与实现机制、关联互动机制、协同治理机制等相关理论问题做系统的研究。

实证分析方面，将静态分析与动态分析相结合，运用计量经济学分析方法，利用相关产业统计数据，对广西战略性新兴产业选择以及创新能力和创新效率进行科学、客观的评价。此外，还运用了理论分析与理论推理、文献分析与实地调研相结合、定性与定量相结合等分析方法。

1.6　本书研究的创新之处

本书研究的创新之处如下：

（1）在系统地论证后发区域（广西）战略性新兴产业创新体系研究的理

论背景和实践背景的基础上，探究后发区域（广西）战略性新兴产业创新能力培育与地区创新优势实现的耦合机理，包括二者之间耦合互动模型构建及其动力机制与路径演化。

（2）科学地构建广西战略性新兴产业创新系统理论模型，从信息流、人流、物质流、价值流四个维度阐述战略性新兴产业创新研发与产业化、创新资源、创新服务、创新制度政策和文化四个创新子系统之间的关联互动机制、动态演化机制与协同治理机制，探究广西战略性新兴产业"三位一体"创新驱动平台模式。

（3）运用多学科的理论思维与研究方法，进行广西战略性新兴产业选择模型构建与科学实证分析，对广西战略性新兴产业的创新能力和创新效率作出客观的实证评价。

（4）对系列研究的结论与功能进行互补性整合和操作实施协调，并结合战略性新兴产业发展的内外部环境的变化趋势以及广西战略性新兴产业创新发展的具体实践情况，构建有针对性、可操作性且具有实际意义的政策措施体系。

| 第 2 章 |

战略性新兴产业创新体系的
基本理论问题研究

本章明晰战略性新兴产业与朝阳产业、成长产业、新兴产业和高技术产业之间的区别与联系，明确产业创新体系的内涵及其与国家创新体系、技术创新体系的关联与区别，从技术创新、产业链创新、产业集聚创新、应用创新和政策创新层面研究战略性新兴产业创新体系的构成，厘清广西战略性新兴产业创新发展的必要性和可行性。

2.1　战略性新兴产业的界定

2010 年 10 月 18 日，国务院出台的《关于加快培育和发展战略性新兴产业的决定》中指出，战略性新兴产业是以重大技术突破和重大发展需求为基础，对经济社会全局和长远发展具有重大引领带动作用，知识技术密集、物质资源消耗少、成长潜力大、综合效益好的产业；并根据战略性新兴产业的特征，立足我国国情和科技、产业基础，现阶段将重点培育和发展节能环保、新一代信息技术、生物、高端装备制造、新能源、新材料、新能源汽车等产业。[①] 2016 年 12 月 19 日，国务院发布的《"十三五"国家战略性新兴产业发

[①]　中华人民共和国国务院．关于加快培育和发展战略性新兴产业的决定［EB/OL］．http：//www. gov. cn/zwgk/2010 – 10/18/content_1724848. htm，2010 – 10 – 18.

展规划》中提出：要进一步发展壮大新一代信息技术、高端装备、新材料、生物、新能源汽车、新能源、节能环保、数字创意等战略性新兴产业，推动更广领域新技术、新产品、新业态、新模式蓬勃发展。[①] 2016 年 10 月 9 日，广西壮族自治区人民政府印发的《广西战略性新兴产业发展"十三五"规划》中指出，按照"创新驱动、高端发展、重点跨越、引领示范"的发展方向，重点发展新一代信息技术、智能装备制造、节能环保、新材料、新能源汽车、大健康等六大产业。[②] 从"十二五""十三五"以来国家和广西地方政府出台的关于战略性新兴产业的政策文件和发展规划中可以看出，中国对战略性新兴产业的界定与世界新兴产业及前沿技术的发展趋势大体上是同步的，现阶段主要指向新信息、先进制造、材料、生物、绿色能源与环保、新能源汽车这几大领域，折射出人类对探索和开发的前沿新兴技术不断进行技术路线的试错和竞争，加快新产品的产业化、市场化进程，从而改善大众生活品质，创造美好生态环境的共同产业发展方向、特征、趋势和愿景。

在战略性新兴产业的概念出现之前，学术界、企业界关注度更高的是新兴产业、朝阳产业、成长型产业和高技术产业等产业范畴。新兴产业是指由于现代科技的发展和社会生产力水平的提高，导致新科技成果的发明和应用，出现了若干新的产业，其产品在生产方法、技术工艺、使用价值、性能、生产模式、设备、原材料等方面与原有产业的产品相比具有较大突破。当新兴产业渡过初创期，其技术不断成熟，生产规模、企业规模和产业规模处于规模报酬递增的趋势，平均成本持续下降且价格能自动跟随向下调整，使市场需求到达爆量增长的临界点，处在这一发展时期的产业即为朝阳产业。成长型产业是指尚处于初成阶段的一些新兴产业，形成时期不长，产业规模较小，但因适应新技术发展趋势，未来有很好的市场前景，能够将新技术有效地引入生产函数、推出新产品、提供更优质的增值服务及改善经营管理效率，实现产业规模的不断扩大。高技术产业则是运用前沿尖端技术进行高技术、高知识密集型产品生产的产业或产业群，呈现技术变化和产品迭代快、高研发强度、高研发人员占比、高增长、高风险、高回报、资源集约利用等特征，

---

① 中华人民共和国国务院."十三五"国家战略性新兴产业发展规划［EB/OL］. http：//www. gov. cn/zhengce/content/2016 – 12/19/content_5150090. htm.

② 广西壮族自治区人民政府. 广西战略性新兴产业发展"十三五"规划［EB/OL］. 广西壮族自治区人民政府门户网站, http：//d. gxzf. gov. cn/file/2017/05/17/1495010801. pdf.

对其他产业和世界经济发展能够产生强大的渗透力和影响力。

新兴产业与朝阳产业、成长型产业和高技术产业在发展内涵上既有联系，又有区别。从联系上看，这些产业都起到引领一个国家或地区未来产业结构转型升级和促进经济高质量、可持续发展的主力军作用。新兴产业、朝阳产业和成长产业都属于虽然尚处于产业发展初期但具有很好的发展潜力和市场前景，能够在未来产生较高的产品附加值，实现利润高速增长，从而驱动经济保持较快增长。除此之外，新兴产业还强调迭代科技和新兴技术的商业化推广与应用，这与高技术产业的技术属性在本质上又是相通的。

但是，与以上几类产业相比，战略性新兴产业也存在着一定的特殊性。

首先，相较于高技术产业，战略性新兴产业加入了一个国家在未来一个较长时期内对该产业发展前景的展望、发展潜力的考量以及在产业结构中是否具有先导地位的判断，而且体现了现阶段或可预期的时间内新兴技术与新兴产业进行深度融合的结果，对整个产业体系及国家的经济、制度、教育、文化、基础设施等发展起到较强的产业关联效应，是推动社会生产力进步、生产方式变革、生活方式改善的重要推动力。而高技术产业虽然总体上具有战略性新兴产业的属性与特征，但一些高技术产业在发展阶段上可能已经存续了一定时间，其"新兴性"或"先导性"不如战略性新兴产业突出，其中有的产业若其先发企业的技术、产品已在行业内被大量模仿和扩散，意味着这些产业已跨入产业发展阶段的成熟期，那么，它们就不再属于战略性新兴产业的范畴。与此不同，战略性新兴产业体现了当代最前沿知识、技术发明与创新的产业化应用，而且未来更多的战略性新兴产业将随着科技进步、教育深化、文化变迁和社会制度变革而不断出现，故其发展更具有成长性和延展性。

其次，对比新兴产业，战略性新兴产业更多了一层"战略性"定位，它必须站在全球科技发展前沿的视野和高度，立足于国家未来重大战略需求，承载着带动产业结构转型升级和促进经济发展方式转变的特殊历史使命，能够解决制约国民经济社会发展的重大瓶颈问题和产业体系的创新发展动能问题，必须对国民经济和社会发展具有全局性的战略影响和极强的促进作用，确保国民经济的持续健康快速发展和国家安全。此外，战略性新兴产业是从国家层面作出的一项产业战略选择，地方产业选择的范围须遵从国家一致性，应以国务院颁布的七大类战略性新兴产业为据。①

2.2 产业创新体系的内涵

产业创新体系也可理解为产业创新系统。近些年来，产业创新系统理论作为一种专门研究产业创新及其组织与市场绩效的理论体系，被越来越广泛地应用于许多国家和地区的新兴产业发展实践。产业创新系统理论通常适用于分析创新活跃、动态性高、涉及部门众多、关系网络复杂的产业（张仁寿等，2011）。

1997 年，意大利学者布雷斯齐（Breach）和马勒尔巴（Maluuba）基于国家创新系统、技术创新系统和演化经济学等理论，将产业创新系统（industry innovation system，IIS）定义为"开发、制造产业产品和产生、利用产业技术的公司活动的系统"②，也即在一定的知识与技术基础之上，全部与某种特定产品相关的机构、组织与个人在相关制度规制下，通过各种类型的相互联系构成的网络系统。该系统促进着创新的产生、扩散与产品的生产，并最终影响着产业的绩效与竞争力。

产业创新系统建立在技术创新系统和国家创新系统的理论基础之上，而又有一些补充和延伸。技术创新系统的思想观念主要来源于技术创新理论和技术进步理论，强调技术创新。国家创新系统在继承技术创新理论的基础上，吸收了人力资本理论和新增长理论的思想，加入了对知识溢出效应和人力资本投入的考量（Freeman & Soete，1997）。

更进一步，产业创新系统又可分解为企业、其他参与者、网络、需求、知识基础、制度和系统运行进程与协同演进等七个基本要素（Malerba & Mani，2009）。其中，企业是产业创新系统的核心创新主体；其他参与者是指除企业之外的其他参与者，如政府部门、金融机构、用户和供应商、大学高

---

① 国务院加快培育和发展战略性新兴产业的决定解读 [EB/OL]. 中央政府门户网站，http：//www. gov. cn/gzdt/2010 – 10/21/content_1727316. htm.

② Breschi S, Malerba F. Sectoral Innovation Systems：Technological Regimes, Schumpeterian Dynamics, and Spatial Boundaries [M]//Edquist C. Systems of Innovation, Technologies, Institutions and Organization. London：Printer，1997：130 –156.

校、科研机构等；网络是众多不同类型的创新主体通过各种市场或非市场的联系，进行正式或非正式的交互作用；需求主要影响创新活动和产业转型的内在动机；知识基础决定着主导产业发展的技术范式和创新特点，从根本上决定了产业的边界及其扩展性，在产业创新系统中居于核心地位；制度是产业创新系统中各类创新参与主体的创新活动与交互作用所受到的规制，包括法律、规则、标准、惯例、组织文化等；系统运行进程与协同演进是产业创新系统动态运行的机制，促进创新要素在系统内流通而实现资源共享，提升整个产业创新系统的技术创新能力与创新效率（彭勃、雷家骕，2011）。

产业创新系统作为国家创新系统在中观层面的体现，其核心仍然是技术创新，但其视角相对更为微观，主要着眼于特定产业中的主体创新企业、供应商、金融机构、高校和科研院所等非企业类机构、用户、政府等各类创新参与主体，如何通过某种制度安排和联系机制，将其创新活动相互关联，形成产业集成创新合力，降低各类创新参与主体的创新成本并增强其创新能力，从而加快产业技术创新，促进产业内部新知识、新技术的不断产生、扩散、应用、改进和更新，最终实现产业核心竞争力的提升和产业价值的持续增长。产业创新系统理论重点关注该特定产业中的某一因素变化对产业技术创新的直接影响，以及由此通过产业创新系统的各类创新参与主体之间的相互联系机制所产生的各类间接影响。

2.3 广西战略性新兴产业创新体系的构成

由前述介绍可知，产业创新系统理论注重从系统的、动态的视角去观察产业的技术创新问题。但是，该理论作为一项诞生于欧洲发达国家的创新系统理论，在应用于发展中国家或后发区域的新兴产业创新实践时不免存在着一定的局限性，即该理论并未考虑到跨国或外来公司、引进技术源、政府部门、经济制度等因素在发展中国家或后发区域新兴产业创新发展中所具有的重要影响及作用。因此，本书将结合国家和后发区域的实际情况以及战略性新兴产业自身的特点，对经典产业创新系统模型进行适当的调整，阐明产业创新系统中五大构成要素的基本状况及其相互之间的关联互动关系，建立广西战略性新兴产业创新体系模型框架，以探讨产业创新系统中产业创新的机理和原动力、产业竞争力提升的途径以及确保整个产业创新系统持续、顺畅运行的关键条件。

2.3.1 企业自主技术创新

企业是产业创新系统的核心主体。传统产业创新系统理论的研究重心是20世纪中期发达的欧洲国家产业集群，没有考虑外资企业和本土企业在产业创新中的贡献差异。然而，无论是对中国还是广西现阶段的发展来说，都必须在战略性新兴产业创新体系构建中厘清这两类企业的不同角色，在兼收并蓄的同时，应更注重和强调自主创新，尤其是自主的技术创新。

站在国家的总体角度来说，一方面，作为发展中国家，外资企业和国外跨国公司无可否认是过去我们重要的产业技术来源，改革开放以来产业发展取得的巨大成就，很大程度上归因于外来先进知识、技术的引入、吸收、消化和再利用，以信息、汽车、生物医药等技术、资本密集型产业为代表。另一方面，正如习近平总书记所指出的："核心技术受制于人是最大的隐患，核心技术靠化缘是要不来的，只有自力更生"[①]，中国要成为世界强国，唯有培育自身强大的科技创新能力，才能在未来激烈的高技术产业竞争谋取胜机，因而国内知识、技术密集型产业中的企业应力争尽快改变被动或习惯于接受发达国家产业成熟技术甚至是淘汰技术的局面，勇于担当战略性新兴产业创新体系的技术创新主体并承担起新兴技术开拓者的责任，使自主技术创新成为战略性新兴产业发展的不竭动力，争取在个别新兴产业领域、个别新兴产业细分赛道、个别新兴产业链环节实现率先突破，以己新兴核心、关键技术在全球产业链高端价值节点竞争中掌握技术主动权和标准话语权，由点及面地形成具有中国技术创新特色的战略性新兴产业创新体系，从而构筑和不断提升战略性新兴产业的国际竞争力。

站在广西的后发区域角度而言，亦是同理。当下应切实转变后发地区产业发展的惯性思维，不能再简单复制发达地区的产业发展模式和产业结构升级路径，不能再走按照传统梯度发展原则顺其自然地接受发达地区落后、过

---

① 习近平：核心技术靠化缘是要不来的，只有自力更生 [EB/OL]. 人民网，http://politics. people. com. cn/n/2015/0216/c1024 - 26572740. html.

剩、高消耗、高污染的产能转移的老路，而是要竭尽全力解决好战略性新兴产业发展面临的硬件、软件和制度短板，结合自身的产业发展基础、技术专长特色和区域资源要素优势，以站在同一起跑线的姿态积极开展产业技术创新。就广西现阶段的可行性来说，应坚持两条路径并举：一方面，要继续跟踪全球科技发展前沿动态及未来可能引致的产业化、市场化落地方向，大力营造能够吸引国内外新兴产业科技巨头入桂的条件，在严格遵守知识产权法律法规和市场契约的条件下对其先进技术进行引进、吸收和消化，并结合本地区战略性新兴产业链业务节点构建、企业规模化发展以及市场亟须的必要性进行二次技术开发与产品创新，实现产业链的长期互利共赢合作；另一方面，要通过政策和市场的双重引导，激励本地区战略性新兴产业中的核心企业在新兴技术关键领域自发加大科技研发投入力度，大力加强基础研究和核心技术开发，形成广西战略性新兴产业创新发展的内生驱动力，打造区域技术创新特色，加快新技术转化、应用与扩散，促进新兴产业做大做强。

2.3.2 产业链创新

经过改革开放四十多年的锐意进取，中国拥有全世界最完整的工业产业链条、最强大的工业制造能力[①]。从工业完整度来看，中国的工业体系涵盖了 39 个大类、191 个中类和 525 个小类[②]，是世界唯一拥有联合国产业分类中全部工业门类的国家，并且在许多领域积累了雄厚的科技基础和大量各类专业人才。与中国相比，美国工业体系的完整度在 80%，属于较完备的工业体系；日本、德国、英国、法国、意大利、韩国、俄罗斯、巴西以及印度的工业完整度在 60% 左右，属于工业体系基本完备的国家。从产值规模上看，2017 年中国制造业增加值高居世界制造业 50 强国家榜单榜首，达到 35931 亿美元，占到世界制造业总增加值的 28.57%；美国、日本和德国分列第二、第三和第四位，其制造业增加值分别为 22494 亿美元、10255 亿美元和 7599

---

① 新时代：发展新方位，奋进新目标 [N]. 人民日报，2018 - 01 - 02.
② 世界上有哪些国家有完整的工业体系 [EB/OL]. 雪球网，https://xueqiu.com/5026178364/132554385.

亿美元，各占世界制造业总增加值的 17.89%、8.16% 和 6.05%。① 也就是说，中国制造业产值规模几乎等于美国、日本、德国三个发达国家之和。但是，由于长期以来以低廉的劳动力、资源和环境代价参与发达国家主导的全球产业体系分工，在关乎国家核心竞争实力的战略性、支柱性产业的众多企业绝大多数只能嵌入发达国家跨国公司主导的全球产业价值链的中低端，承担产品组装、大部件模块组装以及非关键模块部件的开发生产，致使整个产业体系大而不强，严重依赖于国外核心企业的关键技术、材料和设备供给，对产业链竞争地位提升和保障产业体系安全极为不利。为此，现阶段产业链的创新升级迫在眉睫，主要任务有两点：一是在以规模、成本制胜的产业链的中低端环节，进一步做好相关技术、工艺流程、生产方法的改造升级和供应链优化管理，创造世界级的优质制造品牌，与战略性新兴产业协同做强产业体系；二是以全球市场为导向，高起点、全新地打造战略性新兴产业链，涌现更多如华为一样能够在新一代新兴技术的国际标准制定上拥有一定话语权的核心企业，带动战略性新兴产业链的形成、扩展和壮大，完成从低价值产业链到高价值产业链的成功跨越。

广西因受限于地区经济总体实力不强、产业体系不完善、高新技术企业少、高层次人才稀缺、科技支持力度不足等多重因素制约，战略性新兴产业在起步和发展上并不均衡，目前在环保、新材料、装备制造、生物制药、新能源汽车领域已取得了某些突破性进展，但总体而言与毗邻的广东相比发展差距巨大，主要表现为龙头企业和核心供应商数量少，研发投入不足，核心发明专利少，基础研究不足，嵌入国内外新兴产业链的机会和能力较弱，产业规模效益不够理想。因此，广西战略性新兴产业链的布局应根据自身的发展条件，不宜讲究"大而全"，而应追求"小而精"。一是要集中优势资源在关键价值节点，依托核心创新企业的研发实力，抓好重大原创技术的研究开发，形成核心知识产权，以此吸附更多的区内外优势关联企业加入产业链进行协同创新，形成创新集聚效应，打造精品产业链，以创新带动产业链条不断向精深化进行转型与升级，成为广西战略性新兴产业的全球化"名片"；二是要加强生产技术领先的战略性新兴产业链与其他相关产业的融合，实现

---

① 城市研究会. 制造业 50 强国家排行榜：中国第一，美国第二，日本第三，韩国第五［EB/OL］. 新浪网，http://k.sina.com.cn/article_6384560045_17c8ca7ad00100b1s1.html.

产业链的优势互补，带动其他产业共同创新发展；三是要通过旁侧效应积极影响传统产业或在产业链低端的企业加强创新，并推动地方科研、高层次教育、创新制度及社会创新文化的发展。

2.3.3　产业集聚创新

所谓产业集聚创新，即以产业集群的产业组织方式，通过产业链相关蜂聚企业群策群力，发挥产业集聚优势而进行的产业创新。要充分认识到产业集聚创新的优势，这在若干地区的产业实践中已得到了有力印证。例如，美国硅谷高新技术产业集群、以色列特拉维夫信息产业集群、印度班加罗尔软件产业集群，以及我国珠三角、京津、长三角和台湾新竹以及新近崛起的西安、成都等各类高新技术产业集群等，都是产业集聚创新的成功实践。就战略性新兴产业集聚创新发展而言，重点在于产业业态的集群模式定位，其核心是产业技术在空间范围内的集聚、互补与创新。而随着新一代互联网技术的广泛普及，产业网络作为产业创新系统的基本构成要素之一，产业的集聚创新应建立在产业网络的创新生态形成与延展的基础之上。

与传统产业不同，战略性新兴产业的产业网络更为复杂。一是涉及参与者众多，战略性新兴产业一般呈现产业链长、辐射面广、连带效应强等特点；二是涉及参与者的类型广泛，包括本土传统产业和国外战略性新兴产业的企业主体、大学与科研机构、金融机构、政府部门、其他相关服务机构等；三是各参与主体之间的交互作用复杂，产业网络的整体高效运行有赖于各部分的强强联合来打造高质量的产业创新平台，促进各类专业创新力量的集聚。因此，与传统产业集群相比，战略性新兴产业集群需要有更强大的产业园区载体和产业创新平台作为支撑。对于广西而言，在加快培育战略性新兴产业的过程中，应当着力推进特色产业园区和产业集群建设，并对当今世界范围内高技术产业集群进行细致的考量比较并加以取长补短，因地制宜地选择适合于本地区战略性新兴产业集聚创新的产业集聚模式和企业网络治理模式，提高战略性新兴产业的集聚创新效率，实现产业整体新兴科技实力和竞争力的大幅提升。

2.3.4 应用创新

应用创新即指围绕用户，对用户应用环境的变化作出迅速反应，引导用户有效地参与到从创意提出到技术和产品研发、验证与体验的全过程，以此捕捉用户的现实与潜在需求，针对需求来定制各类技术与产品的创新方向，提升技术创新的速度及效果。市场需求拉动技术创新，创新的目的是给社会提供新的产品或者将新的工艺应用到生产过程中去，技术创新通常起始于企业的研究开发而终于市场实现（苟仲文，2006）。从技术进步和应用创新之间的关系来看，二者可以被看作是既统一又分立、共同协同演进的一对"创新动态双螺旋结构"，即技术进步为应用创新提供了新技术，而应用创新作为新技术的市场创新落地模式存在着明显的由盛及衰的周期性，进而刺激更多新技术的发明创造。只有当技术进步和应用创新通过不断交织碰撞达到高度融合时，才会诞生出世界级的产业模式创新和能够主动创造市场需求的革命性新产品。也就是说，技术进步对应用创新起到推动作用，而应用创新又能催生新的技术需求，加快产业技术进步。技术创新正是技术进步与应用创新这个"创新双螺旋"共同演进催生的产物（宋刚、张楠，2009）。在创新双螺旋互补与互动的带动下，各类创新主体、创新要素不断交互作用，促进了产业创新生态网络的形成。在创新驱动发展的条件下，如何通过创新 2.0 模式的探索，通过应用创新方面的"以用户为中心"的开放创新、共同创新平台搭建，以技术进步与应用创新制度设计的高度互补与互动，形成有利于创新涌现的创新生态，对于健全和完善战略性新兴产业创新体系具有重大意义（宋刚等，2008）。

从上述逻辑起点来看，广西战略性新兴产业创新体系的立足及良性运作根基在于，各创新参与主体应共同面向知识经济的创新时代，深刻理解和把握世界级先进科学技术的细分演化方向，紧盯国内外工业、民用的双重市场需求趋向，进行自主技术创新的领先布局，依托取得的核心发明专利成果，利用技术创新平台吸引客户直接参与新兴科技产品的开发、推广与应用，从而确保企业能够对接市场快速推出适销产品，加快战略性新兴技术的商业化进程及产品的市场推广，由此获得新兴产业快速成长期收益的陡峭增长，使产业创新体系的核心创新企业及其他相关创新主体有充分的市场激励和利益回报来开展新一轮的重大技术研发，以"创新双螺旋"的循环累积步步推进战略性新兴产业的不断发展壮大，并以层出不穷的科技创新成果为全社会带来方方面面的深刻变革。

2.3.5　政策创新

经典产业创新系统理论虽然将政府作为重要的其他参与者纳入了产业创新系统，但是由于经济体制的差异，即欧洲是经济市场化程度较高的资本主义国家，并未突出政府的地位（彭勃、雷家骕，2011）。而参照各主要国家新兴产业创新发展的历程，从组织重大基础技术研究到以此为基点促进相关新兴产业的形成，政府在产业创新系统中的地位不可或缺。以互联网为例，正是始于 1968 年由美国国防部远景研究计划局（Advanced Research Project Agency，ARPA）部署开展的一项以构建一种崭新的、能够适应现代战争的、生存性很强的网络的前沿研究，由此研制出世界首个计算机网，即阿帕网（Advanced Research Projects Agency Network，ARPANET），随后在短短几十年间迅速演变成为全球通行的计算机网络，并在信息制造、信息服务领域催生出了众多且不断衍生的新兴产业及全新的商业模式，进而被美国经济学家马克鲁普（Machlup，1962）和美国经济学家、信息专家马克·波拉特（Porat，1977）冠以"第四产业"的称谓。上述案例充分表明，一个国家重大新兴基础技术的研发与成功推广和应用离不开政府的前瞻性规划布局及强力的资金扶持和引导干预，这也是我国产业扶持政策的一项重要内容，即通过制定针对一定时期特定产业的产业组织政策、产业结构政策、产业发展政策、产业布局政策、产业技术政策等各类产业政策规划，来引导该产业持续健康发展，并符合国家科技、经济、社会发展的需要。

政府产业政策是在市场经济体制下，以矫正产业市场失灵和解决产业体系中各类内在结构失衡问题为目的。正如斯蒂格利茨（Stiglitz，1998）所言："市场之所以出现失灵现象，是因为没有人对市场负责；资源配置的决定是由成千上万不同的企业做出的，从而造成重复生产和无效率。"[①] 因此，仅凭市场价格机制这只"看不见的手"来调节，并不能完全解决整个产业体系的

---

　　① ［美］约瑟夫·E.斯蒂格利茨. 社会主义向何处去——经济体制转型的理论与证据［M］. 周立群，韩亮，余文波，译. 长春：吉林人民出版社，1998.

资源配置问题，政府的产业政策正是为了弥补产业市场失灵、促进产业资源优化配置而产生的。但是，产业扶持政策对企业的创新产出激励并非简单的正向线性关系。聂鸣等（2014）基于投入 – 产出的视角，运用面板数据实证研究了不同政府科技资助与区域研发产出的弹性关系，证明政府扶持强度与企业研发产出二者之间呈现倒 U 形的关系，即：在政府扶持强度处于中低水平时，政府科技资助对企业研发投资的排挤效应并不明显，相反会形成对私人研发投资的补充，促进企业研发产出增加；而当政府扶持强度处于较高水平时，政府对企业的科技资助会排挤出企业的研发投资，并不能有效促进其研发产出。[①] 因而，在企业越来越主导战略性新兴产业技术创新的情况下，广西作为企业科技创新产出不足且政府对地区产业科技创新的直接研发投入强度也偏低的地区，应通过强有力的产业扶持政策创新，有针对性地加大对优先重点发展的战略性新兴产业的核心创新企业的科技资助力度，从而有效地增加产业、企业的核心科技创新产出。

虽然政府对战略性新兴产业的扶持手段和方式多种多样，但从实践来看基本上是以直接补贴为主（陆国庆等，2014）。从政策初衷上看，政府补贴能够发挥资源属性的作用，促进战略性新兴产业内企业的创新投入，带动创新产出；同时，也能够起到信号属性作用，帮助企业获取利益相关者的资源和支持，直接促进企业的创新产出（伍健等，2018）。然而，大量的研究及政策实践结果表明，政府直接资助企业创新的政策手段，往往因信息不对称而容易滋生企业的逆向选择和道德风险行为，使得政策效果不是很明显（安同良等，2009）。例如，国内光伏产业和新能源汽车产业就经历过此种状况。光伏产业从 2008 年至今累计获得国家及地方政府投入资金数千亿元，各地竞相上马太阳能光伏项目，2009 年中国光伏电池组件产能仅为 6 吉瓦，2011 年产能就已迅速达到 30 ~ 40 吉瓦，而当年全球光伏总装机量才 21 吉瓦，导致产业总体产能大大超过全球市场光伏装机量，这意味着即使全球都进口中国的光伏电池，也有 50% 以上的产能要闲置[②]；加上 2011 年之后美国开启"双反"（反倾销、反补贴）调查及欧洲随之效仿、欧债危机和国内经济发展进

---

① 聂鸣，曾赤阳，丁秀好. 不同政府科技资助与区域 R&D 产出的关系研究 [J]. 科学学研究，2014（10）：1468 – 1475.

② 丁波. 光伏产业危机应引起反思 [N]. 广州日报，2011 – 12 – 01.

入转型调整期，致使中国光伏产业面临产能严重过剩的危机，企业债务高筑、亏损累累，产业整体一度已接近破产边缘，中国最大的 10 家光伏企业中的无锡尚德电力、江西赛维等都相继进行破产重整。2009～2017 年，新能源汽车产业获得国家与地方两级补贴总额已经达到 1600 亿元①，但政府投入巨资并未达到预期的产业发展效果，企业在创新方面缺乏紧迫感，而是热衷于上规模、提高市场份额，造成产业"虚胖"和畸形发展，甚至出现大量跑项目、骗补贴以及以完全自动驾驶、超长续航、超炫设计等为噱头的"PPT 造车"等恶劣现象，导致政府有限的科技资源发生了严重错配，社会风投资本也因此受到重创，进而影响了整个社会资源对战略性新兴产业真正创新发展的支持。光伏产业和新能源汽车产业曾经经历的危机固然与国际金融危机之后全球市场需求相对萎缩、发达国家贸易保护主义抬头等客观因素有关，但政府对战略性新兴产业项目投资的过度热情也有一定关联。实践出真知，无论是国家层面还是地方政府层面，对战略性新兴产业发展的科技创新扶持和项目投资是非常必要的，但应打破传统、单一的直接补贴模式，真正建立起以创新产出为导向的更加多元化、更富灵活性、更具有针对性以及更能激发创新主体创新潜能和内在创新动力的产业创新扶持模式。

2.3.6 战略性新兴产业创新体系的模型框架

在经典产业创新系统理论基础上，本书拟结合企业自主技术创新、产业链创新、产业集聚创新、应用创新和政策创新五点因素，尝试从中观视角构建后发区域战略性新兴产业创新体系的模型框架（如图 2.1 所示）。其中，本地战略性新兴产业是后发区域战略性新兴产业创新体系的核心主体，通过以上五点因素与包括消费者、配套及传统产业、教育科研机构、金融机构、服务机构、国内其他地区战略性新兴产业、国外新兴产业在内的各其他创新体系参与者之间发生多种多样的交互协同作用，在合作、竞争博弈中实现后发区域战略性新兴产业的创新发展与竞争力提升。在后文中，本书将根据后发区域战略性新兴产业创新体系的模型框架，对广西战略性新兴产业创新体

---

① 汽车产销量"入冬"动力电池行业或面临洗牌危机 [EB/OL]. 中国经营网, http://www. cb. com. cn/index/show/gs/cv/cv12527945145/p/2. html.

系的相关理论问题展开系统分析。

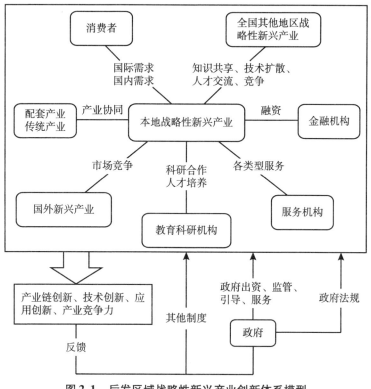

图 2.1 后发区域战略性新兴产业创新体系模型

2.4 广西战略性新兴产业创新发展的必要性和可行性

2.4.1 广西战略性新兴产业创新发展的必要性

2.4.1.1 战略性新兴产业创新发展是满足消费需求提档升级的需要

伴随着国内工业化和城镇化进程的不断推进，广西总体经济实力实现了量级跨越，人民生活水平有了质的提高。根据广西统计局的统计数据，广西生产总值由 1978 年的 76 亿元增加到 2019 年的 21237 亿元，增长了 279 倍；人均生产总值由 225 元上升至 42964 元，增长了 191 倍。城镇居民人均可支配收入由 1980 年的 455 元提高到 34745 元，增长了 76 倍；农村居民人均可支配收入从 173 元增加到 13676 元，增长了 79 倍，2020 年全面打赢了脱贫攻坚战；城镇和农村居民家庭恩格尔系数也分别由 57.3%、63.5% 下降至 30.5%、30.9%，人民生活水平有了大幅提高；城镇居民人均消费支出 21591 元，农村居民人均消费支出 12045 元，分别较 2013 年增长了 49.2% 和 99.6%。以上数据充分表明，广西消费市场正面临着向消费电子、汽车、大健康、信息、节能环保等产品和服务转型升级的迫切需求，这也契合当前我国第三次消费结构升级对更高科技、更高效率和更绿色环保的产品和服务的需求。为此，为积极实施消费升级行动，广西政府有关部门于 2018 年上半年出台了《广西壮族自治区冷链物流产业发展规划（2018—2020 年）》① 和《广西特产行销全国提质升级三年行动计划》等政策，为消费升级保驾护航，消费流通基础进一步夯实。据广西壮族自治区商务厅数据显示，2018 年 1 ~ 6 月，广西全区社会消费品零售总额 3881.29 亿元，同比增长 9.8%，高于全国 0.4 个百分点②，消费升级势头日渐明显，这也为广西战略性新兴产业成长打开了巨大的潜在市场空间。

倘若按照传统的区域经济梯度发展思路，一个国家内不同区域间的经济发展客观上存在梯度差异，中国作为一个发展中大国更是如此。东部、中部、西部地区之间的经济发展水平和产业结构高度化程度呈现明显差异，东部地区产业结构向战略性新兴产业创新升级、中部地区完善高技术制造业体系、西部地区补齐交通基础设施和对外开放体系短板并承接好东、中部地区过剩产能转移的梯度互补发展。这样的区域经济发展梯度，可以增强不确定性条件下中国经济发展的韧性。

但是，在第四产业革命的"基点时刻"越来越临近之际，如果广西仍重于发展落后产业体系的相关产业，这些新兴消费领域将很快被国内外新兴产

---

① 广西壮族自治区商务厅. 广西壮族自治区冷链物流产业发展规划（2018—2020 年）［EB/OL］. 广西壮族自治区商务厅网站，http：//swt. gxzf. gov. cn/.

② 周红梅，韦胜耀. 上半年广西消费升级势头明显［N］. 广西日报，2018 - 07 - 30.

业众多知名品牌或新锐品牌所占据，从而使本地区战略性新兴产业发展错失千载难逢的市场良机。因此，广西应高度重视地区城乡居民人均收入水平、人均消费支出水平节节攀升对新产品、新服务不断增加的客观需求以及对未来高品质生活的美好向往，以勇于创新的精神和使命感站在全球新兴技术发展前沿，从技术、人才、政策、资源等方面多方并举创造有利条件，大力推动战略性新兴产业体系建设，优先布局和发展符合世界"碳中和"远景的绿色技术特征、融合尖端技术、高附加值的"蓝海"市场新兴产品和服务，以适应本地区消费转型升级的需要和满足融入国内国际双循环、提升产业体系整体竞争力的长远战略。

2.4.1.2 战略性新兴产业创新发展是增强企业自主创新能力的需要

中共十八大报告明确指出，我国经济已经进入创新驱动发展阶段，战略性新兴产业是实施自主创新战略和转变经济发展方式的重要载体（武建龙、王宏起，2014）。自国务院出台《关于加快培育和发展战略性新兴产业的决定》之后，广西也进入战略性新兴产业发展的培育和稳步推进期。根据各国新兴产业发展的历史经验，一个新兴产业从萌芽到发展壮大一般需要经历技术实用化、产品商品化以及经营市场化三个阶段，每个阶段都离不开技术上的重大创新和资金上的强力支持。因而，对于战略性新兴产业的企业创新主体而言，如果缺乏技术创新的动力、活力和能力，必然会造成技术先进性不足、产品差异化程度低进而影响到其后续的市场推广，同时也会因缺少技术、产品的"护城河"而无法吸引社会资本的广泛关注和投资，而且很容易招致大范围模仿而很快被动地陷入"红海"价格战中而丧失原有的利润空间。

由于受到自主技术创新基础条件不足和能力薄弱的制约，广西产业结构转型升级步伐与全国平均水平相比处于相对滞后状态，产业链低端环节占比高、高端技术较弱、优质企业少、产品附加值较低。2020 年广西规模以上工业中，技术密集型程度较高的高加工度化产业的主要产品产量同比均有所下降，如专用设备制造业下降 5.7%，汽车制造业下降 13.5%，计算机、通信和其他电子设备制造业下降 10.7%，只有电气机械及器材制造业增长了 7.7%。[①] 因此，

---

① 广西壮族自治区统计局，国家统计局广西调查总队. 2020 年广西壮族自治区国民经济和社会发展统计公报［EB/OL］. 广西壮族自治区统计局网站，http：//tjj. gxzf. gov. cn/tjsj/tjgb/ndgmjjhshfz/t8851271. shtml.

从当前国内外新兴技术与新兴产业发展的综合背景下考量，推进战略性新兴产业的创新发展，无疑是广西实现地区技术迭代、新兴产业并跑和构筑新时代产业体系竞争优势的必由之路。

更为重要的是，战略性新兴产业创新发展的迫切需求将从微观层面极大地增强广西战略性新兴产业的相关企业提高自主创新能力的紧迫感和危机感，激发其成为产业创新主体的主观能动性和行动力。一方面，战略性新兴产业以尖端、前沿技术为基础，其本身自带新兴高科技属性，区域内战略性新兴产业链或产业园区的引进、建立，将会吸附国内外先进知识专利、核心技术以及稀缺人才的流入，有利于培育区域自主创新的土壤和氛围，使本地区战略性新兴企业创新研发具备有利条件和可行性，增强其自主创新成功的自信心。另一方面，战略性新兴产业的市场覆盖了民生、国防、环保、文化等多个领域，由此产生的巨大需求潜力将能够为企业提供创新思路、成长机会和未来盈利的可能性，从而使得战略性新兴产业中的各类企业创新主体具有强大的内生原动力来不断进行技术创新与开发，改良原有技术，研发新技术，解决广西以往引进技术中存在的"重引进、轻消化吸收再创新"这一主要问题，减轻战略性新兴产业发展对外部的技术依赖，形成自身的核心专利技术，构筑产业系统的区域和国际竞争新优势，同时也能提高新兴产品和服务的技术含量和档次，改善生产能力，开发出更多的热销竞品，满足市场需求的多样性和多变性。

2.4.1.3 战略性新兴产业创新发展是促进产业系统协调发展的需要

在广西以往的战略性新兴产业发展模式中，由于没有进行明确的差异化战略部署，造成了产业间或产业内企业间的无序发展，出现重复建设和资源浪费的现象。例如，广西的新能源汽车产业就存在着较为严重的产业同构现象，造成了中低端产品产能过剩以及国内市场竞争激烈等诸多问题。战略性新兴产业创新发展强调布局清晰、发展有序、创新突破，所以广西要促进战略性新兴产业成长壮大，就必须注重实行错位发展、协调产业竞争。

此外，相较于"零和竞争"这一传统的产业发展模式，战略性新兴产业的创新发展更注重于合作双赢，强调竞争中有合作、合作中有竞争的"竞合"模式，新一代信息技术、新材料、高端装备制造、生物工程、节能环保、新能源、新能源汽车这些战略性新兴产业，均是建立在复杂技术和不同学科融合的背景下，这些产业的技术集成需要汇集不同领域的知识，这就要求不仅产业链上下游参与合作创新，而且价值链同一环节的竞争对手也可能出于将新兴产业做大的目的共同合作研发和培育相关技术（刘志阳等，2017）。战略性新兴产业在价值创造上相互合作，在价值占有上相互竞争，从而促进产业间以及同一产业价值链上不同业务环节或同一环节的不同技术路线之间的竞合发展。

再则，战略性新兴产业的创新发展还能通过产业间的扩散效应有效地带动其上、下游产业的协同耦合发展，共同实现技术创新、价值扩张和产品国际化发展。当然，这种辐射带动作用并不是绝对的，它对配套产业本身的发展实力和市场潜力都有一定的要求，只有能够最大程度承接、最高效率消化吸收战略性新兴产业创新要素资源外溢的配套产业，才能得到更好的协同发展，从而推动传统产业间通过"优胜劣汰"的资源再配置，实现强者恒强或弱势、过剩产业资源退出，与战略性新兴产业之间形成技术、业务、市场上的紧密互补效应，从而协同顺利实现广西地区产业结构的整体优化升级。

2.4.1.4 战略性新兴产业创新发展是锻造强势企业和品牌的需要

广西现有规模以上工业企业中不乏有一些科技含量较高、掌握核心专利的新兴企业，但在产业体系中的数量占比仍然较低，而且既不像华为、腾讯、阿里巴巴、网易、美团、今日头条这样作为中国新一代信息技术产业"领军"的企业，也较少独有核心技术、"战略"和"新兴"地位及作用突出的成长型龙头企业，更缺乏全球技术领先、品牌知名度高、实力雄厚、带动力强、贡献率高的系统级产品旗舰企业，不利于战略性新兴产业异质性竞争力的形成。不可否认，广西在生物医药、装备制造、新材料、节能环保等某些战略性新兴产业领域的自主研发上已取得了一些突破性成效，但由于战略性新兴产业的技术创新极富风险性和各种不确定性，许多企业在自身造血能力不足又无法通过银行贷款、风险投资基金、直接上市融资等渠道大量获得外部资金长期支持的状况下，只能被动地维持原有技术，生产利润空间小的产品，而不愿意冒风险进行重大技术革新、开发新产品，这也是广西科技成果转化率（rate of technology transfer）低的深层次原因，其结果是使得原本具有一定技术领先优势的新兴产业的发展逐渐趋于平淡，失去了在市场中强有力的品牌竞争力和定价权。根据中国工业经济联合会会长、工信部原部长李毅出席"2020 凤凰网财经峰会"的发言，中国科技成果转化率仅为 30%，而发达国家该指标则达到 60% ~ 70%①，其重要原因是科技新成果是否最终被市场接受及其产生的预期投资收益率存在着很大的不确定性，导致企业因高风险而不愿意投资，进而又造成高校、科研机构等科技创新成果因缺乏企业对产品开发和产业化生产后续工作的投资而陷入被业内称之为"死亡之谷"②的困境中，难以形成现实生产力和产生实际的市场价值。广西科技成果转化率更低于全国平均水平，战略性新兴产业面临的科技成果转化问题可见一斑，对锻造强势企业和品牌极为不利。

为解决上述问题，2017 年 12 月广西壮族自治区人民政府出台了《促进广西国家级经济技术开发区转型升级创新发展实施方案》，提出"以提质增效、转型升级为核心，鼓励全区各国家级经开区推进战略性新兴产业和支柱产业、优势产业加快发展；在新能源、新材料、装备制造、生物制药、电子信息等领域，加快培育一批龙头企业，形成产业链；每个国家级经开区都要集中力量培育 1 ~ 2 个有集聚效应的新兴产业集群"③。广西战略性新兴产业必须在原有产业体系基础上进行创新式的突破发展，围绕区域重大产业基础技术、国内产业链供应链短板、市场应用瓶颈，集中海内外优质科技资源，建立政产学研一体化的产业创新体系，加大对本地区基础研究的资金投入和科研力量倾斜，使之与产业应用研究协调发展与相互促进，以技术创新推动产品创新、服务创新、工艺流程创新、商业模式创新及管理方法创新，以新产品和新工艺创新引致新的重大技术基础创新，切实提高广西战略性新兴产业的科技成果转化率，增强产业竞争优势，形成具有国内外市场知名度和竞争力的产业领军企业和国家级、世界级强势品牌。

---

① 李毅中. 中国科技成果转化率仅为 30%，发达国家达 60% ~ 70% ［EB/OL］. 凤凰网，https：//finance. ifeng. com/c/81wvbWRMdt1.

② "死亡之谷"被认为是在技术成熟和市场成熟之间横亘的隔阂地带，阻碍着科技成果向现实生产力的转化。这也就意味着科技成果转化不仅取决于技术成熟度，还取决于其市场成熟度。只有当一项科技成果的预期投资收益率足够高时，才会调动企业投资的积极性进行科技成果转化，实现科技成果的商业价值。

③ 广西壮族自治区人民政府. 促进广西国家级经济技术开发区转型升级创新发展实施方案 ［EB/OL］. http：//www. gxzf. gov. cn/zwgk/zfwj/.

2.4.2 广西战略性新兴产业创新发展的可行性

2.4.2.1 良好的政策支持为战略性新兴产业创新发展保驾护航

战略性新兴产业的兴起缘于我国为扭转 2008 年国际金融危机造成的不利影响、重塑产业发展格局而进行的重大前瞻性产业部署，从战略性新兴产业的发展方向和具体领域选择、产业创新管理、产业发展效果的监督和评估，再到为产业力争实现变道超车、并道超车保驾护航，政府都发挥着无可替代的作用。从国家政策层面来看，中共十八大以来，国家持续推进"一带一路"倡议、创新驱动发展战略和军民融合发展战略，牢固树立"创新、绿色、协调、开放、共享"的发展理念，大力发展以创新为核心的新经济、新业态，创新驱动发展成为社会广泛共识，战略性新兴产业作为供给侧结构性改革的重要举措和补短板的重要内容，在推进经济社会发展中的地位和作用更加突出。① 重大国家战略的实施通过各领域、各层面的持续深化改革，为战略性新兴产业的创新发展带来了更完善的体制机制、更大的人才激励、更广泛的产业投资、更稳健进取的国际化步伐以及更旺盛的市场需求，夯实了广西战略性新兴产业的创新发展基础。从地方政策层面来看，广西壮族自治区人民政府高度重视战略性新兴产业的发展问题，出台了一系列的政策来支持其创新发展。在 2016 年颁布的《广西战略性新兴产业发展"十三五"规划》中，不仅强化了对战略性新兴产业的财税扶持、人才引进支持和技术创新支持，而且实施了拓宽战略性新兴产业融资渠道的创新金融支持政策，落实了与东盟各国合作互通的开放发展政策，完善了促进产业集群发展的土地供给政策，形成了较为系统的产业配套政策。同时，还针对新一代信息技术、医药、新能源汽车、环保、能源等产业颁布了地区"十三五"发展规划。广西各地市政府结合自身资源和产业特色，对本地战略性新兴产业发展也做了相应的规划布局。在国家战略性新兴产业的总体政策部署下，广西及各地市政府制定的相关政策措施和发展规划，为广西战略性新兴产业加快创新发展提供了充分的政策条件。

---

① 新时代：发展新方位，奋进新目标［N］. 人民日报，2018 – 01 – 02.

　　为了促进战略性新兴产业自主创新能力提高，广西先后制定出台了《关于提高自主创新能力 加快建设创新型广西的若干意见》①《广西壮族自治区科学技术发展"十二五"规划》②《关于加快吸引和培养高层次创新创业人才的意见》③《关于进一步深化科技体制改革推动科技创新促进广西高质量发展的若干措施》④《广西促进新型研发机构发展的若干措施》⑤ 等一系列政策文件，为广西战略性新兴产业集聚高端创新资源、逐步提升产业自主创新能力保驾护航。同时，为了促进本地区战略性新兴基础原创技术研发取得重大突破，广西近年来加大了新兴科技创新平台建设力度，获准建立了两家国家工程实验室——西南濒危药材资源开发国家工程实验室和玉柴高效节能环保内燃机国家工程实验室，并相继建设了特色生物能源国家地方联合工程研究中心、免疫诊断试剂国家地方联合工程实验室、生物质能源酶解技术国家重点实验室、国家非粮生物质能源工程技术研究中心等多个国家地方联合或地方性技术研发平台，为各相关战略性新兴产业创新研发能力和技术实力增强提供了强有力的保障。⑥ 此外，广西积极推动战略性新兴产业的政产学研合作，由政府牵头或参与投资共建的方式，促进本地区企业、高校与中国科学院、中国工程院、清华大学、北京大学、上海交大等国内著名科研机构和高校开展多形式的新兴科技项目研发与人才培养战略合作，从而促进本地企业有机会获取更多的产业核心及关键技术。上述举措，对于广西战略性新兴产业加快自主创新，从宏观层面提供了良好的政策环境、科研环境和人才环境。

---

　　① 中共广西壮族自治区委员会，广西壮族自治区人民政府．关于提高自主创新能力 建设创新型广西的若干意见［EB/OL］．广西壮族自治区科学技术厅网站，http：//kjt. gxzf. gov. cn/xxgk/zfxxgk/zfxxgkml/ghjh_84689/ghjh_84690/t5347926. shtm.
　　② 广西壮族自治区科学技术发展"十二五"规划［EB/OL］．广西壮族自治区人民政府门户网站，http：//www. gxzf. gov. cn/zwgk/fzgh/zxgh/t953448. shtml.
　　③ 中共广西壮族自治区委员会，广西壮族自治区人民政府．关于加快吸引和培养高层次创新创业人才的意见［EB/OL］．http：//www. bbwrcjf. com/posts/policies/479. html.
　　④ 关于进一步深化科技体制改革推动科技创新促进广西高质量发展的若干措施［EB/OL］．广西壮族自治区人民政府门户网站，http：//www. gxzf. gov. cn/gxyw/t5543089. shtml.
　　⑤ 广西壮族自治区科学技术厅．广西促进新型研发机构发展的若干措施［EB/OL］．广西壮族自治区科学技术厅网站，http：//kjt. gxzf. gov. cn/xxgk/zfxxgk/zfxxgkml/tzgg_84687/bbmwj/t7440777. shtml.
　　⑥ 陈江．广西稳步推进战略性新兴产业 自主创新能力逐步提高［N］．广西日报，2012 – 10 – 02.

2.4.2.2 稀缺资源和区位优势为战略性新兴产业创新发展奠定条件

生产要素是任何国家和地区产业发展中最基本的一环。毋庸置疑，广西资源、区位优势十分显著，这为战略性新兴产业创新发展创造了得天独厚的条件。就物质资源而言，广西拥有丰富的矿产资源、生物资源和海洋资源，为发展新材料、新能源、生物医药、生物农业等新兴产业提供了很好的先天条件和发展基础。如近年事实所见，新能源汽车产业已成为广西战略性新兴产业发展的新增长点，一定程度上带动了柳州、南宁、桂林、贵港等市的产业结构升级和经济发展。就地理位置而言，广西地处我国大陆东、中、西三个地带的交汇点，不但具有沿边、沿海、沿江的区位优势，而且是中国唯一与东盟陆海接壤的省份，是连接中国西南、华南、中南以及东盟大市场的枢纽，地缘优势为广西战略性新兴产业的创新发展带来了巨大的市场机遇。从中国加入 WTO，到中国－东盟自贸区的正式建成及其"升级版"的建设，再到"一带一路"倡议下的全新开放，广西战略性新兴重点产业和企业在创新思维、关键技术、生产工艺、品质管控、市场理念等各方面有了较好提升，产业新技术、新产品对外进行产业链供应链交流合作的广度和深度与日俱增，从而使得战略性新兴产业更易于获得创新发展所需要的各项资源和市场机会，促进产业更快更好成长。

2.4.2.3 全球科技日新月异为战略性新兴产业创新发展带来新创意

世界范围内新兴技术不断突破，以 5G、星空互联网、物联网、云计算和人工智能等新一代信息技术为基础和支撑的万物互联时代即将来临，催生第四次产业革命呼之欲出，以创新驱动发展为核心的新兴产业正在成为推动全球经济复苏和增长的主要动力。从细分领域看，信息革命进程持续快速演进，物联网、云计算、大数据、人工智能等技术与经济社会各个领域不断融合渗透，数字创意产业引领消费新风尚；基因技术、精准医学、生物合成、工业化育种及种养殖等新模式孕育出生物新经济；3D 打印、机器人、超材料与纳米材料等新技术开发与应用的不断深化将改变制造业国际分工版图；全球气候变化让绿色环保发展理念更加深入人心，清洁生产技术应用规模快速提高，应用范围不断扩大，新能源革命将重塑能源资源格局。① 新兴科技、新兴产业的层出涌现将推动全球经济进入社会生产力和生产方式变革的新时代，并成为全球实现"碳中和"目标的能源转型必由之路，也为广西战略性新兴产业带来了更多的新技术路线选择方向，拓展出更大的产业创新发展空间。

2.4.2.4　区域开放开发战略为战略性新兴产业创新发展注入新动能

得益于优越的区位优势和多种叠加的政策激励，近年来广西持续全面深化对外开放合作，建立与发展区域间的全面经济伙伴关系，为战略性新兴产业的对外市场空间拓展提供了强大的动力支撑。对外经济方面，根据广西统计局的相关统计数据，广西货物进出口总额由 1978 年的 2.69 亿美元增加到 2020 年的约 748 亿美元，增长了 278 倍；对东盟贸易额由 2005 年的 18.3 亿美元增加到 2020 年的 365 亿美元，增长了 20 倍，年均增长超过30%；2019 年吸引外商直接投资 11.09 亿美元，是 1985 年 1251 万美元的近89 倍；2015～2019 年，新签外商直接投资项目累计 1046 个，新签项目合同外资额累计 250 亿美元。从本地经济区建设以及与国内其他区域间的开放合作来看，自 2008 年起广西统筹推进广西北部湾经济区、珠江－西江经济带、左右江革命老区建设，以高铁为纽带建设粤桂合作特别试验区、粤桂黔高铁经济带合作试验区等跨区域合作平台，从区域战略规划、产业重点布局、港口改造升级、保障政策制定等方面全面深度融入粤港澳大湾区建设。广西对外开放开发战略实施的全力推进，大大拓宽了战略性新兴产业新产品的市场空间，带来了巨大商机和发展潜力；同时，有利于从国内外引进一批新兴产业大企业、大项目、高端技术和领军人才，补足本地区战略性新兴产业发展基础和创新能力短板；也有利于推动新技术、新业态与传统产业融合发展，形成资源配置高效、产业布局合理、绿色生态效益显著的新型产业体系。

2.4.2.5　战略性新兴产业创新发展有较好的基础产业支撑条件

经过多年的积累，广西战略性新兴产业创新发展的配套关联产业已经具备了一定规模。目前，广西拥有南宁、桂林、北海、柳州四个国家级高新技术产业开发区，电子信息、生物与新医药、先进制造业、新材料、节能环保、

---

① 广西大力发展战略性新兴产业综述［N］. 广西日报，2018－05－25.

新能源汽车等战略性新兴产业集群已在各开发区内基于原有发展基础和资源要素条件，初步形成了差异化的布局特点。具体包括：新一代信息技术产业在北海、南宁、桂林呈现出良好的并行发展态势；柳州、玉林的装备制造业在国内外市场具有较强的竞争力；南宁、桂林、巴马、北部湾等区域大健康产业集群正在加快打造；南宁、梧州、钦州的节能环保产业发展已初具规模；河池、崇左、南宁、贺州、梧州等地的新材料产业集群正在崭露头角。这些产业基础和条件，为广西战略性新兴产业在已有规模和技术基础上进行新一轮的创新发展、打造异质性竞争优势提供了现实可能。

第 3 章

广西战略性新兴产业选择分析

本章全面梳理了战略性新兴产业这一概念表述的定义及其解释，系统阐述了战略性新兴产业形成的推动力与发展路径；从国家战略原则、比较优势原则、市场需求原则、产业关联原则等方面因地制宜地提出广西选择战略性新兴产业的基本原则，并基于"AHP-IE-PCA"组合赋权法进行广西战略性新兴产业选择模型的构建与实证分析。

3.1 广西战略性新兴产业发展现状评价

近年来，面对国内外经济形势的深刻复杂变化，在供给侧结构性改革、创新驱动发展、国内国际双循环等新发展格局下，广西积极响应国家产业政策调整方向，加快发展战略性新兴产业，从多点开花到集聚增效，初步形成了由新一代信息技术、生物产业、高端装备制造、新材料、节能环保、新能源、新能源汽车、大健康等产业组成的地区战略性新兴产业体系。

3.1.1 广西战略性新兴产业总体发展概况

战略性新兴产业的物质资源消耗少、知识技术密集，具有较大的关联带动效应、广阔的市场前景和良好的综合经济社会效益。2010 年 10 月，国务院在《关于加快培育和发展战略性新兴产业的决定》中首次明确了重点培育和发展节能环保、新一代信息技术、生物、高端装备制造、新能源、新材料、新能源汽车等七大战略性新兴产业。① 在此引导下，面对经济发展新常态，响应创新驱动发展的战略要求，2011 年 3 月广西壮族自治区人民政府出台了《关于加快培育发展战略性新兴产业的意见》（下文简称《意见》），将生物医药、新材料、新能源、节能环保、新一代信息技术、新能源汽车、生物农业、先进装备制造、海洋、养生长寿健康等十大战略性新兴产业确定为"十二五"及其今后一段时间广西重点培育发展的产业。② 《意见》在国务院提出的七大战略性新兴产业的基础上，增加了"生物农业、海洋和养生长寿健康"三类产业，以及用"先进装备制造"替代"高端装备制造"产业，并提出到 2015 年战略性新兴产业增加值要占到广西 GDP 的 6%。③ 2012 年 9 月，广西壮族自治区人民政府在审议通过的《广西壮族自治区加快推进战略性新兴产业发展实施方案》中，提出 2015 年战略性新兴产业占地区生产总值的比重将达到 8% 左右④，进一步调高了广西战略性新兴产业的发展目标。

2016 年 9 月，广西壮族自治区人民政府发布《广西战略性新兴产业发展"十三五"规划》（下文简称《规划》），将新一代信息技术、智能装备制造、节能环保、新材料、新能源汽车和大健康六大类产业列为"十三五"期间广西重点发展的战略性新兴产业。⑤ 《规划》中的重点发展领域增加了包括生物医药在内的"大健康"产业，减少了"新能源"产业，形成了六大重点发展领域和 26 条产业链组成的新时期广西战略性新兴产业体系，提出"十三五"期间广西战略性新兴产业增加值年均增长 15% 以上，到 2020 年占地区生产总值比重达到 15% 左右。⑥ 《规划》指出，"十三五"期间，广西将积极实施创新驱动发展战略，牢固树立创新、协调、绿色、开放、共享的发展理念，突出优势和特色，坚持重点突破和统筹推进、龙头带动和产业聚集、开放引领和需求导向、精准发力和差异发展四大基本原则，打造"一级两带两组

---

① 中华人民共和国国务院. 关于加快培育和发展战略性新兴产业的决定［EB/OL］. http：//www. gov. cn/zwgk/2010 - 10/18/content_1724848. htm，2010 - 10 - 18.

②③ 广西壮族自治区人民政府. 关于加快培育发展战略性新兴产业的意见［EB/OL］. 广西壮族自治区人民政府门户网站，http：//www. gxzf. gov. cn/zwgk/zfwj/zzqrmzfwj/20110526 - 324480. shtml，2011 - 05 - 26.

④ 广西壮族自治区人民政府. 广西壮族自治区关于加快推进战略性新兴产业发展实施方案［EB/OL］. 广西壮族自治区人民政府门户网站，http：//gxzf. gov. cn/.

⑤⑥ 广西壮族自治区人民政府. 广西战略性新兴产业发展"十三五"规划［EB/OL］. 广西壮族自治区人民政府门户网站，http：//d. gxzf. gov. cn/file/2017/05/17/1495010801. pdf.

团",即建设南宁新兴产业核心增长极、桂柳南北新兴产业创新带、沿海沿边特色新兴产业发展带、桂东承接新兴产业转移组团、河池—来宾大健康新材料组团的空间布局,成立产业创新联盟、"医养交融、游居一体"以及依托"中马双园"建设跨境新兴产业特区等产业发展新模式,推动战略性新兴产业智能化、高端化、集聚化、规模化发展,使得战略性新兴产业成为新常态下广西经济发展的重要新引擎。①

3.1.1.1 广西战略性新兴产业发展成效

经过几年来的供给侧结构性改革、创新驱动发展、产业转型升级及产业体系高质量发展等多重政策的推动,广西战略性新兴产业发展取得了一定成效。

一是企业数量和规模逐年递增。根据广西统计局公布的广西第四次全国经济普查数据显示,2014年广西规模以上战略性新兴产业工业企业有330家,2015年达到347家,2016年进一步增至446家,2017年为511家,2018年已有746家;战略性新兴产业企业数占全部规模以上工业企业总数的比重从2014年的6.1%,逐年提高到2015年的6.3%、2016年的8.2%、2017年的8.9%,到2018年占比已翻番至12.5%。②

二是产业规模逐步扩大,产业增加值占地区规模以上工业企业增加值的比重逐年提高。根据广西统计局的测算,2018年广西规模以上工业战略性新兴产业增加值占全部规模以上工业企业增加值的比重已上升至13.9%(按全国口径),而2015年、2016年、2017的占比分别仅为5.4%、6.9%和9.9%,2016~2018年各年占比分别同比提高27%、43.5%和40.4%。产业增加值在地区规模以上工业中的占比较其他工业有较快增长,显示出战略性新兴产业总体步入快速成长期。

三是产业增加值增速显著高于整体工业增速,在地区产业体系中的带动和引领作用逐步显现。2015~2018年,战略性新兴产业增加值年均增长

---

① 广西壮族自治区人民政府. 广西战略性新兴产业发展"十三五"规划 [EB/OL]. 广西壮族自治区人民政府门户网站,http://d.gxzf.gov.cn/file/2017/05/17/1495010801.pdf.

② 广西壮族自治区统计局. 战略性新兴产业平稳快速发展——广西第四次全国经济普查系列报告之十九 [EB/OL]. 广西壮族自治区统计局网站,http://tjj.gxzf.gov.cn/tjsj/yjbg/qq_267/t4385089.shtml.

19.1%，高于规模以上工业年均增速 12.3 个百分点；对规模以上工业的贡献率由 2016 年的 20.9% 分别提高到 2017 年的 25.3% 和 2018 年的 34.6%，贡献率逐年提高，2018 年拉动规模以上工业增长 1.6 个百分点。[①]

四是产业创新效益有所显现，企业盈利增速和盈利水平高于规模以上工业企业平均水平。2016 年，广西规模以上工业战略性新兴产业企业实现主营业务收入 5279.1 亿元，同比增长 14.7%，高于广西规模以上工业企业主营业务收入平均增速 5.7 个百分点；实现利润总额 281.1 亿元，同比增长 41.7%，高于广西规模以上工业企业利润平均增速 32.8 个百分点。[②] 另外，企业盈利水平反映了企业在一定时期内的经营成效。2017 年，广西战略性新兴产业企业整体营业收入利润率为 7.2%，成本费用利润率为 7.8%，均高于广西规模以上工业整体营业收入利润率平均水平和成本费用利润率平均水平 0.8 个百分点；2018 年，战略性新兴产业企业整体营业收入利润率为 7.1%，成本费用利润率为 7.7%，分别比广西规模以上工业整体营业收入利润率平均水平和成本费用利润率平均水平高 1.3 个和 1.5 个百分点，这表明广西战略性新兴产业企业的盈利能力不断增强。[③]

五是产业创新成果的商业化、市场化取得一定成效。2016 年，广西战略性新兴产业新产品产值为 2176.7 亿元，占地区全部规模以上工业企业新产品产值的 8.9%，较 2015 年增长 3.5%，在新型铝合金、高密度三维石墨烯制备、水处理和土壤修复等领域取得了一批国内外领先的技术创新成果。自 2014 年以来，广西战略性新兴产业的新兴产品从无到有，新一代信息技术、新能源汽车、高端装备、新材料、城市轨道车辆、生物医药、节能环保等产业领域的市场化进程都已取得突破性进展。2018 年，广西新能源汽车、城市轨道车辆、光电子器件、集成电路、工业自动调节仪表与控制系统、化学药品原药、医疗仪器设备及器械的产量与 2017 年相比，分别同比增长了 110%、22.2%、53.5%、1.8%、350%、3.7% 和 150%，主要新兴产品显示出平稳增长势头[①]。个别战略性新兴产业的新兴产品实现了市场爆量突破，

---

①③ 广西壮族自治区统计局. 战略性新兴产业平稳快速发展——广西第四次全国经济普查系列报告之十九 [EB/OL]. 广西壮族自治区统计局网站，http://tjj.gxzf.gov.cn/tjsj/yjbg/qq_267/t4385089.shtml.

② 广西壮族自治区统计局. 广西规模以上工业战略性新兴产业发展状况分析 [EB/OL]. 广西壮族自治区统计局网站，http://www.gxzf.gov.cn/gxsj/sjyw/20170908-655466.shtml.

例如，上汽通用五菱的五菱宏光 MINI EV 自 2020 年上市后以其小、特、新、高性价比等特色连续占据国内新能源汽车销量榜头名，一举超越了特斯拉、比亚迪等知名品牌。

六是产业布局初见特色。广西各地市结合其自身资源环境优势，大力布局本地战略性新兴产业，推动企业技术进步，依托龙头企业完善上下游产业链，加快战略性新兴产业集群形成与发展。目前，广西已形成南宁、桂林、北海、柳州四个国家级高新技术产业开发区，同时还拥有梧州、钦州、来宾、柳州河西、贺州、百色、玉林、防城港 8 个自治区级高新技术产业开发区，区内电子信息、先进制造业、生物与新医药等产业集群初步形成。2017 年前三季度，桂林、南宁、柳州、北海、梧州、钦州、来宾、柳州河西、贺州 9 个高新区完成工业总产值 5444.97 亿元，工业增加值 1399.91 亿元，营业总收入 5749.54 亿元，实现净利润 347.03 亿元，其中南宁、桂林、柳州和北海 4 个国家级高新技术产业开发区工业增加值占所在市工业增加值的比重分别为 40.85%、38.74%、35.17% 和 28.64%；9 个高新区专利申请量达到 11192 件，专利授权量 4335 件，分别占全区专利申请量和专利授权量的 30.22% 和 39.53%。① 自 2018 年以来，广西战略性新兴产业的区域布局更加趋于清晰，形成了北部湾经济区、西江经济带和桂西资源富集区三大产业发展区域。北部湾经济区由南宁、北海、钦州、防城港四市组成，主要布局发展新一代信息技术、新材料、节能环保和新能源汽车等产业；西江经济带由柳州、桂林、梧州、玉林、贵港、贺州、来宾七市组成，重点发展新能源汽车、高端装备制造、生物医药、新材料、节能环保等产业；桂西资源富集区由百色、河池、崇左三市组成，主要发展新材料和生物等产业。三大区域的战略性新兴产业发展规模和水平有所差异，北部湾经济区战略性新兴产业新产品产值占到广西总值的 50.3%，展现出产业集聚的区域龙头效应；西江经济带因产业布局较全面且工业基础较深厚，2018 年战略性新兴产业新产品产值较 2017 年增长 20.2%，超过北部湾经济区 17.8% 的增幅，新产品产值占广西总值的比重由 32.4% 增加到 47.4%，呈现强劲的发展后劲；桂西资源富集区因经济基础在三大区域中最为薄弱，且产业结构以资源密集型产业为主，战略性新兴产业新产品产值仅占到广

---

① 再过两年多，广西 12 家高新区工业总产值将达万亿！[N]. 广西日报，2017 - 11 - 23.

西总值的 2.3%，存在非常大的发展空间。[①]

3.1.1.2　广西战略性新兴产业发展存在的主要问题

如上所言，战略性新兴产业已成为广西产业结构转型升级的重点方向，其创新性、带动性、发展潜力和市场前景初步显现，战略地位愈发明显。但在发展过程中，仍存在一些问题和不足，需要引起重视并采取措施着力解决。

一是企业数量较少，产业规模屈居全国下游。按照全国统计口径，2018 年广西规模以上工业战略性新兴产业企业仅占规模以上工业企业总数的 12.5%，相对于多数省、直辖市而言明显偏低。工业战略性新兴产业企业规模小，2016 年广西仅有 1 家企业产值超过百亿元，34 家企业产值超过十亿元，这种状况迄今未有太大改变。产业总量偏小，2016 年战略性新兴产业增加值占广西规模以上工业企业增加值的比重只有 6.9%（按全国统计口径），排全国倒数第四位；虽然 2018 年这一比重上升至 13.9%，但与先进省份相比仍存在较大的总量差距，与区内传统工业、高耗能产业各占到规模以上工业企业增加值的 59.0% 和 42.1% 相比经济总量也明显不足。以上种种迹象表明，广西战略性新兴产业及企业的发展规模和发展水平仍需大幅度提高。

二是产业结构调整升级成效不明显，高技术产业对经济增长的带动作用还不够突出，对战略性新兴产业创新发展的支撑不足。从产业技术属性上看，战略性新兴产业与高技术产业具有同质性，可以说高技术产业发展越好的国家或地区，其新兴产业发展的基础、条件、规模和质量也越佳。2016 年，广西高技术产业增加值占全部规模以上工业增加值的比重只有 8.4%，增加值增速同比回落 8.5 个百分点，对广西工业经济增长的贡献率仅为 9.6%；2020 年高技术产业增加值占全区规模以上工业增加值的比重上升至 14.5%[②]，而广东的这一比重为 31.1%，反映出广西高技术产业与经济发达省份相比的较大发展落差仍未得到根本改变。同时，广西因缺乏本地高科技巨头的产业引领和带动，难以形成较为完整的自主可控高技术产业链、产业集群和产业

[①]　广西壮族自治区统计局. 战略性新兴产业平稳快速发展——广西第四次全国经济普查系列报告之十九 [EB/OL]. 广西壮族自治区统计局网站，http：//tjj. gxzf. gov. cn/tjsj/yjbg/qq_267/t4385089. shtml.

[②]　奋进新时代，携手奔小康——广西"十三五"经济社会高质量发展综述 [N]. 广西日报，2020 - 12 - 09.

体系，无法促成战略性新兴产业迅速成长为产业关联效应突出、科技创新作为第一生产要素的主导产业。

三是自主创新能力较弱，前沿科技新兴产品匮乏，未充分体现出战略性新兴产业高附加值、高效益的特点。广西新材料、新能源汽车、节能环保产业在关键技术上取得了一定突破，但从整体上看战略性新兴产业体系仍以低端业务为主，产业链高端环节技术创新能力欠缺，科技成果转化率低，新兴产品少，以代工组装为主，产品附加值难以提升，自主品牌凤毛麟角。在国家战略性新兴产业分类目录（工业部分）的七大类70小类中，广西涉及或接近的产品仅27小类，产品范围过窄；在2018年国家统计局统计的15类主要工业新产品中，广西除了在太阳能电池、智能手机、新能源汽车、集成电路和城市轨道车辆等产品上具有一定量产能力外，而工业和生活机器人、3D打印设备、数控机床、高端芯片、石墨烯、创新药、光纤光缆、铁路高端装备、航空装备、卫星及应用产业等前沿科技领域的产业化尚属空白，产品结构单一、技术层次低；在新近公布的广西239种名牌产品中，基本属于战略性新兴产品的只有15种，新产品种类偏少。① 究其原因，在于广西工业企业研发投入十分不足。2016年，广西全部工业企业研发经费内部支出规模为82.7亿元，同比增长7.5%，低于全国12.6%的增幅；研发经费投入强度为0.37%，大大低于全国0.94%的平均水平，排全国倒数第六位，大、中、小型企业研发经费投入强度分别为0.69%、0.24%和0.17%。2017年，广西战略性新兴产业中开展研发活动的企业为195家，只占战略性新兴产业企业总数的35.8%；战略性新兴产业企业研发经费投入强度为1.1%，仅与全国规模以上工业企业研发经费投入强度持平；研发经费支出主要集中在新材料、新能源汽车、高端装备制造三个产业，新一代信息技术、生物产业、节能环保、新能源等产业的研发投入较少。② 对自主科研重视不足、研发投入低，使得广西战略性新兴产业对前沿科技的探索和开发能力弱，大多数企业只能选择处于产业价值链底端的加工制造环节进行模仿生产、组装加工、贴牌生

---

① 广西壮族自治区统计局.广西规模以上工业战略性新兴产业发展状况分析［EB/OL］.广西壮族自治区统计局网站，http://www.gxzf.gov.cn/gxsj/sjyw/20170908-655466.shtml.

② 广西壮族自治区统计局.战略性新兴产业平稳快速发展——广西第四次全国经济普查系列报告之十九［EB/OL］.广西壮族自治区统计局网站，http://tjj.gxzf.gov.cn/tjsj/yjbg/qq_267/t4385089.shtml.

产，核心技术和关键装备严重受制于人。

四是产业规划缺乏针对性和实用性，难以实质性推动具体产业发展。首先，产业规划未能合理地厘清传统产业与战略性新兴产业之间的重叠性。根据国务院出台的《关于加快培育和发展战略性新兴产业的决定》中界定的七大战略性新兴产业类别，广西也相应部署了重点发展领域，但对那些既属于战略性新兴产业范畴、又处在传统产业的领域缺乏清晰界定，导致产业统计口径不明确，无法有效地跟踪和收集产业相关数据，对企业、高校、专业研发机构及时地把握产业发展动态以及政府进行科学的产业政策调整和产业规划制定都极为不利。例如，钢铁、有色金属、化工、非金属矿物制品属于典型的六大传统耗能产业，但其中的各种高强度特种钢、铝合金、碳纤维、石墨烯等新材料也是战略性新兴产业的重点发展领域，这使得在位企业和潜在进入者难以明确政府抑制或扩展的产业边界从而做出市场进入与退出的优化选择，也导致新技术、新产品的统计归属困难重重。其次，各地市战略性新兴产业布局存在一定的同构性，未能形成核心增长极。从目前广西 12 个高新区来看，战略性新兴产业的重点布局方向基本以电子信息、生物医药、高端装备制造为主体，虽然在细分发展方向上有一定的差异性，但产业布局的同质、同构现象仍比较突出，各园区之间的协作、协同效应较弱。而依据广西现有的经济实力、产业基础和科研条件，并不足以支撑各园区在战略性新兴产业上实现多点开花、齐头并进，关键资源的分散不利于形成真正能够屹立于全球市场的新兴科技强势产业，也容易埋下新一轮低端产业链产能过剩的隐患。最后，相关规划的政策支持不够具体和实用。广西各级政府虽然在投资、财税、金融、科技、土地等方面加大了对促进战略性新兴产业发展的政策支持力度，但缺少对关键核心环节的针对性激励和引导，特别是对战略性新兴企业培育、发展及科研成果转化的相关激励措施仍非常欠缺，即使有但在落实力度及可操作性上也很低，致使政策推动产业发展的作用未能完全体现。

3.1.2　广西战略性新兴产业的细分产业发展概况

3.1.2.1　新一代信息技术产业规模总量大

广西新一代信息技术产业具有较好的发展基础，企业数目及产品种类较多，贡献效益较大，未来潜力不容小觑。2016 年，广西拥有规模以上新一代信息技术产业企业 49 家，主要集中在北海、南宁和桂林三市，代表性企业有广西朗科科技投资有限公司、冠捷显示科技（北海）有限公司、南宁富桂精密工业有限公司、建兴光电科技（北海）有限公司和广西三诺电子有限公司等，主要生产计算机及通信、光电子器件、电子元件、仪器仪表等产品。自 2019 年以来开工建设了瑞声科技南宁产业园项目和科林半导体有限公司大疆半导体封装检测产业园，前者主要进行精密结构件、受话器、扬声器和光学模组的生产，后者主要生产存储卡、flash 芯片、黑胶体等产品，目前这两个项目仍处于建设期，尚未建成达产。根据广西统计局的统计数据，2016 年广西新一代信息技术产业实现新产品产值 766.64 亿元；工业增加值同比增长 61.4%，较 2015 年提高 31.6%；工业增加值占全区规模以上工业增加值的 2.3%，同比提高 1.78%；企业主营业务收入、利润总额也分别同比增长 17.7% 和 23.7%，是广西战略性新兴产业中发展较快、产值占比最高、市场前景最为广阔的产业，但同时也面临自主创新能力弱、以组装和贴牌代工业务为主、核心产品少、技术层次不高、产业附加值较低等问题。

3.1.2.2 高端装备制造产业增长平稳

高端装备制造业具有产业链条长、关联产业多、技术兼资本密集的特性，容易形成相关优势企业协作配套的产业集群，从而带动地方经济发展。广西装备制造业按产品可分为工程机械、重矿机械、汽车、电工电器、重矿机械、农业机械、船舶及海洋装备、机床工具、仪器仪表、食品及包装机械、石化通用机械、机械基础件等领域，其中以工程机械、汽车、电工电器等优势产业为重点，在广西乃至全国工业中占有重要地位，产值占到广西工业总额的 1/5 以上，部分产品拥有良好的国内外知名度。[①] 现有规模以上高端装备制造企业 25 家，主要集中在南宁、桂林和柳州三市，其中的代表性企业包括作为轨道交通装备后起之秀的南宁中铁广发轨道装备有限公司和南宁中车轨道交通装备有限公司、已成为国内机械装备龙头之一的广西柳工机械股份有限公司、作为中国最大小型工程机械生产和出口基地的广西玉柴工程机械有限公

---

① 广西高端装备制造业发展"十三五"规划政策解读 [EB/OL]. 广西壮族自治区工业和信息化厅网站，http://gxt.gxzf.gov.cn/xxgk/xggh/ghjd/t5082798.shtml.

司、在全球矿山设备市场占有一席之地的桂林鸿程矿山设备制造有限公司等。2016 年，广西高端装备制造业实现新产品产值 128.58 亿元；工业增加值虽同比减少 5.9%，但其占全区规模以上工业增加值的比重达到 0.5%，较 2015 年提高 0.17%；企业实现主营业务收入同比增长 21.1%[①]。随着城市轨道装备制造、海洋工程装备制造、智能监控装备制造、工业和生活机器人等新兴领域的引进，广西高端装备制造业有望发展成为经济总量较大、市场集中度较高、产业集聚态势加速、带动工业智能化升级的战略性新兴产业，今后需要在关键核心技术、自主创新高端产品、产业链层次、制造工艺和配套能力、核心竞争力等方面缩小与国内外先进产业水平之间的差距。

3.1.2.3 节能环保产业日益壮大

节能环保产业为能源资源节约、循环经济发展和环境保护提供相关技术支持和设备保障，是建设资源节约型、环境友好型社会的重要支柱性产业。广西节能环保产业发展势头良好，已有规模以上节能环保企业 140 家，主要分布在南宁、柳州、桂林、北海和贺州五市，广泛涉及环保装备生产、污水废气处理、环境监测设备和新型材料研发等领域。[②] 规模较大的代表性企业包括广西博世科环保科技股份有限公司、柳州市龙昌再生资源回收有限责任公司、桂林漓佳金属有限责任公司、北海银河生物产业投资股份有限公司等。广西统计局的统计数据显示，2016 年广西节能环保产业实现新产品产值 310.85 亿元；工业增加值同比增长 23.6%，较 2015 年提高 9.4%；工业增加值占全区规模以上工业增加值的 1.3%，较 2015 年提高 0.2%，在广西战略性新兴产业中占比居第三位；企业实现主营业务收入同比增长 9.2%，利润总额同比增长 11.5%，具有较快的增长能力和发展潜力。另外，广西节能环保产业的园区集聚效应开始显现，如南宁高新技术产业开发区现已成为广西博世科环保科技股份有限公司、广西汇泰环保科技有限公司、广西中海环境工程系统有限公司等一批优秀节能环保企业的聚集地，部分企业还成为国内外节能环保产业领域具有较高声誉的龙头企业，斩获订单数量逐年增长，业

---

① 广西壮族自治区统计局. 广西规模以上工业战略性新兴产业发展状况分析 [EB/OL]. 广西壮族自治区统计局网站，http：//www.gxzf.gov.cn/gxsj/sjyw/20170908 – 655466.shtml.
② 广西大力发展战略性新兴产业综述 [N]. 广西日报，2018 – 05 – 25.

务拓展成效显著。

3.1.2.4 新材料产业"忧中存机"

广西拥有丰富的有色金属、稀有金属等矿产资源，新材料产业发展基础得天独厚。现有规模以上新材料产业企业 45 家，主要分布在南宁、柳州、桂林、防城港、北海、贺州和来宾等市，广西南南铝加工有限公司、南南铝业股份有限公司、广西银亿新材料有限公司、广西柳钢中金不锈钢有限公司等企业已逐渐壮大成为新材料产业的领头羊，不断推出高端金属结构材料、新性能铝及铝合金材料、新型建筑材料等拳头产品。2016 年，广西新材料产业实现新产品产值 386.61 亿元；工业增加值同比增长 2.1%，较 2015 年回落2.5%；工业增加值占全区规模以上工业增加值的 1.3%，较 2015 年下降0.2%；企业实现主营业务收入同比增长 12.8%，但利润总额却同比大幅下降 327.5%。[①] 在广西战略性新兴产业中，新材料产业的工业增加值占比和利润总额下降幅度最大，其原因有两个方面：第一，由于我国供给侧结构性改革的纵深推进、新冠肺炎疫情下全球经济发展停滞以及各主要国家为恢复经济而采取的量化宽松货币政策等综合因素影响，钢铁、石化和有色金属等上游产业的产量缩减推升短期价格上升，而经济新常态下的下游产业需求并未同步扩张，使得广西新材料产业在成本增加而价格下行的双重影响下利润锐减；第二，则来自产业自身的原因，广西一些市场潜力大的新材料领域仍未得到充分开发，主要体现在：作为前沿材料且下游应用场景广阔的石墨烯产业化进程几无推进，稀土新材料产品开发未有重大进展，高端稀有金属企业规模较小、成本高、效益差等。未来，广西应抓紧利用好本区域资源优势、培养和引进核心技术人才以及多方开展国内外产学研合作等方式来尽快提升产业层次，加快拥有自主关键核心技术的新材料的产业化、市场化进程。

3.1.2.5 新能源产业有所进步

广西新能源产业主要以核电、生物质发电、风力发电、太阳能、电池及其组件研发与制造为核心，资源优势较强，战略地位明显。现有规模以上新

---

① 广西壮族自治区统计局. 广西规模以上工业战略性新兴产业发展状况分析［EB/OL］. 广西壮族自治区统计局网站，http://www.gxzf.gov.cn/gxsj/sjyw/20170908 - 655466. shtml.

能源企业 24 家，大多分布于桂林、贵港、防城港、玉林以及贺州五市，领先企业主要有广西防城港核电有限公司、广西桂冠新能源有限公司、桂林尚华新能源有限公司和桂林众阳光能科技有限责任公司等。2016 年，广西新能源产业实现新产品产值 103.82 亿元；工业增加值同比增长 119.9%；工业增加值占全区规模以上工业增加值的 0.5%，较 2015 年提高 0.16%；企业主营业务收入和利润总额分别同比增长 100.4%、118.2%。[①] 虽然目前广西新能源产业的产值和增加值占比在全区战略性新兴产业中处于较低的水平，但其作为全球新能源革命的标志性产业，增速快、市场前景好，在全球"碳中和"进程推进中有望得到进一步加快发展。

3.1.2.6 新能源汽车产业发展提速明显

汽车产业属于广西优势工业，企业规模效应显著，产业链条也较为完整。广西新能源汽车产业凭借传统汽车产业的产业基础和技术水平，近几年上升势头可谓迅猛，已成为广西工业发展的新增长点，是拓展国内外消费市场、推动产业结构优化升级的重要战略性新兴产业。广西现有规模以上新能源汽车企业 29 家，主要集中在南宁、柳州、桂林、玉林和贵港五市。上汽通用五菱汽车股份有限公司、东风柳州汽车有限公司、广西玉柴新能源汽车有限公司、广西源正新能源汽车有限公司、广西申龙汽车制造有限公司、桂林客车发展有限公司、桂林比亚迪实业有限公司及广西久久星新能源车辆科技有限公司等企业成为广西新能源汽车产业发展的主力军，初步形成纯电动汽车、插电式混合动力汽车及其核心零部件和上、下游配套的产业体系，在充电桩设施的生产和建设上也有较快发展。根据广西统计局的统计数据，2016 年广西新能源汽车产业实现新产品产值 46.62 亿元；工业增加值同比增长 66.4%，增速在广西战略性新兴产业中位列第二；工业增加值占全区规模以上工业增加值的 0.18%，占比居广西战略性新兴产业之末；企业主营业务收入同比增长 17.5%。近几年，广西重点推动实施"强首府"战略，而"强首府"必先"强产业"，基于全球新能源汽车未来巨大的市场前景，南宁市将新能源汽车产业作为"强产业"的重要抓手，在已达产的广西源正、广西申

---

① 广西壮族自治区统计局.广西规模以上工业战略性新兴产业发展状况分析［EB/OL］.广西壮族自治区统计局网站，http：//www.gxzf.gov.cn/gxsj/sjyw/20170908 – 655466.shtml.

龙两家新能源整车企业的基础上，自 2019 年以来又相继引入了合众新能源汽车（哪吒汽车）、吉利新能源汽车等产业项目，同时着力建设和完善新能源汽车零部件配套体系，打造集新能源汽车整车、零部件、充电设施于一体的南宁新能源汽车城。① 可以预见，随着新能源汽车企业项目的不断落地和产能释放，广西新能源汽车产业将进入加速成长期。

3.1.2.7 大健康产业积极打造特色品牌

《广西战略性新兴产业发展"十三五"规划》中所指的"大健康产业"涵盖健康医药制造、健康养老养生、健康医疗服务和健康食品开发四大领域。② 广西立足于本地生态和资源优势，着力打造大健康特色品牌，力争形成融医、药、养、游、食、购、居于一体的特色产业体系。

广西现有规模以上生物医药企业 134 家，主要分布在南宁、柳州、桂林、梧州、贵港和玉林等市，重点企业主要包括广西梧州制药（集团）有限公司、桂林三金药业股份有限公司、广西玉林制药集团有限责任公司、桂林华诺威基因药业有限公司等。据广西统计局统计，2016 年广西生物医药产业实现新产品产值 380.9 亿元；工业增加值同比增长 14.6%；工业增加值占全区规模以上工业增加值的 1.79%，较 2015 年提高 0.32%，在广西战略性新兴产业中占比居第二位；企业主营业务收入、利润总额分别同比增长 20.3% 和 31.9%，是原材料丰裕、产业基础扎实、经营效益较好的战略性新兴产业。

广西养生长寿健康产业主要依托巴马长寿之乡的自然生态资源以及各地独具特色的自然旅游资源，现有企业 23 家，主要分布在桂林、河池和贺州等市，市场知名度较高的产品包括广西巴马丽琅饮料有限公司、巴马活泉食品饮料有限公司和巴马统一矿泉水有限公司等生产的、属于国家地理标志保护产品的健康饮用水，以及广西亿健生态产业有限公司生产的绿色有机茶等。2016 年，广西养生长寿产业实现新产品产值 59.72 亿元；工业增加值同比增长 38.6%，实现工业增加值占全区规模以上工业增加值的 0.27%。③ 作为最

---

① 广西壮族自治区人民政府办公厅. 推进广西汽车工业转型升级发展工作方案 ［EB/OL］. 广西壮族自治区人民政府门户网站, http：//www. gxzf. gov. cn/tj/t6483885. shtml.

② 广西大力发展战略性新兴产业综述 ［N］. 广西日报, 2018 – 05 – 25.

③ 广西壮族自治区统计局. 广西规模以上工业战略性新兴产业发展状况分析 ［EB/OL］. 广西壮族自治区统计局网站, http：//www. gxzf. gov. cn/gxsj/sjyw/20170908 – 655466. shtml.

具广西自然生态资源特色、且随着人们生活水平不断提高其消费需求无"天花板"的产业,尽管广西养生长寿健康产业已打出一些国内知名品牌,但总体发展步伐仍较慢、规模还较小、高价值产品开发严重不足,对地方经济发展的贡献度较低,未来应高度重视该产业的发展潜力,使其成为富含生态化、品质化、品牌化、高端化、全球共享特色的地区优势战略性新兴产业。

3.2 广西战略性新兴产业选择基准

大力发展战略性新兴产业,对广西推动产业结构转型升级和经济增长方式转变有着极其重要的意义。综合权衡本地区的资源要素、产业发展潜力、产业关联、产业竞争力、科技实力、政策条件等多重影响因素,科学、合理地选择战略性新兴产业,是促进广西战略性新兴产业体系快速、持续、创新与高质量发展的重要前提。

3.2.1 广西战略性新兴产业选择基准构建原则

当前,国内学术界对战略性新兴产业进行了多维度研究,取得了一定的研究成果。学者们大多认为,随着战略性新兴产业的创新发展,其最终必然转变为新主导产业,既代表国家产业政策战略布局的方向,又对国民经济发展有着积极而重要的作用,因此,构建战略性新兴产业选择基准的理论依据,主要是基于主导产业选择基准演变而来。

3.2.1.1 罗斯托基准

美国经济史学家、发展经济学先驱之一的罗斯托(Rostow)在其 20 世纪60 年代出版的《主导部门和起飞》一书中提出以扩散理论为基础进行主导产业选择,以主导部门的优先发展来带动整个区域经济的持续发展。他指出,一个国家要实现经济"起飞"需要满足以下三个条件:第一,需要进行大量生产性投资,大量增加储蓄,使资本积累率占到国民收入的 10% 以上;第二,在发展初期,要将有限的资金投入能带动经济体系全面增长的一种或多种主导部门,促使其超前发展;第三,应与经济环境相适应,对意识形态、经济制度、社会结构三个方面进行改革。①

罗斯托认为，主导产业的判别标准有三个：一是能够依靠技术进步，将创新引入新的生产函数；二是能够形成持续高速的增长率；三是具有较强的关联效应，对其他产业乃至所有产业的增长具有决定性的影响。②

按照罗斯托的分析，扩散效应的带动原理在于：一是回顾效应，即主导产业高速增长，会对各种要素产生新的投入要求，从而刺激这些投入品产业的发展；二是旁侧效应，即主导产业的快速发展会影响当地经济、社会的发展，如制度建设、国民经济结构、人口素质、基础设施建设等；三是前向效应，即主导产业能够诱发新的经济活动或派生新的产业部门，甚至为下一个重要的主导产业出现建立起新的平台。③④

罗斯托认为，一个国家应选择扩散效应最大的产业或产业群作为一国的主导产业，重点扶持，使其加速发展，从而带动其他产业发展和社会进步。⑤

3.2.1.2 赫希曼基准

美国著名发展经济学家阿尔伯特·赫希曼（Hirschman）于 1958 年在其出版的《经济发展战略》一书中提出了不平衡增长理论，主张发展中国家应当集中有限的资本和资源优先发展一部分产业，通过优先发展的产业创造的资本形成外部经济效应，推动其他产业的投资，以此不断引致，从而逐步带动全部产业的发展⑥。赫希曼用三大原则来解释不平衡增长的合理性与适用性。第一，"引致投资最大化"原则，即产业能够通过自身的优先发展从而最大化地带动其他产业发展。第二，"联系效应"原则，即国民经济中各产业部门之间存在着某种关联关系，包括"前向联系"和"后向联系"，前者是指某个产业与以其产品作为投入品的产业部门之间的联系，后者是指某个产业与向其提供投入品的产业部门之间的联系。赫希曼认为一个产业联系效应的强弱可以用该产业产品的需求价格弹性和需求收入弹性来衡量，这两个指标越大说明该产业的联系效应就越大，应选择联系效应最大的产业使其不

①②③⑤ Rostow W W. The Stages of Economic Growth：A Non-Communist Manifesto ［M］. Cambridge：Cambridge University Press，1960.

④ 苏东水. 产业经济学 ［M］. 北京：高等教育出版社，2015.

⑥ Hirschman A O. The Strategy of Economic Development ［M］. New Haven：Yale University Press，1958.

平衡地优先发展。第三，优先发展"进口替代工业"原则，即发展中国家的工业部门缺乏后向联系，资本品、原材料、半成品等投入的进口需要大量的外汇，而对外的依赖也会造成工业发展的被动，故应优先发展进口替代工业。[①] 总的来说，赫希曼认为由于各产业资源稀缺程度不一致导致不平衡增长等结果的存在，应该在资本有限的情况下选择前后向关联度最大、扩散效应最强的产业作为主导产业优先发展，发展中国家应更加重视在后向联系大的进口替代工业中加以选择；主导产业选择的关键在于判断该产业能否持续、高效地通过其生产活动对其他产业的生产活动产生积极主动的影响，使其发挥重要价值，由此加快整个国家的经济发展进程。[①]

3.2.1.3　筱原两基准

筱原两基准是由日本经济学家筱原三代平（1957）提出的关于如何调整产业结构的方法。他将收入弹性基准和生产率上升率基准称为产业结构调整的两基准，收入弹性基准表示应选择需求收入弹性高、市场潜在需求大的产业，生产率上升率基准指出要优先发展技术进步快、生产率上升率高的产业。[②] 依据两基准理论选择的产业有可观的市场前景、较快的技术进步，能够迅速扩大其产业规模，在市场竞争中占据优势地位。

3.2.1.4　比较优势基准

比较优势基准由英国古典政治经济学大卫·李嘉图（Ricardo，1817）在其著作《政治经济学及赋税原理》中提出。因为各地区的资源条件和经济发展状况有所不同，其生产要素成本之间存在一定差异，各地区应该选择和重点发展的产业也据此有所区别（Breschi & Malerba，1997）。在具体实践过程中，各个国家或地区应根据自身的地理区位、自然资源、人力资源等方面的比较优势，动态地选择适合本国或地区发展的产业进行重点培育，精确定位产业结构（欧玉芳，2007）。在比较优势的具体测算方法上，一种通行的分析指标是运用美国经济学家贝拉·巴伦萨（Balassa）于1965年所提出的显性

---

① Hirschman A O. The Strategy of Economic Development ［M］. New Haven：Yale University Press，1958.

② 筱原三代平. 产业结构与投资分配 ［J］. 一桥大学经济研究，1957（4）：23－28.

比较优势指数（index of revealed comparative advantage，RCA），也称为出口绩效指数，其含义是一个国家某种出口商品占其出口总值的比重与世界该类商品占世界出口总值的比重二者之间的比率。一般而言，若 RCA > 1，表示该国此种商品具有显性比较优势，且其值越大，比较优势就越明显；反之，如果 RCA < 1，则说明该国商品在国际市场上处于显性比较劣势。[①] 在具体产业实践应用上，日本贸易振兴会（JERTO）运用 RCA 指数对主要国家产业出口数据进行测算及比较，提出了产业比较优势的量化分类参考标准：当 RCA > 2.5 时，说明该产业具有极强的比较优势；当 0.8 < RCA < 1.25 时，该产业具有中等比较优势；当 RCA < 0.8 时，则产业处于比较劣势。

3.2.1.5 基于战略性新兴产业本质特征的选择基准

战略性新兴产业不仅包含国家产业政策的"战略"指导意义，还囊括了"新兴"产业的特征。部分学者从战略性新兴产业的本质特征出发，研究其选择基准原则。吴梦云等（2011）以江苏省镇江市为例，研究战略性新兴产业本质及其特征，并得出了竞争力和产业关联基准。贺正楚和吴艳（2011）基于产业全局性、先导性、关联系和动态性，建立了战略性新兴产业 Weaver-Thomas 评价模型，并用于湖南省战略性新兴产业的选择分析。敖永春和金霞（2012）探讨了战略性新兴产业具体内涵以及区域主导产业的选择基准，指出战略性新兴产业的区域选择应该考虑可持续发展能力基准、技术资源基准、带动性基准、综合效益基准以及区域比较优势基准。

3.2.1.6 基于战略性新兴产业发展原则的选择基准

从发展阶段上看，战略性新兴产业首先是"新兴"初成产业，现阶段产业规模较小，产值占比也尚低，但具有良好的发展潜力和发展前景。因此，部分学者以发展原则作为研究战略性新兴产业的评价选择基准。肖兴志等（2010）指出代表技术进步的、有广阔市场前景并且能够与其他产业产生关联效应的这样一种产业集群就可以作为战略性新兴产业发展，并强调应该结合使用这些原则。刘洪昌（2011）研究了战略性新兴产业发展特征，把遵循

① Balassa B. Trade Liberalisation and "Revealed" Comparative Advantage [R]. Newhaven：Yale University, Economic Growth Centre, 1965.

国家意志、市场需求、产业关联、技术创新、可持续发展和就业吸纳能力作为培育战略性新兴产业的六大原则,并强调应有针对性地制定和实施具体发展政策。李东霖(2016)构建了包含经济效益、产业竞争力、社会效益和技术创新四个维度的战略性新兴产业选择指标体系。

3.2.1.7 本书构建的区域战略性新兴产业选择基准

一个地区在进行一定时期战略性新兴产业的选择时,既要充分考虑产业发展条件和区域产业基础,又要立足于国家战略的顶层设计层面,站在全球视野,运用发展的眼光,前瞻、理性地判断产业未来技术和市场前景,因地制宜、科学合理地构建产业选择基准。基于战略性新兴产业兼具战略性、创新性、成长性、关联性、导向性和带动性等特征,本书构建了包含创新效率、资源禀赋、发展潜力、产业关联、比较优势和政策环境六个维度的战略性新兴产业选择基准原则。

(1)创新效率原则。战略性新兴产业的内核是技术和产品的创新。一个产业只有不断进行前沿核心技术研发,努力推动产品创新,提高创新绩效,才能满足不断增长且日益复杂化、个性化、多变性的市场需求,从而发挥出战略性新兴产业的核心功能。因此,战略性新兴产业要选择自主创新能力强、产品附加价值高、研发经费投入大、技术人员占比高的产业。

(2)资源禀赋原则。资源禀赋是战略性新兴产业形成与发展的根基。这些资源应该是本地区具有量和质的优势且能够高效投入生产的各类资源,包括自然资源、人力资源以及资本等。因此,广西战略性新兴产业应从本地区自然资源充裕、劳动生产率高、人力资本丰富的产业中加以选择。

(3)发展潜力原则。战略性新兴产业的发展不是间歇的、一时的,而需要伴随着技术变革而可持续地长远发展。产业的发展潜力应成为各地区选择战略性新兴产业的重要基准原则之一。战略性新兴产业的发展潜力主要体现在:在未来的发展中能够保持较高的发展动力,能够具有持续的经营能力,从而产值增长率往往较高,需求收入弹性和利润增长率也呈现出明显上涨的趋势。

(4)产业关联原则。区域产业体系中,各产业之间必然通过中间投入与中间需求而存在着不同程度、千丝万缕的纵向、横向与交叉关联。在选择战略性新兴产业时,必须考察产业间这种错综复杂的多重技术、产品、业务与市场关联性，以及通过产业关联带动其他产业联动发展乃至促进整个区域经济社会发展的能力。因此，按照产业关联原则选择战略性新兴产业，应全面考察该产业对其产业链上、下游环节以及配套产业的关联影响，考虑其是否能够对地区生产总值增长产生积极、有力的带动作用，考虑其能否从整体上改善经济运行质量。

（5）比较优势原则。一个地区选择的战略性新兴产业应是从全国范围来看具有一定比较优势基础的产业，否则光凭短期投资、大干快上而人为促成的产业单纯规模化扩张，将极易造成资源大量浪费、市场竞争力弱、经济效益差、产能过剩、产品同质化及抵御外部冲击和风险的能力差等不良后果，无法发挥战略性新兴产业创新发展的积极作用。因此，在战略性新兴产业选择过程中，应判断一个产业相较于该地区其他产业而言是否存在创新发展上的比较优势，与全国其他地区同一产业相比是否具有比较优势，这是该产业能够较快地扩大产业规模、提高市场占有率、获得充分成长空间保障的重要条件。

（6）政策环境原则。战略性新兴产业对于一个国家或地区的经济社会发展和产业结构转型升级有着较强的促进和引导作用，是国家前瞻性产业发展战略方针的直接反映，关系到国民经济命脉和国家安全。因此，对于一个地区而言，其战略性新兴产业的选择首先应反映本国在一定时期内的产业发展战略导向，并结合本地区的经济实力、技术储备及特色、资源条件、产业发展基础等具体情况，有针对性地选择战略性新兴产业的优先发展方向和重点布局领域。

3.2.2　广西战略性新兴产业选择评价指标体系

构建广西战略性新兴产业选择评价指标体系，建立相应的评价模型，有利于政府在制定战略性新兴产业规划时，通过本评价指标体系，科学合理地确定区域重点发展产业，积极寻找区域经济新增长点，提高区域产业体系竞争力。战略性新兴产业评价指标体系的构建，需符合本书提出的战略性新兴产业选择基准原则，即创新效率原则、资源禀赋原则、发展潜力原则、产业关联原则、比较优势原则和政策环境原则。所谓战略性新兴产业选择评价指标体系，就是将上述六大基准原则具体转换为一系列能够科学、客观地进行相关衡量测算的评价指标体系，作为评价选择战略性新兴产业的方法。针对战略性新兴产业的本质属性及特点，对应六大基准原则，本书所构建的广西战略性新兴产业选择评价指标体系包含 6 个子体系，分别为生产要素指标体系、发展潜力指标体系、产业关联指标体系、产业竞争优势指标体系、科技资源指标体系和产业政策环境指标体系，每个子体系分别由若干个基础指标构成，进一步测算各产业在各指标上的具体表现。综上所述，本书所构建的广西战略性新兴产业选择评价指标体系包含 6 个一级指标和 12 个二级指标，综合评价区域产业发展状况。

3.2.2.1　生产要素指标体系

生产要素指标体系主要反映产业在测算年份的人力资本存量。对于战略性新兴产业而言，其资源消耗少，能耗较低，需要较高的生产技术水平和研发能力。因此，本指标体系在考虑生产要素时，重在测算人力资本对于产业的影响，主要包括两个基础指标：第一，人力资源投入程度，通过平均劳动生产率进行衡量，考察产业从业者的生产效率；第二，高端人才吸纳能力，通过研发人员折合全时当量进行衡量，研发人员全时当量越高，说明该产业吸纳了越多的高技术人才。

3.2.2.2　发展潜力指标体系

战略性新兴产业能否渡过培育期而顺利成长为一个国家或地区的主导产业和支柱产业，产业发展潜力是决定这一转换成功与否的关键因素。本指标体系选择三个基础指标衡量产业的发展潜力：第一，市场发展规模，通过产值增长率进行衡量，反映市场对于该产业的需求程度，判断是否具有持续发展的动力和可能性；第二，需求收入弹性，衡量消费者对于该产业产品的偏好程度和需求水平；第三，利润增长率，表明该产业的盈利能力和持续经营能力，考量产业的快速成长性和发展能力。

3.2.2.3　产业关联指标体系

产业关联指一个产业的市场需求量和产值的变化直接或间接地引起其他各产业和生产部门投入产出变化的程度。战略性新兴产业的"战略性"特点主要就是通过产业关联效应显现，通过自身发展带动整个国民经济各部门健康有序发展，体现其引领和带动作用。本书选用皮尔逊相关系数测算产业关联效应，通过产业的人均增加值与广西总体人均 GDP 的相关关系测算，得出该产业人均增加值的变化对全区人均生产总值的影响程度，反映其对广西经济发展的带动性强弱。

3.2.2.4 产业竞争优势指标体系

广西作为我国后发区域，应当充分发挥自身比较优势，发展具有地区相对竞争优势的战略性新兴产业，才有可能较快地占据某些产业的领先地位，进一步扩大国内外市场占有率。本指标体系着眼于从产业比较竞争优势的角度来判别战略性新兴产业重点发展的方向，主要包括两个基础指标：第一，产业体系相对优势，将所评价工业产业的产值与本地区规模以上工业的总产值进行对比，反映一个产业在区域工业体系中是否具有比较优势；第二，区域相对优势，通过所评价产业的主营业务收入占该产业在全国范围内的主营业务收入的比例进行考量，评价该产业与全国其他地区相比是否具有比较优势。

3.2.2.5 科技资源指标体系

战略性新兴产业的发展主要依靠技术创新，一个产业的持续创新能力和创新强度直接影响到该产业创新发展的内生动力。本指标体系主要使用两个指标来测算战略性新兴产业科技资源和创新能力：第一，研发经费投入，表明该产业企业用于研发的内部资金支出，在一定程度上显示该产业所拥有的科技资源以及持续创新的能力；第二，科技人员密度，通过一个产业的研发人员占从业人员的比例来反映该产业进行技术创新的强度。

3.2.2.6 产业政策环境指标体系

战略性新兴产业的选择和培育在很大程度上反映了政府在一定时期内的产业发展意图，是产业战略性的体现。政府对战略性新兴产业发展的有效干预、引导和推动，对其健康成长壮大有着至关重要的作用。产业政策环境指标体系主要衡量区域选择的战略性新兴产业是否符合国家和地方政府的相关经济政策和法律法规，以及在产业形成和发展过程中政府部门给予的支持。受到政策支持和鼓励的产业将具有更大的发展潜力和更强的竞争力，其产业关联性也较强。本书采用两个基础指标来反映战略性新兴产业政策环境：第一，政府研发补贴，即产业在发展过程中得到的政府专项技术研发资金支持，表明政府对该产业创新发展的重视程度，反映了该产业在国民经济体系中战略性新兴地位的强弱；第二，风险资本规模，即除了来自政府和企业自身的研发投入外，其他社会资本对该产业的投资规模，反映了市场对于该产业未来发展前景的乐观预期大小。本书构建的广西战略性新兴产业选择评价指标体系如表 3.1 所示。

表 3.1　　　　　广西战略性新兴产业选择评价指标体系

一级指标	二级指标	指标解释
生产要素	人力资源投入	劳动生产率，即产值/就业人数
	高端人才吸纳能力	研发人员折合全时当量
发展潜力	市场发展规模	增加值增长率，即（当期增加值－基期增加值）/基期增加值
	需求收入弹性	某产业需求增长率/地区人均国民收入增长率
	利润增长率	（当期利润－基期利润）/基期利润
产业关联	皮尔逊相关系数	某产业人均增加值与地区人均 GDP 的相关关系
产业竞争优势	产业体系相对优势	某产业产值/地区规模以上工业总产值
	区域相对优势	某产业的地区主营业务收入/全国主营业务收入
科技资源	研发经费投入	产业内企业对研发的经费投入
	科技人员密度	研发人员数/从业人员数
产业政策环境	政府研发补贴	政府对该产业研发的经费投入
	风险资本规模	社会资本对该产业的投入

3.3　基于"AHP-IE-PCA"组合赋权法的广西战略性新兴产业选择模型构建与实证分析

目前研究中，层次分析法（AHP）、信息熵法（IE）和主成分分析法（PCA）分别被广泛运用于主导产业的选择分析。层次分析法是一种主观评价方法，主要用于对非定量事件进行定量分析，其方法是利用知识经验构造判断矩阵，充分体现政府对产业的发展状况评价和战略意图，逻辑性较强，但缺乏对现有产业数据的定量分析，较难对复杂问题做出准确的判断。信息熵法是一种客观评价方法，能够较好地修正主观权重带来的偏差，是通过信息的离散程度来判断信息重要性的一个评价方法，评价结果更符合客观规律，不受人为因素的干扰，但无法考虑政府的战略意图。主成分分析法也是一种较为客观的评价方法，抓住问题的主要矛盾，通过减少影响因素，确定主要成分，既保留了评价指标体系互不相关的主要因素，又在一定程度上弥补了战略性新兴产业数据较为稀缺的现状，但与信息熵法类似，难以体现政府的战略意图。国家统计局于 2012 年 12 月首次编制了《战略性新兴产业分类（2012）（试行）》①，2018 年 10 月又公布了《战略性新兴产业分类（2018）》②，对我国战略性新兴产业类别作了进一步的新增、细化和更新，对学术界、企业界更清晰地理解和把握国家对战略性新兴产业的产业方向和具体细分领域提供了科学统一的标准。但是，因战略性新兴产业是一个全新的产业分类方法，且各产业内部技术变化快、产业链动态性强、企业新增和淘汰率高、市场绩效不确定性大等原因，目前国家统计局并未公布具体产业统计数据，广西也存在类似的情况。因此，本研究依照战略性新兴产业的本质特征，基于产业数据的可得性，尝试将三种评价方法组合起来，既考虑到政府的主观战略意图又兼顾评价结果的客观性，以期对广西战略性新兴产业的选择提供全面、科学、准确的评价。

3.3.1 "AHP-IE-PCA" 组合赋权法的模型原理

本研究中，设 R_i 为第 i 个产业，$i = 1, 2, \cdots, m$，m 为产业数；I_j 为评价第 i 个产业的第 j 个指标，$j = 1, 2, \cdots, n$，n 为指标个数；D_{ij} 为第 i 个产业的第 j 个指标所对应的原始值；S_{ij} 为第 i 个产业的第 j 个指标所对应的标准值。

---

① 国家统计局. 战略性新兴产业分类（2012）（试行）［EB/OL］. http：//www. chinatorch. gov. cn/kjfw/tjbz/201401/ac2432ef8938419aa6d00983bd937db0/files/6890aed358a949108ceb866863eadcc8. pdf.

② 国家统计局. 战略性新兴产业分类（2018）［EB/OL］. http：//www. stats. gov. cn/tjgz/tzgb/201811/P020181126561472557253. doc.

3.3.1.1 AHP 方法模型原理

层次分析法（analytic hierarchy process，AHP）是由美国匹茨堡大学教授暨著名运筹学家托马斯·萨蒂（Saaty）于 20 世纪 70 年代中期所提出，是一种定性与定量相结合、系统化叠加层次化、灵活而又实用的决策分析方法，用以解决复杂的非结构化经济决策问题。其基本分析步骤是：将复杂或模糊的决策问题分解成若干组成因素，而后按支配关系建立层次结构模型，将指标体系中一级指标以及每一个子指标体系各列成两两比较的判断矩阵形式，一级指标对二级指标起着制约作用；计算层次单排序权向量并进行一致性检验，若检验通过，经归一化后的特征向量即为权向量；计算层次总排序权向量并进行一致性检验，若检验通过，则按照层次总排序权向量对决策问题作出判断（Saaty，1980）。

本书中，AHP 方法在战略性新兴产业选择上的具体运用过程如下：

设 n 个指标对某一原则存在相对重要性，根据特定的标度法则，第 i 个指标（$i=1，2，\cdots，n$）与其他元素两两比较判断，其相对重要程度为 $a_{ij}(i，j=1，2，\cdots，n)$，这样构造的矩阵称为判断矩阵 $A=(a_{ij})_{n \times n}$，其中 $a_{ij}>0(i，j=1，2，\cdots，n)$，用以求解各指标关于某原则的优先权重。相对重要程度由若干专家根据自己的专长、学识和理解进行主观评价，再取综合数。

计算判断矩阵每一行元素的乘积：

$$M_i = \prod_{j=1}^{n} a_{ij} \qquad (3.1)$$

计算 M_i 的 n 次方根：

$$\overline{W}_i = \sqrt[n]{M_i} \qquad (3.2)$$

对向量 $\overline{W}$ 进行归一化计算，即可得到特征向量 $W=[W_1，W_2，\cdots，W_n]^T$：

$$W_i = \frac{\overline{W}_i}{\sum_{j=1}^{n} \overline{W}_j} \qquad (3.3)$$

判断矩阵的最大特征根为：

$$\lambda_{\max} = \sum_{i=1}^{n} \frac{(AW)_i}{nW_i} \qquad (3.4)$$

通过最大特征根即可判断矩阵一致性，记作：

$$C.\,I.\ =\frac{\lambda_{\max}-n}{n-1} \tag{3.5}$$

$$C.\,R.\ =\frac{C.\,I.}{R.\,I.} \tag{3.6}$$

公式（3.6）中，$R.\,I.$ 可通过查表得知，若 $C.\,R. \leqslant 0.1$，这说明判断矩阵一致，否则需要专家对判断矩阵进行修正，并重新计算特征向量和最大特征根，其特征向量经归一化处理后即为该指标在此矩阵中的权重值。

令一级指标的权重值为 $P_i(i=1,\ 2,\ \cdots,\ 6)$，各二级指标在其一级指标系统中的权重值为 W_{it}，i 表示其所在的一级指标系统，t 为其在二级指标系统中的指标标号，则 $I_j(j=1,\ \cdots,\ n)$ 在 AHP 方法下的组合权重值 O_j 的计算公式为：

$$O_j=P_i\times W_{it},\ (i=1,\ \cdots,\ 6;\ j=1,\ \cdots,\ n) \tag{3.7}$$

则产业 $R_i\ (i=1,\ \cdots,\ m)$ 在 AHP 方法下的总体评价值 G_i 的计算公式为：

$$G_i=\sum_{j=1}^{n}S_{ij}\times O_j,\ (i=1,\ \cdots,\ m;\ j=1,\ \cdots,\ n) \tag{3.8}$$

3.3.1.2　IE 方法模型原理

熵是热力学中的名词，其定义是系统可能状态数的对数值，表示分子状态的混乱程度，称为热熵。1948 年，被誉为"信息论之父"的美国著名数学家香农（Shannon）将熵的概念引入信息论，提出"信息熵"的概念，用以解决对信息的量化度量问题。一个事件或一个系统可视为一个随机变量，具有一定的不确定性，要减少或消除其不确定性，就需要引入有关大量信息。所谓信息熵（information entropy，IE），就是消除不确定性所需信息量的度量，也即未知事件可能含有的信息量。针对特定决策问题，需要引入消除不确定性的信息量越多，则信息熵越高；反之则越低（Shannon，1948）。

信息熵（IE）是消除不确定性所需信息量的度量，也即未知事件可能含有的信息量。需要引入消除不确定性的信息量越多，则信息熵越高，反之则越低。本书中，通过信息熵法对各指标进行第二次评价。依据信息熵计算公式，分步骤进行：第一步，计算第 j 项指标的熵值；第二步，计算第 j 项指标的差异系数即熵权，熵权值越大，对产业选择评价的影响就越大，熵值就越小；第三步，求各指标的权值；第四步，确定各产业的综合得分。具体计算过程如下：

第 j 项指标的熵值为：

$$E_j = -\frac{1}{\ln n} \sum_{j=1}^{n} S_{ij} \times \ln S_{ij}, \quad (i=1, \cdots, m; j=1, \cdots, n) \qquad (3.9)$$

其中，E_j 越小，表示第 j 个指标的重要程度越高。

接着，定义各指标对于产业的区分度，第 j 个指标所对应的熵权 U_j 为：

$$U_j = |1 - E_j| \qquad (3.10)$$

其中，U_j 越大，则第 j 个指标对于评价产业越重要。

对熵权值进行归一化处理，求得第 j 个指标在 IE 方法下的权重值 A_j 为：

$$A_j = \frac{U_j}{\sum_{j=1}^{n} U_j} \qquad (3.11)$$

产业 $R_i(i=1, \cdots, m)$ 第 j 项指标的评价值为：

$$I_{ij} = A_j \times S_{ij} \qquad (3.12)$$

则产业 $R_i(i=1, \cdots, m)$ 在 IE 方法下的总体评价值 I_i 的计算公式为：

$$I_i = \sum_{j=1}^{n} I_{ij} \qquad (3.13)$$

3.3.1.3 PCA 方法模型原理

主成分分析法（principal component analysis，PCA）是由被公认为"统计学之父"的英国数学家和生物统计学家卡尔·皮尔森（Pearson，1901）所提出。该方法利用降维的思路，将多指标转化为少数几个综合指标作为主成分，其中每个主成分都能够反映原始变量的大部分信息，且所含信息互不重复。它使问题简单化的同时又不丧失数据的科学有效性，是一种简化数据集的技术。后来，又由美国数理统计学家霍特林（Hotelling，1933）将 PCA 方法从非随机变量分析扩展到随机变量分析。

本书中，使用主成分分析法对战略性新兴产业进行第三次选择评价。设有 m 个产业，利用 n 个指标对产业进行测算。

第一步，计算 n 个指标的相关系数矩阵：

$$X = \begin{bmatrix} x_{11} & \cdots & x_{1n} \\ \vdots & & \vdots \\ x_{n1} & \cdots & x_{nn} \end{bmatrix} \qquad (3.14)$$

其中：

$$x_{ij} = \frac{\sum_{i=1}^{m}(S_{ij}-\bar{S}_i)(S_{ij}-\bar{S}_j)}{\sqrt{\sum_{i=1}^{m}(S_{ij}-\bar{S}_i)^2 \sum_{i=1}^{m}(S_{ij}-\bar{S}_j)^2}} \tag{3.15}$$

第二步，记矩阵 X 的第 i 个列向量为 X_i（$i=1$，2，…，n），矩阵 X 的 n 个列向量 X_1，X_2，…，X_n 作线性组合，即综合指标向量为：

$$F_i = a_{1i}X_1 + a_{2i}X_2 + \cdots + a_{ni}X_n, \ (i=1, \cdots, n) \tag{3.16}$$

第三步，解特征方程 $|\lambda I - X| = 0$，计算特征值 $\lambda_j (j=1, 2, \cdots, n)$ 和特征向量 $e_j(j=1, 2, \cdots, n)$。因为矩阵 X 是正定矩阵，这意味着特征值 λ_j 均为正数，将其按大小顺序排列，即 $\lambda_1 \geq \lambda_2 \geq \cdots \geq \lambda_j \geq 0$。

第四步，计算主成分贡献率 z_i 以及累计贡献率，确定主成分个数。其中，主成分贡献率计算公式为：

$$z_i = \frac{\lambda_j}{\sum_{j=1}^{n}\lambda_j}, \ (j=1, \cdots, n) \tag{3.17}$$

主成分贡献率越大，表明相应的主成分反映综合信息的能力越强。

$$累计贡献率 = \frac{\sum_{j=1}^{k}\lambda_j}{\sum_{j=1}^{n}\lambda_j}, \ (k=1, \cdots, n) \tag{3.18}$$

选取累计贡献率达到85%的特征值 λ_1，λ_2，…，λ_l 所对应的第一，第二，…，第 l（$l \leq n$）个主成分。

第五步，通过计算主成分载荷得出第 i 个产业的主成分得分 H_i，计算公式为：

$$H_i = \sum_{t=1}^{l} \frac{\lambda_t}{\sum_{j=1}^{n}\lambda_j} \times F_i, \ (i=1, \cdots, m) \tag{3.19}$$

第六步，根据主成分得分 H_i，得出第 i 个产业在主成分分析法下的综合得分 T_i：

$$T_i = H_i + \frac{1}{\sum_{i=1}^{m}(H_i+1)}, \ (i=1, \cdots, m) \tag{3.20}$$

3.3.1.4 "AHP-IE-PCA"组合赋权法原理

上述的三种方法中,层次分析法为主观赋权法,信息熵法和主成分分析法为客观赋权法,通过将三者组合构建战略性新兴产业综合选择评价方法,既能定性反映战略性新兴产业的政府战略意图又能科学客观地评价产业各方面情况,更适合针对战略性新兴产业的特点进行选择评价。

本书采用由美国兰德公司(RAND Corporation)于 1946 年创始实行的德尔菲方法(Delphi method),对 AHP、IE 和 PCA 三种评价方法确定各自权重并形成战略性新兴产业选择的组合评价。德尔菲法也称专家调查法,是一种反馈匿名函询法,即采用"背对背"的函询方式来征询专家小组成员对所要预测问题的预测意见,经过整理、归纳、统计、匿名反馈、归纳、统计等若干轮反馈征询,使专家小组的预测意见趋于一致,从而作为问题的预测结论。德尔菲法的运用过程中,专家之间不发生相互联系,每一位专家只与调查人员以反复填写、反馈问卷的方式进行信息交流,以作出独立自主的判断,确保最终判断预测的有效性。

专家们基于其知识、经验以及对国家和地区战略性新兴产业发展状况及政策的理解,根据德尔菲法操作流程,对层次分析法、信息熵法和主成分分析法的相对权重 C_1、C_2 和 C_3 分别进行打分,且 $C_1 + C_2 + C_3 = 1$,则第 i 个产业的组合得分为:

$$Q_i = C_1 \times G_i + C_2 \times I_i + C_3 \times T_i \qquad (3.21)$$

对 Q_i 进行归一化处理,得到最终各产业的综合得分:

$$Q_i' = \frac{Q_i}{\sum_{i=1}^{m} Q_i} , \quad (i = 1, \cdots, m) \qquad (3.22)$$

根据公式(3.22)的计算结果,对各产业组合赋权值进行排序,可以清晰地判断综合得分较大的产业更适合作为广西重点培育和发展的战略性新兴产业。

3.3.2 数据来源及原始数据处理

3.3.2.1 数据来源

基于数据资料的可获得性以及广西产业的实际情况,本书参照《广西统计年鉴》中工业产业的划分方式，并根据国务院《关于加快培育和发展战略性新兴产业的决定》中的七大战略性新兴产业划分，对广西现有产业进行筛选和分类，共筛选出 14 个产业分别归属于六大类战略性新兴产业。具体产业选择和划分如表 3.2 所示。

表 3.2　　　　　　　　　广西战略性新兴产业选择和划分

战略性新兴产业类别	细分产业
新能源汽车产业	汽车制造业
新材料产业	黑色金属冶炼及压延加工业
	非金属矿物制品业
	有色金属冶炼及压延加工业
	化学原料及化学制品制造业
	印刷和记录媒介复制业
新能源产业	电力、热力的生产和供应业
高端装备制造业	专用设备制造业
	电气机械及器材制造业
	铁路、船舶、航空航天和其他运输设备制造业
	通用设备制造业
	仪器仪表制造业
新一代信息技术业	计算机、通信和其他电子设备制造业
生物产业	医药制造业

为确保数据的可得性、一致性和完整性，本书所使用的数据均来自 2012~2017 年的《中国统计年鉴》和《广西统计年鉴》。由于某些二级指标的原始数据无法获得，特别进行如下处理：针对工业增加值的统计资料，由于广西及全国分别只统计到 2011 年、2007 年，本书利用可得年份的工业增加值数据和缺失数据年度的工业总产值增幅，将工业增加值计算至 2016 年，并消除了物价水平的影响。据此，运用"AHP-IE-PCA"组合赋权法对所得数据进行综合测算，能够较全面、客观地反映出广西战略性新兴产业的发展基础、发展现状和未来应重点选择发展的方向。

3.3.2.2 原始数据处理

战略性新兴产业的选择评价需要考虑较多因素，涉及科技研发、生产要素、发展潜力、产业竞争力、产业关联以及政府政策等诸多方面。因此，在选择评价指标体系中，各基础指标的计量单位不尽相同，其量级差距较大，相互之间缺乏直接可比性。为了消除系统统计误差以及量纲差异带来的影响，对原始数据进行标准化处理：

$$S_{ij} = \frac{D_{ij} - D_{minj}}{D_{maxj} - D_{minj}}, \quad (i=1, \cdots, m; \, j=1, \cdots, n) \tag{3.23}$$

其中，m 为产业总数，n 为指标总数，S_{ij} 为原始数据标准化后的标准值，D_{ij} 为第 i 个产业的第 j 个指标原始数据，D_{minj} 表示第 j 个指标的最小值，D_{maxj} 表示第 j 个指标的最大值。广西战略性新兴产业的原始数据处理结果如表3.3所示。

3.3.3 "AHP-IE-PCA" 实证分析

根据上述方法模型原理，对所选择的广西现有六大类 14 个产业战略性新兴相关产业进行评价打分。

3.3.3.1 AHP 方法实证过程

根据前文所提出的选择评价指标体系，分别对六个一级指标以及一级指标下的各个二级指标构造比较矩阵以及层次单排序。

首先对六个一级指标构建比较矩阵：

$$A = \begin{bmatrix} 1 & 1/7 & 1/9 & 1/5 & 1/9 & 1/7 \\ 7 & 1 & 1/5 & 3 & 1/5 & 1 \\ 9 & 5 & 1 & 5 & 1 & 3 \\ 5 & 1/3 & 1/5 & 1 & 1/5 & 1/3 \\ 9 & 5 & 1 & 5 & 1 & 3 \\ 7 & 1 & 1/3 & 3 & 1/3 & 1 \end{bmatrix}$$

该矩阵行和列所表示指标的排列顺序均为生产要素水平、发展潜力水平、产业关联度、产业竞争优势、科技资源以及产业政策环境。由该比较矩阵计算可得到 A 的最大特征值为：

表 3.3　广西战略性新兴产业原始数据标准化结果

产业		生产要素		发展潜力			产业关联	产业竞争优势		科技资源		产业政策环境	
		人力资源投入	高端人才吸纳能力	市场发展规模	需求收入弹性	利润增长率	皮尔逊相关系数	产业体系相对优势	区域相对优势	研发经费投入	科技人员密度	政府研发补贴	风险资本规模
新能源汽车	汽车制造业	0.47	1.00	0.46	0.55	0.38	0.91	0.73	1.00	1.00	1.00	0.17	1.00
新材料产业	黑色金属冶炼及压延加工业	0.99	0.03	0.44	0.55	1.00	0.96	1.00	0.18	0.06	0.01	0.00	0.99
	非金属矿物制品业	0.08	0.03	0.48	0.51	0.29	1.00	0.61	0.03	0.01	0.23	0.00	0.69
	有色金属冶炼及压延加工业	1.00	0.07	0.61	0.97	0.93	0.95	0.44	0.10	0.16	0.30	1.00	0.53
	化学原料及化学品制造业	0.29	0.11	0.34	0.36	0.39	0.96	0.20	0.08	0.16	0.39	0.61	0.46
	印刷和记录媒介复制业	0.16	0.01	0.19	0.24	0.18	0.95	0.25	0.01	0.05	0.00	0.00	0.02
新能源产业	电力、热力的生产和供应业	0.11	0.01	0.00	0.00	0.00	0.99	0.42	0.01	0.01	0.00	0.00	0.42
高端装备制造业	专用设备制造业	0.26	0.16	0.28	0.46	0.11	0.89	0.22	0.14	0.69	0.82	0.00	0.18
	电气机械及器材制造业	0.71	0.07	0.53	0.61	0.31	0.82	0.19	0.06	0.21	0.19	0.00	0.36
	铁路、船舶、航空航天和其他运输设备制造业	0.00	0.00	0.55	0.77	0.34	1.00	0.12	0.00	0.00	0.00	0.00	0.05
	通用设备制造业	0.19	0.01	0.37	0.45	0.38	0.00	0.02	0.01	0.04	0.07	0.00	0.11
	仪器仪表制造业	0.19	0.01	1.00	1.00	0.25	0.79	0.00	0.00	0.07	0.09	0.00	0.00
新一代信息技术产业	计算机、通信和其他电子设备制造业	0.42	0.07	0.82	0.85	0.64	0.28	0.26	0.07	0.10	0.12	0.00	0.58
生物产业	医药制造业	0.15	0.08	0.42	0.72	0.43	0.97	0.25	0.09	0.35	0.34	0.00	0.16

$$\lambda_{\max} = 6.34$$

相应的特征向量为：

$$W_1 = \begin{bmatrix} 0.022 & 0.111 & 0.338 & 0.06 & 0.338 & 0.131 \end{bmatrix}^T$$

一致性指标为：

$$C.I. = \frac{6.34 - 6}{6 - 1} = 0.068$$

通过查表可得随机一致性指标：

$$R.I. = 1.26$$

则一致性比率为：

$$C.R. = \frac{C.I.}{R.I.} = 0.054 < 0.1$$

即通过一致性检验，说明一级指标层次单排序的结果是可以接受的。
接着对各一级指标下的二级指标分别构建比较矩阵：

$$B_1 \text{ 生产要素水平} = \begin{bmatrix} 1 & 1/5 \\ 5 & 1 \end{bmatrix}, B_2 \text{ 发展潜力水平} = \begin{bmatrix} 1 & 1/3 & 1/5 \\ 3 & 1 & 1/3 \\ 5 & 3 & 1 \end{bmatrix},$$

$$B_3 \text{ 产业关联程度} = \begin{bmatrix} 1 & 1 \\ 1 & 1 \end{bmatrix}, B_4 \text{ 产业竞争优势} = \begin{bmatrix} 1 & 3 \\ 1/3 & 1 \end{bmatrix},$$

$$B_5 \text{ 科技资源} = \begin{bmatrix} 1 & 5 \\ 1/5 & 1 \end{bmatrix}, B_6 \text{ 产业政策环境} = \begin{bmatrix} 1 & 7 \\ 1/7 & 1 \end{bmatrix}$$

由比较矩阵可以得出各一级指标的最大特征值，计算结果如表 3.4 所示。

表 3.4　AHP 方法下一级指标最大特征值

最大特征值	生产要素水平	发展潜力水平	产业关联程度	产业竞争优势	科技资源	产业政策环境
$\lambda_{\max}$	2.000	3.030	1.000	2.000	2.000	2.000

则其相应的特征向量为：

$$W_2 = \begin{bmatrix} 0.167 & 0.105 & 1 & 0.750 & 0.833 & 0.875 \\ 0.833 & 0.258 & 0 & 0.250 & 0.167 & 0.125 \\ 0 & 0.637 & 0 & 0 & 0 & 0 \end{bmatrix}$$

均通过一致性检验，本次排序结果是可接受的，从而有：

$$
W = W_2 \times W_1 = \begin{bmatrix} 0.167 & 0.105 & 1 & 0.750 & 0.833 & 0.875 \\ 0.833 & 0.258 & 0 & 0.250 & 0.167 & 0.125 \\ 0 & 0.637 & 0 & 0 & 0 & 0 \end{bmatrix} \times \begin{bmatrix} 0.022 \\ 0.011 \\ 0.338 \\ 0.060 \\ 0.338 \\ 0.131 \end{bmatrix}
$$

故而得出在 AHP 方法下广西战略性新兴产业评价指标体系的综合权重值，计算结果如表 3.5 所示。

表 3.5　　　　　　　　　　AHP 方法下各指标权重

一级指标	权重	二级指标	权重	综合权重
生产要素	0.022	人力资源投入	0.167	0.0037
		高端人才吸纳能力	0.833	0.0183
发展潜力	0.111	市场发展规模	0.105	0.0116
		需求收入弹性	0.258	0.0286
		利润增长率	0.637	0.0706
产业关联	0.338	皮尔逊相关系数	1.000	0.3378
产业竞争优势	0.060	产业体系相对优势	0.750	0.0453
		区域相对优势	0.250	0.0151
科技资源	0.338	研发经费投入	0.833	0.2815
		科技人员密度	0.167	0.0563
产业政策环境	0.131	政府研发补贴	0.875	0.1149
		风险资本规模	0.125	0.0164

下面以广西化学原料及化学制品制造业为例计算其在 AHP 方法下的综合得分，其他产业在 AHP 方法下的得分过程与此相同。计算结果如表 3.6 所示。

表3.6   AHP 方法下化学原料及化学制品制造业得分

指标名称	标准值	综合权重	综合得分
人力资源投入	0.292	0.0037	
高端人才吸纳能力	0.114	0.0183	
市场发展规模	0.339	0.0116	
需求收入弹性	0.365	0.0286	
利润增长率	0.394	0.0706	
皮尔逊相关系数	0.960	0.3378	0.480
产业体系相对优势	0.461	0.0453	
区域相对优势	0.204	0.0151	
研发经费投入	0.082	0.2815	
科技人员密度	0.158	0.0563	
政府研发补贴	0.389	0.1149	
风险资本规模	0.611	0.0164	

在 AHP 方法下，对筛选出的 14 个广西战略性新兴子产业分别进行评分，评分结果如表 3.7 所示。

表3.7   广西各战略性新兴产业在 AHP 下的得分及排名

战略性新兴产业类别	相关涉及产业名称	得分	排名
新能源汽车产业	汽车制造业	0.8855	1
新材料产业	黑色金属冶炼及压延加工业	0.5346	3
	非金属矿物制品业	0.4539	7
	有色金属冶炼及压延加工业	0.5434	2
	化学原料及化学制品制造业	0.4801	5
	印刷和记录媒介复制业	0.3513	11
新能源产业	电力、热力的生产和供应业	0.3647	10
高端装备制造产业	专用设备制造业	0.5123	4
	电气机械及器材制造业	0.3951	8

战略性新兴产业类别	相关涉及产业名称	得分	排名
高端装备制造产业	铁路、船舶、航空航天和其他运输设备制造业	0.3936	9
	通用设备制造业	0.0628	14
	仪器仪表制造业	0.3398	12
新一代信息技术产业	计算机、通信和其他电子设备制造业	0.2438	13
生物产业	医药制造业	0.4782	6

由 AHP 方法的实证分析结果可知，在广西战略性新兴产业体系中，汽车制造业排名最高，有色金属冶炼及压延加工业排名次之，黑色金属冶炼及压延加工业排名第三，而排名最末的三个产业分别是仪器仪表制造业，计算机、通信和其他电子设备制造业以及通用设备制造业。层次分析法更多地反映了政府的产业政策导向和战略性发展意图，汽车制造业、有色金属冶炼及压延加工业和黑色金属冶炼及压延加工业历来是广西重点扶持的支柱产业，这也意味着汽车制造业所涉及的新能源汽车产业，以及有色金属冶炼及压延加工业和黑色金属冶炼及压延加工业所涉及的新材料产业在政府产业政策引导下有着较好的发展基础和发展前景。与此同时，计算机、通信和其他电子设备制造业也是广西多年来一直重点推进发展的产业，2016 年实现工业总产值和主营业务收入分别为 1579.8 亿元和 1502.3 亿元，在广西所有工业及各战略性新兴产业中分列第 5 位和第 4 位，但其 AHP 综合得分仅为 0.2438，说明该产业大而不强，以代工组装和产业链低端环节制造为主，产品技术层次低、加工度低、附加值低，需要在前沿关键领域争取质的创新突破，增强产业自主创新发展的原动力。

3.3.3.2　IE 方法实证过程

根据信息熵的计算公式（3.9）～公式（3.11），用标准化后的数据计算出各指标的熵值、熵权以及归一化的权重，结果如表 3.8 所示。

表 3.8 IE 方法下各指标权重

指标名称	熵值	熵权	权重
人力资源投入	0.9156	0.0844	0.0402
高端人才吸纳能力	0.6122	0.3878	0.1849
市场发展规模	0.9990	0.0010	0.0005
需求收入弹性	1.0060	0.0060	0.0029
利润增长率	0.9677	0.0323	0.0154
皮尔逊相关系数	1.0206	0.0206	0.0098
产业体系相对优势	0.9138	0.0862	0.0411
区域相对优势	0.9333	0.0667	0.0318
研发经费投入	0.6370	0.3630	0.1731
科技人员密度	0.7713	0.2287	0.1091
政府研发补贴	0.8118	0.1882	0.0898
风险资本规模	0.3680	0.6320	0.3014

将各指标权重与标准化后的产业数据相乘并求和，得出在 IE 方法下广西各战略性新兴产业的综合得分及排名，如表 3.9 所示。

表 3.9 广西各战略性新兴产业在 IE 方法下的得分及排名

战略性新兴产业类别	相关涉及产业名称	得分	排名
新能源汽车产业	汽车制造业	0.7075	1
新材料产业	黑色金属冶炼及压延加工业	0.1834	5
	非金属矿物制品业	0.0990	9
	有色金属冶炼及压延加工业	0.4774	2
	化学原料及化学制品制造业	0.3254	3
	印刷和记录媒介复制业	0.0360	12
新能源产业	电力、热力的生产和供应业	0.0498	10
高端装备制造产业	专用设备制造业	0.2395	4
	电气机械及器材制造业	0.1282	7

续表

战略性新兴产业类别	相关涉及产业名称	得分	排名
高端装备制造产业	铁路、船舶、航空航天和其他运输设备制造业	0.0238	14
	通用设备制造业	0.0340	13
	仪器仪表制造业	0.0393	11
新一代信息技术产业	计算机、通信和其他电子设备制造业	0.1105	8
生物产业	医药制造业	0.1369	6

由 IE 方法的实证分析结果可知，广西战略性新兴产业体系中得分排名前三的产业分别为：汽车制造业、有色金属冶炼及压延加工业和化学原料及化学制品制造业；排名后三的产业分别为：铁路、船舶、航空航天和其他运输设备制造业，通用设备制造业以及印刷和记录媒介复制业。由于信息熵方法主要利用产业相关指标的具体数据进行测算分析，故能更加客观地反映广西各战略性新兴产业的发展状况和成长潜力。

3.3.3.3 PCA 方法实证过程

本书利用 SPSS 软件对广西战略性新兴产业数据进行主成分分析，其特征值、方差贡献率和主成分累计贡献率的计算结果如表 3.10 所示。

表 3.10　　　　　PCA 方法下特征值、方差贡献率和累计贡献率

成分	初始特征值			提取平方和载入		
	特征值	贡献率（%）	累计贡献率（%）	特征值	贡献率（%）	累计贡献率（%）
1	4.458	37.148	37.148	4.458	37.148	37.148
2	2.905	24.208	61.356	2.905	24.208	61.356
3	1.956	16.300	77.656	1.956	16.300	77.656
4	1.092	9.101	86.757	1.092	9.101	86.757
5	0.810	6.748	93.504	—	—	—
6	0.354	2.954	96.458	—	—	—

续表

成分	初始特征值			提取平方和载入		
	特征值	贡献率（%）	累计贡献率（%）	特征值	贡献率（%）	累计贡献率（%）
7	0.202	1.680	98.138	—	—	—
8	0.170	1.420	99.557	—	—	—
9	0.029	0.238	99.795	—	—	—
10	0.020	0.166	99.961	—	—	—
11	0.004	0.034	99.995	—	—	—
12	0.001	0.005	100.000	—	—	—

根据特征值大于 1 且主成分累计贡献率大于 85% 的条件，筛选出 4 个主成分，可较充分地反映各个产业的综合表现。根据主成分特征值计算结果，画出碎石图（如图 3.1 所示）。碎石图以特征值为纵轴，成分数为横轴，左边较为陡峭的部分表示特征值大、包含的信息较多，右边部分较为平坦，表示特征值较小及其包含的信息也较少。由图 3.1 可知，前 4 个成分所表示的特征值曲线较为陡峭，且特征值大于 1，从第 5 个成分开始，曲线趋于平缓，即成分 1 至成分 4 包含了大部分的信息，故选取前 4 个成分作为主成分。

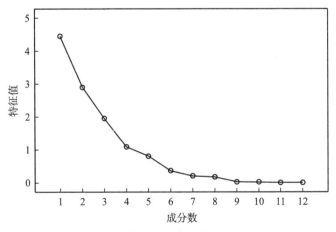

图 3.1 碎石图

通过 SPSS 软件输出因子矩阵，对提取出的4个主成分进行分析。输出的因子矩阵，即各公因子与原始变量之间的相关系数如表3.11所示。

表 3.11   因子矩阵

指标名称	因子			
	1	2	3	4
高端人才吸纳能力	0.869	−0.319	0.274	−0.094
市场发展规模	−0.008	0.649	0.649	−0.128
需求收入弹性	0.070	0.707	0.628	0.084
利润增长率	0.353	0.869	−0.157	−0.071
产业体系相对优势	0.786	0.241	−0.388	−0.289
区域相对优势	0.692	0.162	−0.601	−0.235
科研经费投入	0.914	−0.231	0.184	−0.148
科技人员密度	0.788	−0.408	0.377	0.079
政府科研补贴	0.769	−0.374	0.362	0.220
人力资本投入	0.515	0.681	−0.233	0.045
风险资本规模	0.310	0.439	−0.062	0.702
皮尔逊相关系数	0.259	−0.163	−0.405	0.587

由表3.11可知，主成分1与科研经费投入、高端人才吸纳能力、科技人员密度、产业体系相对优势、政府科研补贴以及区域相对优势的相关性较大；主成分2与利润增长率、需求收入弹性、人力资本投入以及市场发展规模这4个指标的相关性较明显；主成分3与市场发展规模、需求收入弹性呈正相关，与区域相对优势以及皮尔逊相关系数呈负相关；主成分4则与风险资本规模和皮尔逊相关系数呈正相关。由表3.11所提取的4个主成分分别与其关联度较大的指标难以给出合理的解释，为此通过最大方差法进行因子的旋转，从而寻求更好的主成分含义解释。旋转后的因子矩阵如表3.12所示。

表 3.12   旋转后的因子矩阵

指标名称	因子			
	1	2	3	4
高端人才吸纳能力	0.945	0.212	-0.022	-0.039
市场发展规模	-0.013	0.017	0.920	-0.108
需求收入弹性	0.019	0.031	0.944	0.122
利润增长率	-0.156	0.757	0.518	0.210
产业体系相对优势	0.358	0.880	-0.082	0.001
区域相对优势	0.228	0.885	-0.289	0.057
科研经费投入	0.905	0.350	-0.020	-0.046
科技人员密度	0.965	0.005	-0.018	0.071
政府科研补贴	0.930	-0.027	-0.007	0.209
人力资本投入	0.024	0.754	0.330	0.326
风险资本规模	0.045	0.198	0.259	0.823
皮尔逊相关系数	0.116	0.087	-0.409	0.643

根据表 3.12 可得，因子旋转之后，各主成分之间的关联性指标区分更加明晰。主成分 1 与科技人员密度、高端人才吸纳能力、科研补贴以及科研经费投入有十分明显的相关性；主成分 2 与区域相对优势、产业体系相对优势、利润增长率以及人力资本投入呈现明显的正相关；主成分 3 与需求收入弹性、市场发展规模以及利润增长率 3 个指标的正相关性显著；主成分 4 与风险资本规模和皮尔逊相关系数的正相关性显著。因此，经过旋转，总结出的 4 个主成分有了更为合理的含义和解释，并将其分别依次命名为产业科研能力、产业竞争优势、产业发展潜力及产业关联影响程度，如表 3.13 所示。

表 3.13   主成分命名

主成分	1	2	3	4
名称	产业科研能力	产业竞争优势	产业发展潜力	产业关联影响程度

利用 SPSS 软件计算出旋转后的因子得分系数矩阵，说明各主成分在各变

量上的系数权重（即载荷），如表3.14所示。

表3.14 主成分载荷矩阵表

指标名称	因子			
	1	2	3	4
高端人才吸纳能力	0.260	0.007	0.024	−0.092
市场发展规模	0.041	−0.028	0.394	−0.126
需求收入弹性	0.045	−0.068	0.397	0.066
利润增长率	−0.099	0.265	0.160	0.031
产业体系相对优势	0.018	0.341	−0.071	−0.161
区域相对优势	−0.032	0.358	−0.168	−0.104
科研经费投入	0.236	0.070	0.015	−0.122
科技人员密度	0.284	−0.102	0.036	0.037
政府科研补贴	0.274	−0.137	0.036	0.161
人力资本投入	−0.057	0.237	0.085	0.132
风险资本规模	−0.013	−0.083	0.073	0.656
皮尔逊相关系数	−0.009	−0.064	−0.196	0.544

根据表3.14所得的因子得分，可以写出公因子的表达式：

$F_1 = 0.260 \times$ 高端人才吸纳能力 $+0.041 \times$ 市场发展规模

$+0.045 \times$ 需求收入弹性 $-0.099 \times$ 利润增长率

$+0.018 \times$ 产业体系相对优势 $-0.032 \times$ 区域相对优势

$+0.236 \times$ 科研经费投入 $+0.284 \times$ 科技人员密度

$+0.274 \times$ 政府科研补贴 $-0.057 \times$ 人力资本投入

$-0.013 \times$ 风险资本规模 $-0.009 \times$ 皮尔逊相关系数 (3.24)

$F_2 = 0.007 \times$ 高端人才吸纳能力 $-0.028 \times$ 市场发展规模

$-0.068 \times$ 需求收入弹性 $+0.265 \times$ 利润增长率

$+0.341 \times$ 产业体系相对优势 $+0.358 \times$ 区域相对优势

$+0.070 \times$ 科研经费投入 $-0.102 \times$ 科技人员密度

$-0.137 \times$ 政府科研补贴 $+0.237 \times$ 人力资本投入

$-0.083 \times$ 风险资本规模 $-0.064 \times$ 皮尔逊相关系数 (3.25)

$$F_3 = 0.024 \times 高端人才吸纳能力 + 0.394 \times 市场发展规模$$
$$+ 0.397 \times 需求收入弹性 + 0.160 \times 利润增长率$$
$$- 0.071 \times 产业体系相对优势 - 0.168 \times 区域相对优势$$
$$+ 0.015 \times 科研经费投入 + 0.036 \times 科技人员密度$$
$$+ 0.036 \times 政府科研补贴 + 0.085 \times 人力资本投入$$
$$+ 0.073 \times 风险资本规模 - 0.196 \times 皮尔逊相关系数 \qquad (3.26)$$

$$F_4 = -0.092 \times 高端人才吸纳能力 - 0.126 \times 市场发展规模$$
$$+ 0.066 \times 需求收入弹性 + 0.031 \times 利润增长率$$
$$- 0.161 \times 产业体系相对优势 - 0.104 \times 区域相对优势$$
$$- 0.122 \times 科研经费投入 + 0.037 \times 科技人员密度$$
$$+ 0.161 \times 政府科研补贴 + 0.132 \times 人力资本投入$$
$$+ 0.656 \times 风险资本规模 + 0.544 \times 皮尔逊相关系数 \qquad (3.27)$$

根据因子得分系数矩阵和各主成分的方差贡献率，可计算各产业的各主成分得分以及综合得分，其结果分别如表 3.15 和表 3.16 所示。

表 3.15　　　广西各战略性新兴产业在 PCA 方法下的主成分得分

战略性新兴产业大类	相关涉及产业名称	主成分			
		1	2	3	4
新能源汽车	汽车制造业	1.02	0.53	0.25	0.40
新材料产业	黑色金属冶炼及压延加工业	-0.06	1.09	0.22	0.38
	非金属矿物制品业	0.07	0.41	0.10	0.39
	有色金属冶炼及压延加工业	0.06	0.55	0.65	1.22
	化学原料及化学制品制造业	0.16	0.19	0.18	0.91
	印刷和记录媒介复制业	-0.01	0.09	-0.01	0.50
新能源产业	电力、热力的生产和供应业	-0.01	0.26	-0.29	0.44
高端装备制造产业	专用设备制造业	0.49	-0.03	0.17	0.59
	电气机械及器材制造业	0.12	0.29	0.36	0.47
	铁路、船舶、航空航天和其他运输设备制造业	0.01	0.02	0.36	0.51

续表

战略性新兴产业大类	相关涉及产业名称	主成分			
		1	2	3	4
高端装备制造产业	通用设备制造业	0.02	0.14	0.39	0.01
	仪器仪表制造业	0.09	-0.05	0.70	0.42
新一代信息技术产业	计算机、通信和其他电子设备制造业	0.08	0.44	0.67	0.07
生物产业	医药制造业	0.22	0.09	0.32	0.55

表 3.16　　　　广西各战略性新兴产业在 PCA 方法下的综合得分及排名

战略性新兴产业类别	相关涉及产业名称	得分	排名
新能源汽车	汽车制造业	0.6727	1
新材料产业	黑色金属冶炼及压延加工业	0.3569	3
	非金属矿物制品业	0.2059	9
	有色金属冶炼及压延加工业	0.4295	2
	化学原料及化学制品制造业	0.2518	6
	印刷和记录媒介复制业	0.0738	13
新能源产业	电力、热力的生产和供应业	0.0590	14
高端装备制造产业	专用设备制造业	0.2933	4
	电气机械及器材制造业	0.2480	7
	铁路、船舶、航空航天和其他运输设备制造业	0.1317	11
	通用设备制造业	0.1234	12
	仪器仪表制造业	0.1977	10
新一代信息技术产业	计算机、通信和其他电子设备制造业	0.2892	5
生物产业	医药制造业	0.2374	8

由 PCA 方法的实证分析结果可知，广西战略性新兴产业体系中得分排名前三的产业分别为：汽车制造业、有色金属冶炼及压延加工业和黑色金属冶炼及压延加工业；排名后三的产业分别为：通用设备制造业，印刷和记录媒

介复制业以及电力、热力的生产和供应业。因主成分分析法与信息熵法皆为客观赋权法,由 PCA 方法分析得到的优势产业、劣势产业与 IE 法下计算结果存在较大的共通性,而且由 PCA 方法计算得出的排名前三的广西战略性新兴产业与主观赋权法 AHP 实证分析结果完全一致,这说明本书所构建的战略性新兴产业评价指标体系具有充分的科学性、合理性与客观性。

3.3.3.4 以 "AHP-IE-PCA" 组合赋权法确定选择评价结果

根据德尔菲(Delphi)法的使用原则,本书选择了十位分别来自产业界、学术界及相关政府主管部门的专家和权威人士,分别对层次分析法、信息熵法以及主成分分析法进行评价打分,并要求每位专家对三种方法的评分之和为 1。评分标准如表 3.17 所示。

表 3.17 专家对三种评价方法打分的评分标准

评价	评价分值	描述
影响很大	0.9	此方法对战略性新兴产业的评价有主导性影响
影响较大	0.7	此方法对战略性新兴产业的评价有较大程度影响
影响一般	0.5	此方法对战略性新兴产业的评价影响程度一般
影响较小	0.3	此方法对战略性新兴产业的评价有较小影响
影响很小	0.1	此方法对战略性新兴产业的评价几乎没有影响

按照表 3.17 的评分标准,专家们根据自身的相关知识专长和政策理解选择区间值进行打分,力求分值最接近于本人的主观认知和意愿。而后本研究运用 Delphi 法,将专家们对 AHP、IE 和 PCA 三种方法的打分分别进行加总平均,以此确定三种方法各自综合组合赋权的权重。专家们的打分情况以及综合组合权重如表 3.18 所示。

由表 3.18 可知,通过 Delphi 法得出的层次分析法的权重 C_1 为 0.385,信息熵法的权重 C_2 为 0.285,主成分分析法的权重 C_3 为 0.33。按照公式(3.21)和公式(3.22),将 AHP、IE 和 PCA 三种评价方法的各自权重 C_1、C_2 和 C_3 分别与各战略性新兴产业在此三种评价方法下的各自评价得分 G_i、I_i 和 T_i 进行加权求和,计算出各产业的综合得分,并对其得分进行归一化处理和排序。广西各战略性新兴产业在"AHP-IE-PCA"组合赋权法下的最终综合得分及排名如表3.19所示。

表3.18 专家对三种评价方法打分及综合权重

专家编号	AHP (C_1)	IE (C_2)	PCA (C_3)
1	0.3	0.4	0.3
2	0.35	0.25	0.4
3	0.4	0.3	0.3
4	0.5	0.2	0.3
5	0.35	0.25	0.4
6	0.35	0.2	0.45
7	0.35	0.4	0.25
8	0.5	0.2	0.3
9	0.45	0.35	0.2
10	0.3	0.3	0.4
综合权重	0.385	0.285	0.33

表3.19 广西各战略性新兴产业的"AHP-IE-PCA"综合得分及排名

战略性新兴产业类别	相关涉及产业名称	综合得分	排名
新能源汽车	汽车制造业	0.17377	1
新材料产业	黑色金属冶炼及压延加工业	0.08918	3
	非金属矿物制品业	0.06361	8
	有色金属冶炼及压延加工业	0.11731	2
	化学原料及化学制品制造业	0.08515	4
	印刷和记录媒介复制业	0.04033	12
新能源产业	电力、热力的生产和供应业	0.04027	13
高端装备制造产业	专用设备制造业	0.08319	5
	电气机械及器材制造业	0.06435	7

续表

战略性新兴产业类别	相关涉及产业名称	综合得分	排名
高端装备制造产业	铁路、船舶、航空航天和其他运输设备制造业	0.04897	11
	通用设备制造业	0.01863	14
	仪器仪表制造业	0.05086	10
新一代信息技术产业	计算机、通信和其他电子设备制造业	0.05339	9
生物产业	医药制造业	0.07099	6

由表 3.19 可知，在"AHP-IE-PCA"组合赋权法下广西战略性新兴产业
体系中综合排名前五的产业分别为：汽车制造业、有色金属冶炼及压延加工
业、黑色金属冶炼及压延加工业、化学原料及化学制品制造业和专用设备制
造业。这五个产业一方面具有较好的产业规模、市场竞争力和发展潜力，另
一方面也符合广西地方政府的战略性新兴产业政策扶持和鼓励导向，在主客
观因素和条件的合力推动下能够通过自身的创新发展带动广西产业体系其他
产业的联动创新发展。因此，这五个产业相关涉及的战略性新兴产业领域可
以作为广西今后重点培育和创新突破发展的战略性新兴产业。

3.4 广西战略性新兴产业选择的结论建议

根据上述"AHP-IE-PCA"组合赋权分析的实证研究结果，结合广西各战
略性新兴产业的发展现状和比较优势，得出汽车制造业、有色金属冶炼及压
延加工业、黑色金属冶炼及压延加工业、化学原料及化学制品制造业和专用
设备制造业这五个产业可以作为广西重点培育和创新突破发展的战略性新兴
产业。按照国家战略性新兴产业的划分，汽车制造业涉及新能源汽车大类，
有色金属冶炼及压延加工业、黑色金属冶炼及压延加工业和化学原料及化学
制品制造业涉及新材料大类，专用设备制造涉及高端装备制造三个大类。因
此，广西应集中优势资源要素和基础条件，着力推进新能源汽车、新材料和
高端装备制造这三大战略性新兴产业的创新发展，努力将其培育成为具有强

劲的内生成长动力、自主创新能力、国内外市场竞争力以及良好的经济效益
和社会效益，同时又能通过产业链上、下游环节以及密切相关产业的直接和
间接关联扩散效应，积极带动整个产业体系协同创新发展的主导产业和支柱
产业。

3.4.1 新能源汽车产业

从第 3.3 节的实证研究来看，在 AHP、IE 和 PCA 三种评分方法及其组合
赋权法的分析结果下，新能源汽车产业都是得分最高的产业，是广西最适宜
也最有条件率先创新突破发展的战略性新兴产业。这主要归因于汽车产业是
广西为数不多的传统优势工业，已形成综合实力较雄厚的产业集群和较为完
整的产业链体系。柳州汽车产业经过四十多年发展无疑是该市第一大主导产
业和支柱产业，柳州市也因而成为中国第三大汽车城，人均产车 1.25 辆，居
全国榜首，是国内唯一拥有一汽、上汽、东风和重汽四大汽车集团的城市，
并与作为上汽通用五菱股东的美国通用汽车公司齐聚发展，2017 年柳州市汽
车产量为 253.5 万辆，占中国比重的 8.7%。① 近几年，在全球新能源浪潮席
卷下，"碳中和"作为一种实现二氧化碳"零排放"的新型环保形式已得到
全球主要经济体的广泛认同，并且都在齐心协力地促进这一目标的达成。在
国家和广西地方政府战略性新兴产业政策的鼓励和引导下，柳州市加快新能
源汽车产业布局，上汽通用五菱汽车股份有限公司和东风柳州汽车有限公司
各自自主研发的宝骏 E100、E200、五菱宏光 MINI EV 以及景逸 S50EV、菱智
M5EV 等新能源车型先后上市，还有针对美国、日本等发达国家市场的新能
源专用车的开发和订单斩获，使得柳州市新能源汽车渗透率居全国第一，南
宁、桂林、贵港等市的新能源汽车产业发展也有齐头并进之势，作为广西新
能源汽车产业集聚地的柳州汽车城、南宁邕宁新兴产业园、桂林经济技术开
发区苏桥工业园、贵港中国－东盟新能源电动车生产基地等园区发展态势
良好。

拥有一批发展成熟、集聚度高的汽车企业，同时具备较好的产业转型升

---

① 周潇男. 走进柳州：见证中国第三大汽车城的崛起 [EB/OL]. http：//www. gx. chinanews.
com/news/2018/1210/31541. html.

级基础和可观的市场前景，广西新能源汽车产业应更大力度地乘胜追击、迎难而上。其一，要利用广西现有汽车工业的技术和制造能力，扩大新能源汽车产业整体规模。其二，上汽通用五菱汽车股份有限公司、东风柳州汽车有限公司、广西玉柴机器股份有限公司、广西源正新能源汽车有限公司、广西申龙汽车制造有限公司、桂林客车工业集团有限公司等大型汽车龙头企业须紧盯全球新能源汽车技术发展前沿特别是电池技术路线的变化，在关键技术选择的可行性、可靠性以及应用前景上一定要立足全球新能源汽车未来科技前沿叠加产业链实现可能性、市场应用的便利性和接受认可度，做到发展规划制定上的未雨绸缪，以免在大量投资实现量产后因技术路线失效而陷入产能过剩和巨大浪费的被动境地。其三，要以核心大企业为旗舰带动具有一定关键技术含量的中小型汽配企业向新能源汽车产业实行业务延伸、转型与产业链协作，力争形成强强联合的地区新能源汽车产业研发创新、模块制造、汽车后市场融合分工发展的高质量模块化生产网络体系，推动包括储能、充电桩、充换电站等新能源汽车上下游产业配套设施的快速完善，强化产业集聚效应。另外，2018 年 6 月 28 日，国家发展改革委和商务部联合发布了《外商投资准入特别管理措施（负面清单）（2018 年版）》①，该规定自 2018年 7 月 28 日起生效，承诺在 5 年过渡期内全面取消汽车产业外资股比限制，并从 2018 年 7 月 28 日起取消对新能源汽车外资股比的限制，这意味着有更多汽车外资强企将加大对华投资，其中的先行者特斯拉上海超级工厂已于2019 年底正式建成投产，其相继推出的 Model 3 和 Model Y 现已分别达到日产量 800 辆和 1000 辆的水平，并对中国新能源汽车产业发展起到巨大的"鲶鱼效应"。随着特斯拉上海超级工厂零部件体系的国产化率由 70% 提升到90% 左右以及单车生产成本的不断降低，进一步加剧了中国新能源汽车市场整车厂商的终端竞争和零部件厂商进入特斯拉供应链的市场竞争，这将有力促使中国新能源汽车产业链加快创新和高质量发展，为中国汽车产业"换道超车"焕发新动能提供充足动力和可能性。在国内新能源汽车产业蓬勃发展的大背景下，广西应充分利用好毗邻东盟国家的区位优势，加大对新能源汽

---

① 中华人民共和国国家发展和改革委员会，中华人民共和国商务部. 自由贸易试验区外商投资准入特别管理措施（负面清单）（2018 年版）［EB/OL］. http：//www. gov. cn/xinwen/2018 - 06/30/5302510/files/.

车外资强企的招商引资力度，寻求产业链供应链与跨国市场开发的共赢机会，在竞争与合作的交互并行中实现自主技术创新能力和品牌影响力的积累和提升。最后，须以全球新能源汽车市场为导向进行产业发展战略谋划，部分成熟产能可以利用"一带一路"、中国－东盟自贸区升级版、粤港澳大湾区等建设的有利契机向相关国家和地区进行产业链适度外移，积极开拓东盟等海外小众市场；而在新能源大型客车、乘用车、专用车等领域，要严格按照国际标准打造一批质量、技术过硬的拳头产品，争取进一步打入美国、欧洲、日本等发达国家市场。

还需注意的是，2018 年 2 月 13 日，财政部、工业和信息化部、科技部和国家发展改革委联合发布的《关于调整完善新能源汽车推广应用财政补贴政策的通知》规定：纯电动车续航 150～300 公里车型补贴分别下调约 20%～50% 不等，低于 150 公里续航的车型将不再享有补贴；续航里程 300～400 公里及 400 公里以上车型，补贴分别上调 2%～14% 不等。① 国家这一新能源汽车补贴新政已于 2018 年 6 月 12 日起开始正式实施，这意味着靠低价、低续航、低端零部件组装占领市场的新能源汽车厂商将逐渐被市场所淘汰，由此倒逼新能源汽车企业脱离政策环境带来的"刚需"庇护，更加重视自身关键核心技术的攻关和创新，针对客户需求加快产品升级步伐，直面激烈的国内大循环市场竞争，以促进中国新能源汽车产业由量变转向质变的创新驱动发展路径。在新能源汽车补贴新政实施的背景下，广西地方政府对新能源汽车产业的财政扶持也应秉持"去弱留强"的原则，要继续增加对产业拟突破的重大基础、关键、核心技术的科研经费支持，加大对本地新能源汽车企业自主研发的新车型进入国家《新能源汽车推广应用推荐车型目录》的一次性奖励力度，对充电桩、储能、换电站等配套瓶颈设施建设要扩大财政支持规模，同时逐渐减少或停止对技术含量低、靠走量获取补贴生存的企业的地方补贴；为激发新能源汽车企业自主研发的内生动力和投入，政府可根据企业内部科研经费投入的比例以及研发成果的市场化成效给予相应的财税优惠，增强企业进行自主研发和新产品创新的主观能动性和投入积极性，争取在整车、电

---

① 中华人民共和国财政部，中华人民共和国工业和信息化部，中华人民共和国科技部，中华人民共和国国家发展和改革委员会. 关于调整完善新能源汽车推广应用财政补贴政策的通知［EB/OL］. http：//jjs. mof. gov. cn/zhengwuxinxi/zhengcefagui/201802/t20180213_2815574. html.

池、电机、电控、自动驾驶、智联网等新能源汽车产业链关键、前沿技术环节掌握核心自主知识产权，夯实企业长期市场生存和品牌提升的前提条件，提高产品附加价值，从以整车装备环节为主向设计、营销等价值链高端价值创造环节跃升。

3.4.2 新材料产业

根据表 3.19 的 "AHP-IE-PCA" 组合赋权分析的综合得分排名，排名第二至第四的有色金属冶炼及压延加工业、黑色金属冶炼及压延加工业、化学原料及化学制品制造业均涉及新材料产业。广西拥有丰富、种类繁多的稀有金属矿产资源，钢铁、有色、化工等传统产业发展较好，2016 年三大产业各占到广西工业总产值的 10.9%、5.9% 和 5.2%。但总体来说，广西丰富的矿产资源仍未能得到充分合理的开发和利用，主要表现在产品以初加工为主，附加价值不高，难以产生良好的经济效益和社会效益，环保压力大。因此，从传统的冶炼、压延加工、原料制造等低技术、低附加值环节向高技术、高附加值的精深加工新材料领域转型是产业重焕生机的不二选择。近年来，以广西南南铝业股份有限公司、广西柳州钢铁集团有限公司、柳州华锡集团、广西河池有色集团有限公司等为代表的一批广西新材料龙头企业紧紧围绕地区基础设施建设完善、高端装备制造业发展提速以及全球消费电子市场持续火爆等下游市场需求，在消费电子、汽车（含新能源汽车）、航空航天、轨道交通装备、船舶等高端合金型材以及电子信息材料、新型建筑材料等领域着力打造出了一批高标准、高性能的产品，进一步打开了国内外市场，扩大了市场份额，实现了一定程度上的产业转型升级。但与此同时，广西新材料产业要进一步上规模、上档次也面临着不小的困境，例如，石墨烯等可应用范围非常广的优质新材料，技术成形多年但产业化进展缓慢，核心技术掌握在高校和科研机构手中，企业较难运用推广，产学研合作体系和利益共享机制亟待理顺；而部分高端合金新材料虽然已获得一定的国内外大客户批量订单，但从国内范围来看广西企业并非异质性的独家垄断厂商，下游大客户的买方垄断势力十分强大，市场竞争激烈，企业效益难以达到预期增长目标，产业整体利润空间不高。

总体来说，在新材料相关产业良好发展态势下，广西地方政府和百色、河池、贺州、梧州、崇左等稀有金属资源丰富的各地市政府应尽早出台相应产业发展规划和产业政策,明确相关细分新材料领域的战略性新兴产业地位,提供较大力度的政策支持和财税优惠,提高政府和企业对相关资源集约利用和核心新技术开发的重视程度,积极推动产业内企业间的兼并重组和资源整合,促进头部新材料企业加速创新发展,带动新材料产业整体提质增效。广西新材料各相关产业的优势企业应立足于现有技术底蕴、生产工艺和制造能力以及尽力并行全球新材料技术前沿进行不断改良,紧盯下游市场的新材料应用需求,狠抓新材料重大原发技术开发和新产品研制,与大客户结成紧密共生的利益关系,获得持续的创新发展动能。同时,拥有新材料研制高端人才团队和核心技术专利的高校和科研机构应主动加强与核心关键企业的重大技术攻关合作和技术标准制定,共同推进科研成果的产业化、商业化进程,使新产品尽快实现量产,抢占市场先机,提高新材料产业的整体经济效益和社会效益。

3.4.3 高端装备制造产业

由第 3.3 节的实证研究结果可得,装备制造业中的专用设备制造业在广西战略性新兴产业选择评价中排名第五,既具有较好的产业发展基础和一定的技术研发能力,又存在较大的发展潜力和关联带动性,符合战略性新兴产业的先导、主导特征,建筑工程用机械、农产品初加工机械、饲料生产专用设备等部分产品在全国占有一定市场份额。借助每年在南宁市举办的"中国-东盟博览会"这一跨境展销平台和国家"一带一路"建设机遇,以广西柳工机械股份有限公司为首的装备制造企业开拓东盟市场也取得了不俗成效,2017 年该公司工程机械产品在老挝、缅甸和菲律宾的销量分别同比增长180%、122% 和 104%,此外还出口到 100 多个国家和地区,这说明广西专用设备制造龙头企业的产品质量和技术实力得到了国际市场的广泛认可。

高端装备制造业较容易形成规模较大的产业集群,打造完整的地方产业链,进一步推动广西产业结构转型升级,拉动地区生产总值的增长。当前,广西高端装备制造业的发展掣肘在于传统装备制造业的技术创新空间有限,老产品产能过剩,新产品的前沿、核心、自主科技含量不高,除龙头企业以外的大多数企业经营状况不甚理想,致使整体产业经营困难,自主创新发展动能较弱，转型步伐举步维艰。根据本书的实证分析结论，广西应对发展基础较好的专用设备制造业加大投资力度，大力推动龙头企业对接汽车（含新能源汽车）、有色金属冶炼及压延加工业、黑色金属冶炼及压延加工业、化学原料及化学制品制造业这四大比较优势产业的战略性新兴发展领域对高端专用设备的需求，提高自身研发意识，加大研发经费投入，由技术引进逐步转向自主研发和创新，加强重大技术攻关，推出定制适用的高档次新品，满足区域内市场需求，再以此为基础向更大的市场范围加以推广，提高投入产出效益。通过专用设备产业的创新转型，带动广西电气机械及器材制造业，仪器仪表制造业，铁路、船舶、航空航天和其他运输设备制造业以及通用设备制造业等其他装备制造业逐渐迈向高端化。

由于高端装备制造业所需的投资体量大、产业技术变化快、市场风险高、投资回收期长，广西地方政府应对其发展施以必要扶持，通过优化相关项目的申请、审批流程，加快重大产业化项目落地，鼓励和支持重点产业园区的建设和运作，对现有产业和产品进行更专业、更精细的分工，吸附更多的全球优势产业链供应链企业加入，打造广西完整的高端装备制造产业链和先进产业集群，维护其有序、良性健康运行，形成区域品牌效应。同时，要针对前沿技术领域的智库短板，大力实施优才引进计划，建立实用人才梯度培养机制，提高产业内科技人员密度，满足产业创新发展对智力资源不断产生的大量需求，产生更多的核心技术专利。

| 第 4 章 |

广西战略性新兴产业创新能力培育
与地区创新优势实现的耦合机理研究

本章厘清后发区域战略性新兴产业创新能力培育与地区创新优势实现的理论关系；从创新投入能力、创新转化能力、创新产出能力和创新扩散能力等方面研究广西战略性新兴产业创新能力培育与广西自然资源、人力资源、资本资源、知识资源和信息资源等产业、区域方面的创新优势实现之间的耦合机理；重点在于二者之间耦合互动模型构建、耦合互动的动力机制与耦合互动的路径演化探析。

4.1 广西战略性新兴产业创新能力培育的侧重点

创新能力是战略性新兴产业为了能够顺利地完成创新活动和创新目标所必须具备的一种主观能力和条件，是通过创新投入、创新转化、创新产出以及创新扩散等创新活动的各个环节逐渐积累的知识和技能，是创新活动的重要构成和体现。战略性新兴产业创新能力具有隐性知识特性、多主体性、产业根植性、路径依赖性、全球竞争性等特点（孟梓涵，2013）。战略性新兴产业创新能力是产业创新活动中知识的积累，是多主体参与的复杂活动，根植于产业特色优势，与一个国家或地区的经济与社会环境密不可分。强化战略性新兴产业创新能力培育有利于支持国家和广西发展拥有自主创新能力、掌握重大关键和突破性新技术的战略性新兴产业及企业，增强产业系统的技

术实力、市场竞争力和经济效益，更好地满足市场对战略性新兴技术产品的
各类多重需求。

4.1.1 创新投入能力培育

创新投入能力是指在战略性新兴产业创新全过程中的人力、物力、财力
以及信息等创新资源的投入能力（如图4.1所示）。创新投入能力不仅指产
业内部的创新投入能力，也包括产业外部环境的创新投入能力。人力资源的
投入可分为产业内原有的人力资源以及产业外新引进的研发人员。外部稀缺
人力资源的顺利引入与产业发展潜力、薪酬待遇、升职空间以及所在城市的
配套基础设施条件等有着密不可分的关系。物力、财力以及信息等创新资源
的投入与产业基础、政府支持力度、市场开放程度以及产业竞争优势有着更
为直接的关联。创新投入能力作为创新活动链条上的首要环节，其高低直接
影响到其他能力的投入水平，是战略性新兴产业创新能力的基础。拥有较强
创新投入能力的产业在创新活动中具有较高的创新成功率，高质量的创新投
入为战略性新兴产业带来更高的创新绩效。

广西战略性新兴产业创新投入来源，具体如图4.1所示。

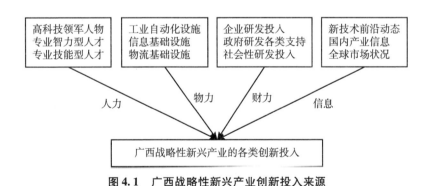

图 4.1　广西战略性新兴产业创新投入来源

广西作为后发区域，综合经济实力不强，产业基础总体较薄弱，人均收
入与发达地区相比差距较大，这些客观不利条件使得广西对全国优质人才的
引流能力较为欠缺，而自身培养高端人才的能力也十分有限，全区仅有广西
大学唯一——所"211工程"高校，政府、企业、高校、科研机构等多方联手

创造条件"引智入桂"刻不容缓，为此应着力深化核心骨干科技人才薪酬市场化改革以给予其切实激励。同时，战略性新兴产业的重大突破性创新活动需要大量、持续的科研经费投入用于新技术、新产品研发的不断试错过程，风险大、不确定性高，广西大多数战略性新兴产业相关企业不具备充分的创新物力和财力，政府应针对重大基础性、原创性、突破性创新活动，加大直拨科研经费、研发经费加计扣除优惠、财政补贴、科技成果奖励等方面的支持力度，从物质层面保障广西战略性新兴产业获得优质的创新投入资源。而从广西各级政府对科研活动的经费投入来看，2016 年广西企业获得的研发政府资金为 3.3 亿元，仅占研发全部开支的 4%，大大低于全国 20% 的平均水平，因此，加大政府对广西战略性新兴产业重大基础、尖端技术研发的直接相关资金支持无疑是提高产业创新投入能力的重要推手。此外，战略性新兴产业立足于重大技术突破，广西各类创新主体唯有密切、及时、全面地关注和掌握全球新兴技术前沿和产业发展动态信息，才能选准产业发展的技术路线、发展方向和战略重点，使物质、人力等其他创新投入实现材（才）尽其用。

4.1.2　创新转化能力培育

创新转化能力是将创新投入转化为新技术、新产品的能力，是战略性新兴产业创新能力的核心与关键。创新转化能力主要通过不同的创新合作，如产业联盟、"产学研"合作以及企业自身进行自主研发创新等方式，实现组织学习的增长，进一步提高创新转化效率。通过研发活动，战略性新兴产业将人力、财力等创新投入转化为创新知识和创新产品，这一过程受到创新主体的创新转化能力的限制。创新转化能力直接反映了一个产业在研发创造过程中展现出的产业基础和发展潜力。一个产业只有具备良好的创新转化能力，大量的高技术人才以及科研经费等资源的投入才能有效地转化为新知识、新技术、新产品，才能在激烈的市场竞争中占据有利地位，也才有作为战略性新兴产业重点培育和发展的可能。创新转化作为产业创新活动中一个关键性节点，在较大程度上决定了战略性新兴产业的创新效率，成为创新投入和创新产出之间的桥梁和纽带。

根据央视网的消息，与全球创新型国家相比，我国作为发展中国家在相关指标方面还存在一定差距，多项综合创新能力排名世界第 20 位，对外技术依存度高于 40%①；特别在核心技术、关键技术上对外依存度高达 50%，高端产品开发上 70% 技术要靠外援技术，重要的零部件 80% 需要进口，一些关键的芯片甚至是 100% 进口，其花费远超过原油进口。② 而广西受制于经济、社会等多重因素影响，多年来坚守传统工业、以接受东部发达地区落后产能转移为主的产业发展思路，使得科技创新转化能力相较于全国大部分省份而言更为薄弱，这主要体现在发明专利申请授权量和新产品开发偏少，大量高新技术依靠引进。根据《中国统计年鉴》数据，2016 年，广西有效发明专利数为 6010 件，只占全国发明专利存量的 0.8%，在各省份中排名第 24 位；新产品开发项目共计 3217 个，占全国总开发数的 0.8%，而同期邻省广东的新产品开发项目达到 66843 个，广西仅为其 4.8%，也落后于西部创新强省四川 8846 件、陕西 4506 件的水平（如表 4.1 所示）；县及县级以上政府所属研究与开发机构共发表科学论著 3132 部（篇），同比减少 18.2%。以上关键数据充分反映了广西创新转化能力较为薄弱，难以支撑起战略性新兴产业的快速成长，必须把切实提升创新转化能力作为战略性新兴产业创新发展的核心要务，大幅改善各类创新资源转化为新技术、新产品的可行性及效果，用高质量的创新成果引领驱动产业创新发展。

表 4.1　　　　　　　　广西与国内典型省份的创新转化能力对比

项目	广西	广东	四川	陕西
有效发明专利数（件）	6010	236918	24065	11520
有效发明专利全国占比（%）	0.8	30.8	3.1	1.5
新产品开发项目（个）	3217	66843	8846	4506
新产品开发全国占比（%）	0.8	17.1	2.3	1.1

资料来源：中华人民共和国国家统计局. 中国统计年鉴（2017）[M]. 北京：中国统计出版社，2017.

---

① 迎接科技创新的未来：加快科技成果转化 增强自主创新能力 [EB/OL]. http：//news. cctv. com/2018/07/21/ARTIvXImbtZRGe4FYVvhOcWx180721. shtml.

② 我国核心关键技术对外依存度高达 50% [N]. 经济参考报，2015 - 12 - 22.

4.1.3　创新产出能力培育

创新产出能力是战略性新兴产业的创新主体（企业、高校和研发机构）将其自主研发创新或通过创新合作得到的新技术、新产品进行产业化、商业化的能力。如何将产业创新投入通过创新转化活动得到的新知识、新技术运用到新产品开发及其实际生产过程中并获得市场广泛认可，即为创新产出需要解决的核心问题。如果创新主体创造的新技术、新产品无法实现有效的产业化、商业化，只能作为静态知识产权与智力成果被束之高阁，那么创新主体前期的创新活动对于产业发展而言将毫无意义，反而造成了科技资源、资金和人才的严重浪费。对企业而言，创新产出能力主要受到创新投入能力、创新转化能力、生产设备及原材料、工人熟练度、生产工艺、市场需求等因素的综合影响。其中，企业创新投入主要包括研发投入和人力投入，研发投入是企业创新成果产业化的一个重要组成部分（Simmen & McCann，2008），人力投入是企业实现创新成果产业化的重要保障（Kleinschmidt et al.，2007；Arundel，2001）；创新转化能力实质是通过创新所获得的知识诀窍、技术、信息的成果化，主要以所获得的发明专利等各类授权专利、新产品开发、著作和论文的著作权等数量为计；生产设备及原材料、工人熟练度、生产工艺是实现创新成果产业化的客观物质基础，决定着创新成果能否顺利地实现规模化、系列化；而市场需求则是判定创新主体各类创新活动的最终价值的唯一标尺，只有不断迎合市场现时及未来快速多变、个性化、使用场景复杂化的多元化需求，在满足终端市场消费的同时为自身带来收益的增长，创新活动才是有价值的（如图4.2所示）。在此过程中，创新主体需要对"创新投入→创新转化→创新产出"的整个过程进行创新管理，包括创新内部环境和创新外部环境的管理，其中，创新内部环境管理是对创新涉及的各种内部要素、部门进行优化整合和协调配合，提高研发、生产工艺、市场开发、物流与供应链管理等方面的创新成效；创新外部环境管理主要是指由于经济环境、技术环境、社会环境和政策环境等创新外部环境，处于不断的动态变化中，创新主体必须对这些创新外部环境的变化进行前瞻性的判断与分析，才能在创新方向确定、技术路线选择、资源筹备、市场定位、竞争战略制定等方面做好预先规划。

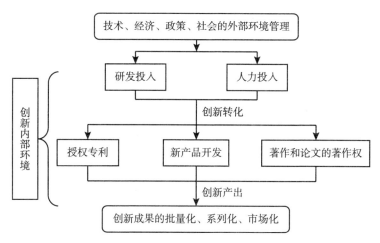

图 4.2 战略性新兴产业创新产出系统模型

战略性新兴产业创新产出能力的重点培育既是产业"战略性"的要求，又是其"新兴性"的题中之义。当前，困扰我国战略性新兴产业创新主体的重要问题是关键技术层面的异质性不足，部分核心技术、产品和产业链供应链环节受制于人，高技术自主品牌产品的国际市场认可度依然较低，国内市场竞争激烈，一些战略性新兴产业的中低端产品已出现一定的产能过剩，企业难以步入增收增益的创新发展循环。原因在于，中国科技成果的转化率只有 25% 左右，产业化的数量不足 5%，高技术产品出口方面自主品牌出口在 10% 左右[①]；而美国早在 20 世纪 90 年代其科技成果转化率就已高达 80%，以硅谷为代表的高科技产业集聚地成为美国新兴产业竞争力的最有力体现，涌现出微软（Microsoft）、亚马逊（Amazon）、苹果（Apple）、谷歌（Google）、英特尔（Intel）、国际商用机器（IBM）、高通（Qualcomm）、英伟达（NVIDIA）、特斯拉（TSLA）等一批引领全球市场的高科技公司，使美国高技术产品出口占其出口总额比重约为 20%[②]，且述不包括美国大企业全球化制造、销售的份额。

---

① 迎接科技创新的未来：加快科技成果转化 增强自主创新能力 [EB/OL]. http：//news. cctv. com/2018/07/21/ARTIvXImbtZRGe4FYVvhOcWx180721. shtml.

② 盛雯雯，李世刚."汇率操纵论"不应成为中美经贸合作的绊脚石 [EB/OL]. http：//economy. gmw. cn/2017 – 11/14/content_26782263. htm.

广西作为产业创新能力较为薄弱的地区，面临的情况则更为窘迫。2016年，广西出口高新技术产品237.4亿元，占全区出口总额的15.6%，但其中绝大部分属于非自主品牌的国内外 OEM 代工产品，这与广西科技成果转化率仅为12%、不及全国科技成果转化率一半的现实困境有着极大关联。因此，广西战略性新兴产业要想通过创新驱动产业成长壮大，必须尽快提升地区科技成果转化率，加快科技创新成果的产业化、商业化步伐。重点应从以下几方面入手：一是应将战略性新兴产业创新发展的战略眼光置于全球市场，重点紧跟东盟、"一带一路"沿线国家以及东部发达地区等市场需求的变化，培养市场敏锐度，以市场促创新，着力开发符合世界科技前沿、真正富有高科技含量、异质性的新产品，高起点地打造本地自主高技术品牌，并利用好国内国际双循环的新发展格局、采取多种方式进行产品及品牌推广，逐渐打开国内外市场知名度；二是找准战略性新兴产业链关键节点进行高端定位，与全球上、下游节点的强势企业形成动态优化的"新木桶效应"，相互促进、共荣发展；三是积极推动新一代信息技术、自动化技术与制造业的深度融合，贯穿全创新链、全产业链、全价值链，大幅提高劳动生产率，再造生产流程，降低创新成果的批量及系列化制造成本，通过高效的供应链管理使库存周期压缩至最短，增加产业、企业盈利；四是加强高校、科研机构与战略性新兴产业企业之间针对新兴前沿应用技术开发的深度合作，以市场需求为导向，采取定制化的方式提高科技创新成果的转化率，使企业能够充分挖掘新技术、新产品的市场应用前景，积极开展产业化路径探索，采取切实之举促进科技创新成果的成功转化，实现产业创新红利，同时对提供相关知识产权的高校、科研机构给予高激励性报酬，使之有足够的动力从事更进一步、更高层次、更新领域的重大原发技术基础研究工作，在战略性新兴产业各类相关创新主体之间形成价值共赢态势。

4.1.4 创新扩散能力培育

创新扩散能力是战略性新兴产业进行创新活动的最后一环，主要受到新技术、新产品扩散所处的经济、社会环境和产业自身的扩散渠道建设能力的影响。创新扩散能力间接地影响着创新投入能力、创新转化能力和创新产出能力，是战略性新兴产业创新的重要驱动力。创新扩散能力培育的关键在于扩散渠道的建设和拓展，既需要资源的投入又需要知识的积累。一个产业良好的创新扩散能力不仅可以在产业链上下游营造出和谐的合作分工氛围，而且对其他相关产业的技术能力提升也有着积极的促进作用。战略性新兴产业只有不断增强技术创新扩散能力，理顺和拓宽扩散渠道，把握受众心理，才能在市场竞争中抢占先机，占据优势地位，形成品牌效应，从而扩大生产规模，带动地区经济增长，这又会进一步增强该产业的技术创新投入能力、创新产出能力、创新转化能力与创新扩散能力，如此形成良性循环。

"创新扩散"（diffusion of innovation）一词由美国著名传播学者埃弗雷特·罗杰斯（Rogers）于 20 世纪 60 年代提出，系指通过媒介劝服人们接受新观念、新事物、新产品，他认为创新的传播包含认知（knowledge）、说服（persuasion）、决定（decision）、实施（implementation）以及确认（confirmation）五个步骤，并将创新扩散的受众按其接受和采纳创新的速度划分为创新者（innovator）、早期采用者（early adopters）、早期大众（early majority）、晚期大众（late majority）以及落后者（laggards）五类群体，由此说明创新扩散的过程呈现 S 形曲线变化（如图 4.3 所示）。①

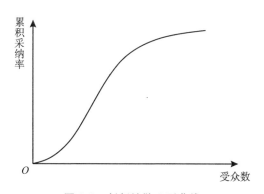

图 4.3 创新扩散 S 形曲线

资料来源：Rogers E M. Diffusion of Innovations ［M］. New York：The Free Press, 1962。

本书对传统创新扩散模型进行扩展应用，认为在广西战略性新兴产业的

---

① Rogers E M. Diffusion of Innovation ［M］. 5th. New York：The Free Press, 2003.

技术创新扩散过程中，各类创新相关主体应发挥其应有之用。

（1）高校、专业研发机构以及从海内外引进的顶尖人才、学科带头人等各类直接创新主体应在战略性新兴产业的基础科学和新兴科技前沿上立足于自主创新，加强重大原发性基础研究，并通过构建大学科技园、云技术服务平台、开放实验室、科技创新型企业孵化器等多元化、定制化方式积极对接战略性新兴产业企业的新兴技术攻关与新产品开发需求，为产业创新发展累积坚实的技术储备。

（2）企业作为新兴技术应用的行为主体，根据市场需求趋向对原发性、突破性技术创新成果的商业化价值认知和判断是决定产业技术创新扩散速度的关键一环，其对新技术、新产品的商业化价值预期越高，吸收采纳技术创新成果的欲望就越强烈，技术创新扩散发生的可能性越高、速度越快、产业链波及面越广。

（3）政府是战略性新兴产业发展规划的制定者与推动者，应通过财税特殊制度安排、设立先导性产业投资基金等方式，为产业技术创新扩散保驾护航。目前，广西重大原创技术创新能力薄弱的瓶颈，恰恰是本地基础研究能力、研发投入意愿不足所致，究其原因在于各类技术创新主体开展重大原发创新所需要的大量、持续性的研发投入因研发本身的高风险性、回报率和投资回收期的不确定性等原因而难以得到充分、可靠的保障。2016 年，广西高校、政府所属科研机构、企业所属技术开发机构的基础研究支出共计 12 亿元，占全区研发经费内部支出的 10.2%，其中来自广西地方政府的资金仅为 8% 左右，而美国地方政府对基础研究投入则接近 20%[①]，这说明广西地方财政对基础研究的科研投入明显不足，无法对战略性新兴产业创新成长及其在产业体系中先导性功能的发挥起到关键的促进作用。因此，广西各级地方政府应高度重视并采取有效举措大力增加对战略性新兴产业重大原发性基础研究的直接研发资金支持和奖励、补助力度，保障基础研究在战略性新兴产业技术创新扩散中的基石地位。

（4）科技中介服务机构在技术创新成果扩散过程中承担着促进高校、专业科研院所、企业等不同创新行为主体间知识流动和技术转移的功能，主要

---

① 我国基础研究投入不足，结构不合理，迫切需要"无用之用"［N］. 中国青年报，2018 - 04 - 16.

提供科技评估、成果转化、创新创业服务、创新决策和科技咨询、科技资源流动配置等专业化服务，在减少全社会创新成本、降低创新风险、加快科技成果转化、提高产业创新系统效能等方面发挥着极其重要的作用。例如，发达国家科技成果转化率普遍达到 40% 以上，反观我国只有 10%，这与发达国家科技中介服务业经过百年发展历程已形成完善、成熟、高效的专业化、社会化科技中介服务体系有着很大关联。广西科技中介服务机构相较于全国而言更是起步晚、规模小，现有总量约为 100 多家，90% 以上的机构主要从事科技咨询、科技情报、技术推广及示范等业务，具体类型包括生产力服务中心、技术交易市场、科技评估中心、技术经纪人事务所、科技无形资产评估事务所等。借鉴发达国家的成功经验，广西战略性新兴产业在起飞阶段应同步做好科技中介服务组织的发展工作，针对其长期存在的过度依赖政府、市场化运作程度较低、服务范围窄、专业化人才不足等问题，应采取切实有效的措施理顺管理体制、优化运作机制、开展全方位服务、培养专业技术理论与产业实践经验兼备的科技服务中介队伍，促进产学研合作能够真正在战略性新兴产业中形成技术创新扩散效应。

（5）金融支持机构包括银行、非银金融机构、风险投资机构以及境外创新投资基金等，广西高校、专业科研机构、科技中介服务机构等技术转移行为主体应以关键、前沿、可产业化和商业化的高科技创新成果积极吸引各类金融支持机构为其新技术转移与推广提供所需的资本供给，必要时可由政府出面给予适当的担保，这既体现了国家"金融支持实体经济发展"的战略导向，也解决了战略性新兴产业技术创新扩散主体普遍面临的资金匮乏问题。

广西战略性新兴产业通过以上技术创新扩散行为主体各司其职、各尽其能，合力形成一个系统、动态、高效的技术创新扩散虚拟网络，促进最新开发成功的重大前沿创新成果能够第一时间被地区战略性新兴产业的实践者所关注、采纳、应用以及成功产业化、商业化，而后迅速扩散至整个地区产业体系，真正实现用先进科技改进生产力。广西战略性新兴产业中，技术创新扩散行为主体之间的交互关系及运作机理如图 4.4 所示。

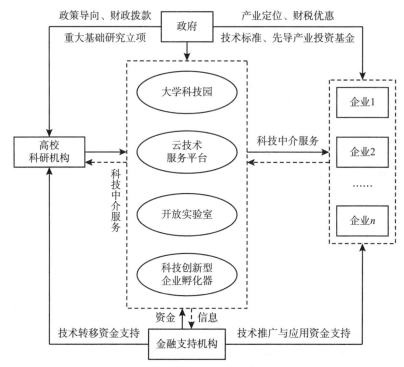

图 4.4　广西战略性新兴产业创新扩散网络的关系及运作机理

4.2　广西地区创新优势的潜在来源

4.2.1　自然资源潜在优势

就自然资源的充裕度而言，广西地区比较优势非常明显，发展战略性新兴产业具有现实、可靠的物质基础和条件保障。

广西地处中国大陆东、中、西三个地带的交汇点，总面积 23.6 万平方千米，连接粤港澳、中南、西南和北部湾，与东盟陆海相连，是全国唯一沿海、沿江、沿边的省份，是华南经济圈、西南经济圈与东盟经济圈的结合部，是西南乃至西北地区最便捷的出海通道，也是联结粤港澳与西部内陆地区的重要通道，具有连接中国西南、华南、中南以及东盟大市场的枢纽地位。广西战略性新兴产业可以依托区域独特的地理位置，利用"一带一路"建设、中国－东盟自由贸易区"升级版"建设、粤港澳大湾区建设以及广西自身加快"南向、北联、东融、西合"全方位开放发展新格局①构建等区域一体化发展的有利契机，大力拓展与其他国家和地区的经济、产业、贸易、技术与产品市场开发等方面的合作。

广西水资源丰富，拥有邕江、郁江、西江、左江、右江等51条主要河流，可开发利用率高，水质总体优良。河流年径流总量达4220亿立方米，占全国水资源总量的6.9%；水能资源理论蕴藏量2133万千瓦，居全国第8位；可开发装机量达1751万千瓦，居全国第6位。其中，西江流域作为华南地区最长、中国第三长的河流，广西境内集水面积共计20.24万平方千米，占全西江流域集水面积的85.7%，水资源总量约占广西水资源总量的85.5%；红水河被誉为全国水电资源的"富矿"，广西水能资源蕴藏量的近71%集中在红水河段，是我国第三大水电建设基地之一，主要规划有天生桥一级、天生桥二级、平班、龙滩、岩滩、大化、百龙滩、乐滩、桥巩、大藤峡10个梯级电站以及西江干流浔江段下游的长洲水利枢纽。丰富的水资源储量使得广西非常适合大力发展水能作为清洁能源，可通过技术创新，不断改进技术、提高产能，将水能运用到更多领域。同时，水资源也是广西沿江开放开发航运规划中的重要支柱，为广西战略性新兴产业对接广东、云南、贵州、重庆、四川等地的物资流通提供了便捷的水上通道，有助于降低大宗原料和商品的物流成本。

广西属于矿产资源富集区，资源优势明显，特别是有色金属矿产种类多、储量大、品位高、质量好、开采方便，是我国10个有色金属重点产区之一，素有"有色金属之乡"之称。根据2011年广西国土资源厅开展大规模地质找矿工作的勘查结果，全区已发现矿种145种（含亚矿种），已查明资源储量的矿产有97种，约占全国已查明矿种资源储量的42.92%，初步探明矿产资源5亿多吨，勘采开发的提升空间巨大。其中，有色金属（锡、锑、铅、锌、铝、钨）、黑色金属（锰、钛）、贵金属（金、银）、饰面石材和其他非金属（膨润土、高岭土、滑石等）的保有资源储量较大，是广西的优势矿

① 广西构建"南向、北联、东融、西合"全方位开放发展新格局［EB/OL］. 中国新闻网，http://www.chinanews.com/gn/2019/09－02/8944768.shtml.

产。另外，广西稀土矿产资源成为新的矿藏亮点，主要独居石、磷钇矿、离
子吸附型稀土矿和伴生在钛铁矿、锰矿和铝土矿中的伴生矿等①（如表 4.2
所示），储量在全国名列前茅，紧缺的重型稀土资源储量居全国第四位，轻
稀土矿居全国第九位，其中，离子吸附型稀土资源预测总量居全国第一位，
但目前广西稀土资源勘探、开发的程度都很低，是全国稀土资源丰富的省区
中唯一没有进行规模开发利用的"处女地"。② 因全球中重型稀土市场未来若
干年存在一定的供给短缺，广西中重型稀土资源具有很大的开发前景和潜在
市场价值。丰富的矿产资源将为广西大力发展新材料、新能源汽车、高端装
备制造、电子信息等战略性新兴产业提供充足的原材料，有利于企业进行重
大新技术、新产品的研究与开发。

表 4.2　　　　　　　　　　广西稀土资源矿藏分布

项目	重稀土矿产地	轻稀土矿产地	轻稀土独居石砂矿产地
矿床数（处）	3（大型矿床 2 处、中型矿床 1 处）	2（大型矿床 1 处，其余为小型矿床）	6（大型矿床 3 处、中型矿床 2 处、小型矿床 1 处）
区域分布	北流、陆川等桂东南县市	桂东北钟山、富川和桂东梧州及桂西南崇左等市县	桂东南北流、陆川、岑溪和桂南上林、合浦等市县
保有储量（吨）	36863	165574	58189
全国排名	1	3	7

资料来源：中钨在线. 广西矿产资源分布概况（含稀土分布）［EB/OL］. http：//www. ctia. com. cn/Article/2012/101001. html.

广西是中国十四个沿海省份之一（含直辖市和港澳台），海域面积 12.92
平方公里，海岸线达 1595 公里，有浅海、滩涂 19.2 万公顷，蕴藏着丰富的
海洋生物、矿产、能源、港航和旅游资源。海洋生物资源方面，初步探明有
鱼类资源 500 多种、虾类 200 多种、蟹类 190 多种、头足类约 50 种以及种类
众多的贝类、藻类等，持续资源藏量达 180 多万吨，其中有中华白海豚、儒
艮、中国鲎、文昌鱼、海马、海蛇等珍稀或重要药用生物，牡蛎、海参、毛

① 曾庆春. 广西稀土资源的分布与前景［J］. 科学之友，2011（2）：124 – 125.
② 广西有色待嫁：中铝中色争夺意在稀土［N］. 21 世纪经济报道，2010 – 11 – 25.

蚶、文蛤、青蟹、珍珠贝、江篱、藻类等蕴藏量极大。[①] 海洋矿产资源方面，南海大陆架北部湾盆地石油和天然气储量大，滨海矿砂储量丰富。充裕的海洋资源为广西大力发展海洋产业奠定了良好的基础，有利于吸引高校和科研机构聚焦海洋进行相关科研工作。

4.2.2　人力资源潜在优势

适龄劳动人口的数量和人力素质是影响战略性新兴产业发展的关键因素。广西属于全国人口稠密的地区之一，人口总量总体上呈现上升趋势，从 1995 年的 4543 万人增加到 2017 年的 5600 万人，二十余年来增长了 23.3%；劳动力资源总数从 2907 万人增加至 3498 万人，增长了 20.3%，且 2012~2017 年保持了持续的逆势正增长态势，而同期中国劳动力资源总数则先略增而后近三年连续出现下滑态势（如图 4.5 所示）。2017 年，广西人口密度为 206 人/平方千米，较 2010 年增长了 2.5%，超出全国平均水平 60 人/平方千米；劳动力资源总数占总人口数的 71.6%，高于全国平均 13.6 个百分点；劳动力资源利用率为 81.3%，低于全国 96.2% 的平均水平，未来劳动力资源有进一步挖掘的潜力。

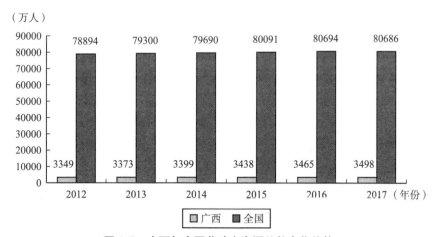

（万人）

图 4.5　广西与全国劳动力资源总数变化趋势

资料来源：广西壮族自治区统计局. 广西统计年鉴（2017）[M]. 北京：中国统计出版社，2017。

---

① 广西壮族自治区海洋局. 广西壮族自治区海洋经济发展"十二五"规划 [EB/OL]. http：//www.doc88.com/p－1761985134008.html.

　　随着世界科技进步，人力资源与经济发展的关系越来越密切，人力资源素质成为产业发展的攸关因素。根据广西统计局数据，2000～2017年，广西6岁及以上人口受教育结构逐步优化，受教育程度为初中、高中、大专及以上人口在总人口中的占比逐年增加（如图4.6所示），且增长速度高于全国平均水平。小学文化程度人口所占比重从2000年的45.6%下降至2017年的30.8%，初中、高中（含中职）、大专及以上人口所占比重则分别从35.2%、10.4%和2.6%提高至41.1%、15.5%和9.2%，其中，大专及以上人口所占比重的增幅最为明显。虽然广西高中（含中职）和大专及以上人口占比在全国范围内仍属于偏低状态，但可以通过增强高校师资力量、扩大招生规模、构建职业教育体系等方式，进一步提高具有熟练专业技术能力和高素质人才的比例；同时，通过优化人才引进政策，完善人才培育制度，对现有从业人员进行专业技能业务培训，亦可大幅提高人力资源素质。

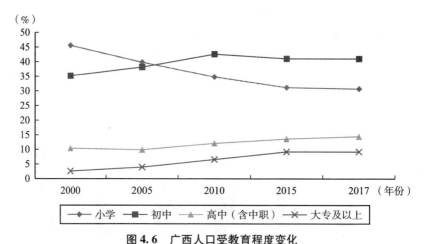

图4.6　广西人口受教育程度变化

资料来源：广西壮族自治区统计局．广西统计年鉴（2017）［M］．北京：中国统计出版社，2017。

　　从人口的年龄构成来看，2017年，广西0～14岁、15～64岁以及65岁及以上人口占总人口的比重分别为22.11%、67.94%和9.95%，年龄构成较优，属于成年型人口结构；劳动力人口平均年龄为36.3岁，与全国劳动力人口的平均年龄 35.9 岁①基本持平，但广西 0～14 岁人口占总人口的比重却比全国高出 5.3 个百分点，这说明广西未来劳动力人口相较于全国总体而言更为年轻化，有充足的青壮年人口能够从事劳动生产活动。以上数据反映广西仍保持一定的人口红利，有利于战略性新兴产业获取所需的人力资源，扩大创新投入来源。而且，随着广西战略性新兴产业体系的逐步形成以及产业链龙头企业优质供应链配套企业数量的不断增加，势必吸引越来越多的外出其他省份工作和就学的各类适龄劳动人口回流，从而更好地助力广西战略性新兴产业发展壮大。

4.2.3 资本资源潜在优势

近几年，广西资本市场稳中有进，市场主体数量逐步增加，多层次股权市场体系日益完善，债券市场投融资规模大幅度增长，证券期货基金业服务实体能力不断增强。2017 年，广西资本市场直接融资总额 179 亿元，其中上市公司股权融资 10.97 亿元，公司债券融资 163.75 亿元，新三板挂牌公司定向增发融资 4.28 亿元②；同年，广西财政厅首次通过上交所发行地方政府债券 275 亿元③，进一步拓宽了地府政府债券的发行渠道。在股权融资方面，2015 年，广西壮族自治区政府与深交所签订全面战略合作协议，形成了政府、交易所和监管部门"三位一体"的上市后备企业挖掘、培育和服务机制④，涉及主板、创业板、新三板以及区域股权市场、债券市场的多层次资本市场格局基本形成。截至 2017 年末，广西共有 A 股上市公司 36 家，股份总额为 375.33 亿股，总市值 3058.73 亿元；新三板现有挂牌公司数量达 72 家，较 2016 年增长 20%；资本市场直接融资总额 179 亿元，其中，股权融资 10.97 亿元，债券融资 163.75 亿元；区域股权市场挂牌企业 2721 家，同比增

---

① 中央财经大学中国人力资本与劳动经济研究中心.中国人力资本报告 2018 [R]. http：//www.sohu.com/a/281467146_99950929.

② 中国人民银行南宁中心支行金融稳定分析小组.2017 年广西壮族自治区金融稳定报告 [J].区域金融研究，2018（4）：5-11.

③ 广西将在上交所发行 275 亿元政府债券 [EB/OL]. http：//kuaixun.stcn.com/2017/0814/13555237.shtml.

④ 万钧.2015 年广西资本市场回顾及 2016 年展望 [J].区域金融研究，2016（1）：14-17.

长 16.4% 。近年广西资本市场直接融资情况如图 4.7 所示。

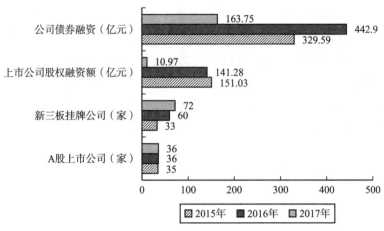

图 4.7 广西资本市场直接融资变化

此外，在国家壮大工业体系、大力推动工业高质量发展的大背景下，2020 年广西有 27 家企业入围了由工业和信息化部公布的第二批 1584 家专精特新 "小巨人" 企业名单，包括广西美斯达工程机械设备有限公司、广西南宝特电气制造有限公司、广西力源宝科技有限公司、广西白云山盈康药业有限公司、桂润环境科技股份有限公司、南宁八菱科技股份有限公司、柳州酸王泵制造股份有限公司、耐世特汽车系统（柳州）有限公司、柳州市通顺汽车部件有限责任公司、广西建工轨道装配式建筑产业有限公司、柳州莫森泰克汽车科技有限公司、柳州凌云汽车零部件有限公司、柳州东方工程橡胶制品有限公司、柳州源创电喷技术有限公司、中国化学工业桂林工程有限公司、桂林优利特医疗电子有限公司、桂林智神信息技术股份有限公司、桂林海威科技股份有限公司、桂林莱茵生物科技股份有限公司、桂林光隆科技集团股份有限公司、桂林市啄木鸟医疗器械有限公司、梧州市三禾添佰利五金加工有限公司、广西碧清源环保投资有限公司、广西睿奕新能源股份有限公司、防城港澳加粮油工业有限公司、贵港市嘉龙海杰电子科技有限公司和靖西湘潭电化科技有限公司，实现国家级专精特新 "小巨人" 企业零的突破，说明这些企业具备细分市场龙头、研发创新能力强、掌握关键核心技术、市场占有率高、质量效益佳的产业链节点排头兵属性。[①] 从上述广西 27 家国家级专精特新"小巨人"企业所涉及的产业范围来看，涉及新能源汽车、生物医药、高端装备制造、节能环保、新能源、新材料、电子信息七大战略性新兴产业，且属于非上市公司，未来可利用国家科创板、创业板、新三板等多层次资本市场以及推进全面注册制改革的有利条件，推动专精特新"小巨人"企业上市直接融资，加强产业链关键环节基础研究与应用研究，实现战略性新兴产业成长、企业科技创新与资本市场之间的良性循环。

证券期货基金方面，随着"引金入桂"政策实施力度的不断加大，广西沿边金改试验区合资证券公司指标落地取得重要进展，资本市场日益开放，证券期货公司通过客户资产管理、期现货结合、企业风险管理等手段增强地方优质企业及龙头企业抗风险风力，服务实体经济能力不断提升。截至 2017 年底，广西有本地证券公司 1 家即国海证券，证券分公司及下属营业部分别为 27 家、194 家，各同比增长 42.1%、5.4%，2017 年证券交易额 3.37 万亿元；期货分公司及其营业部各为 2 家和 31 家，同比基本持平，代理期货交易额 1.84 万亿元；公募基金公司 1 家，管理公募基金 31 只、基金规模 291.59 亿元，分别同比增长 14.8%、44.8%；已登记私募基金管理机构 71 家、管理私募基金 102 只、私募基金规模 271 亿元，分别同比增长 69%、64.5%、57.2%。[②] 广西多层次资本市场的逐步完善及利用率的不断提高，有利于为战略性新兴产业的创新与发展提供充足的社会资本支持，缓解科技新兴企业的融资困境，鼓励企业合理运用社会资金进行产品研发和技术升级。

4.2.4　知识资源潜在优势

知识资源是经智力劳动发明和创造而进入经济系统的人类知识精华，是现代产业进步的源泉，对社会物质和精神财富增长起到巨大的推动作用，通常以专利、版权、技术诀窍、品牌、商誉等作为其最直接的体现，其中，发明专利的数量和质量已经成为一个国家和地区自主创新能力和经济竞争力的

---

① 广西 27 家企业首次荣获国家级专精特新"小巨人"企业称号 [EB/OL]. 人民网 - 广西频道，http：//gx.people.com.cn/n2/2020/1230/c399862 - 34504086.html.

② 万钧.2017 年广西资本市场回顾及 2018 年展望 [J]. 区域金融研究，2018（1）：13 - 15.

重要评价指标。① 随着广西经济增速不断加快，技术创新能力不断增强，知识资源创造水平也逐步提高。2012 年 1 月，广西壮族自治区人民政府为进一步丰富其专利知识资源，深入实施创新驱动发展战略和知识产权发展战略，制定发布了《广西发明专利倍增计划》，提出"发明专利申请量平均每年达到或接近翻一番，到 2015 年，全区每万人口发明专利拥有量达到 3 件以上"的总体目标②，使得近几年全区专利申请数量持续上升，知识资源存量快速增长，知识产权保护制度和法律也日趋完善。据广西知识产权局统计，2010 ~ 2016 年，广西专利申请量、专利授权量连续多年持续上升，增速居于全国前茅（如图 4.8 所示），其中，专利申请量从 2010 年的 5117 件增加到 2016 年的 59231 件，平均年增长 46.6%；专利授权量从 3647 件增加到 14852 件，平均年增长 28%；发明专利申请量从 1574 件增至 43078 件，平均年增长 69.7%；发明专利授权量从 426 件增至 5158 件，平均年增长 50.1%。2017 年，广西专利申请 56957 件，同比增长 8.15%，其中发明专利申请 37968 件；专利授权 15263 件，同比增长 1.04%，其中发明专利授权 4552 件（如图 4.8 和图 4.9 所示）。根据《2017 年广西壮族自治区知识产权保护状况》白皮书，广西区域知识产权指数和知识产权产出水平分列全国第 16 位、第 9 位，每万人口发明专利拥有量增长率也位居全国第 9 位。③

从专利构成来看，根据广西知识产权局数据，在专利申请上，2017 年广西发明专利申请量占申请专利总量的 66.67%，实用新型专利申请量和外观设计专利申请量分别占总申请量的 25.59% 和 7.74%；在专利授权上，广西发明专利占授权专利总量 29.83%，实用新型专利授权量和外观设计专利授权量分别占总授权量的 50.79% 和 19.38%。发明专利作为更体现创造性、创新性的一种知识产权，其专利申请量远远领先于实用新型专利和外观设计专利，但其授权量占比远低于申请量占比，这说明在国家和广西地方政府相关

---

① 广西壮族自治区科技厅. 广西实施发明专利倍增计划推进全民发明创造 [EB/OL]. http：//www. most. gov. cn/dfkj/gx/zxdt/201202/t20120223_92636. htm，2012 – 02 – 23.

② 广西壮族自治区人民政府办公厅. 广西发明专利倍增计划 [EB/OL]. 广西壮族自治区人民政府门户网站，http：//www. gxzf. gov. cn/zwgk/zfwj/zzqrmzfbgtwj/2012ngzbwj/20120328 – 410419. shtml，2012 – 03 – 28.

③ 广西壮族自治区知识产权局. 2017 年广西壮族自治区知识产权保护状况（白皮书）[EB/OL]. http：//www. gxst. gov. cn/gxkjt/xxgk/20180425/.

科技创新政策的鼓舞和引导下，广西高校、科研机构、企业对于新技术、新产品的原创积极性、自主性有了很大提升，今后仍需要在发明质量和成效上有所加强。总体上看，广西知识资源后发增长优势正在逐渐积累和显现，这从最具说服力的专利综合实力指数变化中可以得到反映，广西在全国的排名出现节节攀升的趋势，从 2010 年的第 29 位上升至 2017 年的第 18 位（如图 4.10 所示），这说明广西的知识资源创新能力已从过去的下游跃升至中游水平。

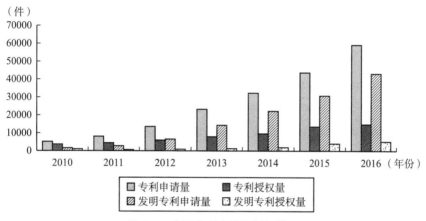

图 4.8　广西专利申请及授权情况

资料来源：广西壮族自治区知识产权局。

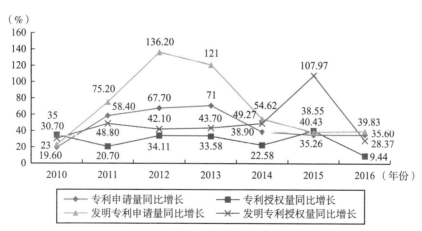

图 4.9　广西专利申请及授权增长情况

资料来源：广西壮族自治区知识产权局。

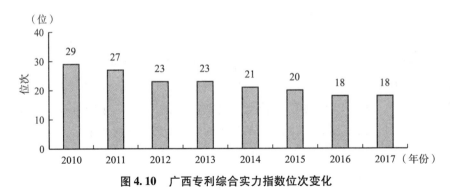

图 4.10　广西专利综合实力指数位次变化

资料来源：广西壮族自治区知识产权局。

"十三五"以来，为开启新一轮发明专利增量提质的新局面，2015 年 12 月广西壮族自治区知识产权局制定发布了《广西发明专利双倍增计划 (2016—2020 年)》，提出"全区发明专利申请量达到 15 万件以上，授权量在'十二五'基础上实现双倍增长；到 2020 年末，每万人口发明专利拥有量达到 6 件，在 2015 年末基础上实现双倍增长，发明专利结构明显优化，将广西建设成为全国知识产权后发赶超示范区"的主要目标。[①] 在此推动下，2020 年，广西拥有发明专利 25163 件，每万人口发明专利拥有量为 5.12 件，分别较 2016 年增长了 76.9% 和 70.7%；在 2020 年中央对地方党委政府知识产权保护工作考核中，广西得分 89.4，排在全国第二等（良好）档次，为西部省份前三名。[②] 随着各方对知识资源重视程度的不断提高和专利知识保护制度的日益完善，广西知识资源还有很大的潜力可挖，这也是广西战略性新兴产业在全球技术日新月异、市场竞争异常激烈的大环境下力求生存、成长进而制胜的核心砝码。

4.2.5　信息资源潜在优势

随着社会信息化进程的加快，信息资源成为经济发展的决定性因素之一，

① 广西知识产权局. 广西发明专利双倍增计划（2016—2020 年）[EB/OL]. 广西壮族自治区人民政府门户网站，http://d. gxzf. gov. cn/file/old/P020160330565305641196. pdf, 2016 - 03 - 30.

② 刘昊. 2020 年广西拥有发明专利 2.5 万余件，排在全国第二等 [N]. 科技日报，2021 - 04 - 25.

这是现代信息采集、计算、存储、运用、管理等相关先进技术成为新一代信息技术蓬勃发展的内核所在。广西具有沿海、沿江、沿边的区位优势，是连接国际和国内市场的重要交通枢纽，既有方便的交通网络又有联通世界的通信网络，为市场信息资源的获取和聚集提供了得天独厚的环境。目前，广西各厅局、地方、高校、科研机构等已建成数以百计的各类数据库，内容涵盖社会、政治、科技、文化以及国民经济的各个领域。在自治区政府的高度重视下，广西信息传输产业迅速发展，邮电通信网络建设突飞猛进，其规模容量、技术水平和综合能力达到前所未有的高度；广播电视产业覆盖率增长较快，光纤干线建设取得重大进展；计算机网络建设日新月异，目前已经广泛应用于各行各业，拥有综合性公众信息网络、行业性内部信息网络以及行业性内部专业信息网络等多种信息网络形式，为产业发展带来丰富而全面的信息，提高了信息的传播效率，降低了获取、使用信息的成本。在信息服务资源方面，广西以图书报刊为主的传统信息服务业在互联网的冲击下维持着相对稳定的水平，2016 年共出版图书 7419 种，发行报刊 53 种，印刷期刊 181种；信息咨询服务业获得快速发展，实现信息技术服务收入 62.3 亿元，软件产品收入 10.1 亿元，有 1660 家企业涉及电子商务业务，占企业总数的 11%。目前，广西已形成多个电子信息产业基地，其中，桂林成为广西首个国家级电子信息产业示范基地，北部湾"硅谷"正加速向中国重要电子信息产业基地迈进，南宁·中关村创新示范基地的信息辐射带动力及其效益也在日益显现；2021 年 8 月，国内 AI 独角兽云从科技与广西北投信创科技投资集团有限公司达成战略合作协议，将在广西设立东盟人工智能创新中心，与生态合作伙伴一起面向泛东盟地区提供包括智慧港口、智慧城市、隐私计算、可信云、人机协同平台等多行业赋能的支撑应用。[①] 信息产业本身也是战略性新兴产业，其向规模化的先进发展有利于为广西其他战略性新兴产业乃至整个产业系统的创新发展提供广阔的信息平台和丰富便捷的信息资源，并形成相互促进的协同效应，共同推动广西战略性新兴产业体系不断做大、做强、向高质量迈进。

---

① 吴佑群. 云从科技落户广西 ［EB/OL］. 广西壮族自治区大数据发展局，http：//dsjfzj. gxzf. gov. cn/dtyw/t9895689. shtml，2021 – 08 – 25.

4.3 广西战略性新兴产业创新能力培育与地区创新优势实现之间的耦合互动机理

系统耦合源于物理学领域，是指两个（或两个以上）系统或运动形式通过相互作用而相互影响的现象，现已被广泛运用于生态环境、经济和社会发展等领域。广西战略性新兴产业创新能力培育与地区创新优势实现之间在内部组成要素层面相互适应与融合、相互支撑，使两者相互促进、协同竞争，共同为战略性新兴产业的发展提供有利条件。广西战略性新兴产业创新能力培育与地区创新优势实现之间的耦合互动机理即描述了这样一种相互作用的机制。本书依据其发生作用的效果和性质，将两者的耦合互动机理细分为放大效应、互补效应、优化效应以及整合效应四个方面，其综合作用机理如图 4.11 所示。

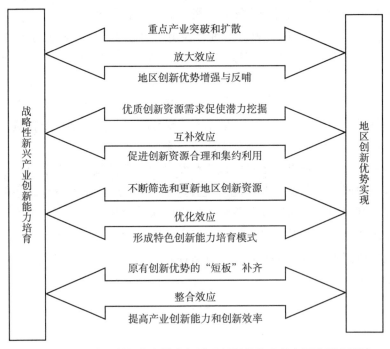

图 4.11 新兴产业创新能力培育与地区创新优势实现之间的耦合互动

4.3.1 放大效应

放大效应，即通过战略性新兴产业创新能力培育和地区创新优势实现两者内部各要素之间的相互协调作用，产生"1＋1＞2"的放大效果。依托广西独特的地理位置、资源条件和产业发展基础，广西战略性新兴产业创新能力培育与地区创新优势实现之间相互贯穿、相互影响、相互协调、相互实现，产生比各自孤立发展更好的结果和影响力。一方面，广西战略性新兴产业依托地区创新资源潜在优势，在具有竞争力和市场空间的产业领域或产业链环节进一步增加创新投入，增强原发性技术创新能力，提高科技创新成果转化效率，加快创新产品的产业化、商业化进程，进而促使创新知识和产品向产业内其他环节和其他产业扩散，实现区域战略性新兴产业体系总体创新能力的提升。另一方面，地区创新潜在优势的凝聚、发挥与强化以战略性新兴产业创新培育能力为本，做到集中资源、有的放矢，从而将创新资源的潜在优势高效地转化为地区实际创新优势和创新推动力，加快战略性新兴产业技术创新水平的提高。

这里，以资本资源开发与战略性新兴产业创新能力培育之间的耦合互动为例说明放大效应机理，即融资渠道的不断丰富以及融资成本的降低使得战略性新兴企业能够获得更多资金投入创新能力的培育过程，产业创新能力的提高又会对其他战略性新兴产业带来融资渠道扩展的示范效应，为广西支撑战略性新兴产业创新发展提供更加多元化的资本路径。例如，南南铝业股份有限公司发行公司债和广西博世科环保科技股份有限公司 2013 年 A 股上市进行股权融资，将资金大力投入企业创新研发活动，大大提高了研发速度和创新转化能力，有效将资源转化为新材料、新的环保设备以及新的污水处理方法等，践行了创新驱动发展战略；同时，新技术的应用使得高质量的铝制品、环保设备及服务等生产成本降低、质量提高，占据更大的市场份额，保障投资者合宜回报，有利于资本资源的进一步获得和优化配置。广西这两个战略性新兴产业企业的创新能力培育成效已得到全社会的广泛认可，广西博世科环保科技股份有限公司与广西大学、江南大学联合研究的"造纸与发酵典型废水资源化和超低排放关键技术及应用"获 2016 年度国家科学技术进步奖二等奖，与广西大学、北京林业大学联合研究的"大型二氧化氯制备系统及纸浆无元素氯漂白关键技术及应用"再度荣获 2019 年度国家科学技术进步奖二等奖，南南铝业股份有限公司荣获 2019 年广西首次评选发布的"高新技术企业百强""创新能力十强"两项荣誉奖，成为广西地区创新优势实现的直接重要载体，对其他战略性新兴产业企业创新能力培育起到了很好的路径示范作用，从而对广西战略性新兴产业群的系统创新产生更大、更深远的影响和效果。

4.3.2 互补效应

互补效应，即在开放式环境下依靠战略性新兴产业创新能力培育和地区创新优势实现之间的内部要素合理流动和配置，通过资源整合达到彼此取长补短、优势互补和协同优化，从而促进战略性新兴产业发展。

第一，地区创新优势实现是战略性新兴产业创新能力培育的基础。地区创新优势的潜在来源包括自然资源、人力资源、资本资源、知识资源和信息资源等多种资源，这些资源作为创新投入为战略性新兴产业创新要素培育提供了丰富的资源基础。地区创新优势的实现是特色高技术产业累积发展叠加新兴创新要素培育的结果，使得广西各类独特优势资源作为生产要素，更为合理、集约地投入战略性新兴产业的创新活动中，有利于产业内生创新动能的增强和创新效率的提高。根据本书第 3.3 节分析结果，汽车制造业、有色金属冶炼及压延加工业、黑色金属冶炼及压延加工业、化学原料及化学制品制造业和专用设备制造业可作为广西重点培育和突破发展的战略性新兴产业，这五个产业恰恰正是广西地区创新优势实现较为充分的产业，今后在更多创新要素投入和短板环节补缺下，其技术创新能力将得到进一步提升。

第二，战略性新兴产业创新能力培育推动地区创新比较优势构筑。创新能力的培育过程与自然、社会环境发生着较为频繁的物质交换，产生了大量对优质创新资源的需求。市场需求促使政府和企业不断挖掘潜在优势创新资源，包括：因地制宜地运用现有优势资源，降低创新成本；引进高素质人才和高端技术，促进新技术、新产品研发；发展金融服务业，拓宽企业融资渠道，降低融资风险，满足战略性新兴产业快速成长的资金需求；等等。而随着战略性新兴产业的创新发展，将创新引入生产函数的主导产业更替也在同步进行，并通过关联扩散效应带动上下游产业链创新升级以及地区制度、经济结构、人力结构、教育文化、基础设施的优化，由此地区创新优势也必将攀升至新的层次和水平。广西拥有得天独厚的地理区位优势和丰富的要素资源优势，但高科技产业布局、发展规模、创新质量以及关键核心企业数量及其在国内产业链中的地位相较于东、中部地区以及陕西、四川、重庆等西部省市仍较为落后，当下以战略性新兴产业创新能力的培育突围推动地区创新比较优势构筑将是一种适当其时且长效的良性机制。

4.3.3　优化效应

优化效应，即通过某一创新要素的量变或质变引起其他创新要素的量变或质变，共同促进战略性新兴产业整体结构功能的优化以及产业竞争力的提高。首先，地区创新资源在战略性新兴产业创新能力培育的过程中不断被筛选、更新和优化。随着战略性新兴产业创新能力培育的深入，地区创新资源逐步累积沉淀，在数次的比较和竞争中占据重要核心地位，形成区域关键创新优势，进而更好地投入广西战略性新兴产业体系的创新生产活动之中。其次，地区创新优势的实现为战略性新兴产业的创新能力培育提供了丰富的优质要素资源，企业能够根据广西现有及潜在的地区创新优势，制定更为合理的创新能力提升战略、实现方式及路径，形成具有广西本地特色、富有成效的产业创新能力培育模式，帮助战略性新兴产业获得技术创新上的相对竞争优势。最后，地区创新优势积累和战略性新兴产业创新能力培育之间的耦合互动达到一定深度和广度，彼此相互促进、相互协调，产业创新机制就此得以不断完善，将促进新知识、新技术和新产品的不断发明创造，实现广西战略性新兴产业创新体系创新功能的整体优化。

以广西新能源汽车产业为例，作为产业龙头之一的上汽通用五菱汽车股份有限公司近年来通过广泛吸纳国内外高技术专才，不断扩充研发人员队伍，积累稀缺和高素质人才，实现了企业创新优势的明显增强，使得新产品创新开发能力得到快速提升，相继推出了宝骏 E 系列和五菱宏光 MINI EV 纯电动车型等多款国内畅销车型。同时，通过优化电池管理系统 BMS，有效延长了动力电池的使用寿命，提高了车型的性价比，并且减少了因电池过充、过放等问题引起的安全事故。此外，还推动了电控系统升级，掌握了纯电动汽车的关键模块核心技术。在 2018 年、2019 年我国整车销量下降、新能源汽车销量增长由正转负的市场状况下，宝骏纯电动 E 系列车型销量却逆势强劲增长；2020～2021 年新冠肺炎疫情下，国内传统燃油车市场低迷状况并未有所缓解，但新能源汽车市场却实现了同比、环比的大幅增长，五菱宏光 MINI EV 自 2020 年 7 月正式上市后以超高的性价比稳居国内狭义乘用车销量榜前三位，以强劲的销售势头蝉联中国新能源汽车销量榜冠军，已成为现象级的民族新能源汽车品牌。上汽通用五菱股份有限公司的创新能力培育大见成效，一举改变了以往公司产品低端定位、廉价的市场形象，使其在广西新能源汽车产业中的龙头效应越发突出，在国内新能源汽车市场上的企业、产品和技术竞争力也有了显著提升，扩大了对广西其他关联产业、企业和地区创新发展的影响力和带动力，推动广西传统汽车产业向新能源汽车产业的换道超车和高质量发展，而地区新能源汽车产业相关关键创新优势的形成又将对上汽通用五菱股份有限公司的创新能力培育产生新的协同效应。

4.3.4 整合效应

整合效应，即通过战略性新兴产业创新能力培育和地区创新优势实现之间的深入协调和资源整合，将零散的创新资源进行有机整合，从而产生系统叠加的非线性整合效应。一方面，战略性新兴产业的创新能力培育可以筛选和发掘地区创新优势实现的着眼点，在产业创新驱动成长的同时强化了原有创新优势并在弱势和短板环节进行创新能力加固和补齐，对地区创新优势的异质性构筑是一条捷径；另一方面，地区创新优势的生成和强化也能够反哺战略性新兴产业创新能力的培育，为其提供资源要素和基础条件保障。两者通过加强彼此要素之间的联系，在协同与优化过程中将各种分散的创新要素有效地聚集整合起来，形成一个有机整体。通过将战略性新兴产业创新能力培育与地区创新优势实现的有机结合和协调合作，充分发挥战略性新兴产业创新能力培育活动的溢出和带动效应，进一步优化创新要素资源，增强产业体系内大中小企业的创新能力，形成地区融通创新生态，提高整体创新活动效率，从而加快战略性新兴产业创新发展。

近几年，在创新驱动、数字经济、AI 赋能等发展理念下，广西地区专利授权量保持平稳上升，科技人才队伍实力明显增强，互联网、5G、大数据、云计算、物联网、工业互联网、人工智能、区块链等为代表的新型基础设施正在飞速建设完善，信息咨询服务业逐步崭露头角。广西新一代信息技术企业将这些较为零散的知识和信息资源加以有机整合，运用大数据分析和云计算技术，精准预测市场需求，指导新技术、新产品研发，并利用产业创新资源加快其产业化、商业化进程，推动产业的快速成长，再通过互联网、物联网以及稠密分布的通信网络扩大新一代信息技术企业所创造的新知识、新技术和新产品的作用范围，促进产业科技创新成果的扩散与转化，扩充产品、服务种类和产业融合应用范围，不断挖掘新一代信息技术产业链的创新发展潜力，提高相关战略性新兴产业群的市场竞争力，协力锻造广西地区创新优势。

| 第 5 章 |

基于"钻石模型"拓展的广西战略性
新兴产业创新系统构建研究

本章基于协同发展与波特"钻石模型"的基本原理，从创新研发与产业化子系统、创新资源子系统、创新服务子系统、创新制度政策和文化子系统四个层面构建广西战略性新兴产业创新系统拓展"钻石模型"，重点在于分析各创新子系统内在的基本构架、主体构成、要素流动以及功能定位与实现机制；从信息流、人才流、物质流、价值流四个维度阐述各创新子系统间的关联互动机制、动态演化机制与协同治理机制。

5.1 "钻石模型"应用于战略性新兴
产业创新系统构建的基本原理

5.1.1 基本理论简介

5.1.1.1 钻石模型

"钻石模型"由美国哈佛商学院著名的战略管理学家迈克尔·波特（M. E. Porter）在其名著《国家竞争优势》一书中所提出，故又称为国家竞争优势理论，在经济分析中通常用于分析一个国家或地区的"竞争力"。按照波特的观点，"钻石模型"的构成存在四方面的要素条件，分别是生产要素、需求条件、相关与支持性产业、企业战略及其结构和同业竞争；在四个要素条件之外，加入机会和政府政策两个变量[①]（如图 5.1 所示）。四要素与两变量相互之间存在的关系共同影响着一个国家或地区某一产业的国际竞争优势。

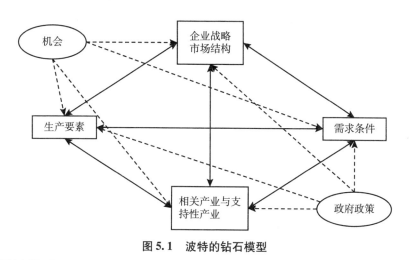

图 5.1　波特的钻石模型

资料来源：Porter M E. The Competitive Advantage of Nations［M］. New York：Free Press, 1990。

在"钻石模型"中，生产要素是指一个产业（或一个地区、一个国家等）自身条件所具有的资源禀赋，可分为基本生产要素和高级生产要素。有学者认为，自然资源、资本投资和劳动力等是基本的生产要素，专业技术、现代设备和研发能力等则属于高级生产要素。需求条件说明该产业产品市场需求的程度和规模，包括市场规模、产业扩张速率、市场构成以及客户需求的多样化，非本地市场（区域外、海外）的需求条件也归属于这一类别。"钻石模型"理论认为，一个产业的兴起和成功往往与相关产业和配套产业密不可分，一个先进的上游产业的发展能够带来下游产业的繁荣，相关产业的兴起也将会推动核心产业的技术创新、产品需求的增加和市场结构的改变。一个企业本身的定位和管理、对市场方向的把握及其抗压性常常影响到其是

---

① Porter M E. The Competitive Advantage of Nations［M］. New York：Free Press, 1990.

能够继续生存还是走向毁灭，只有在激烈竞争中保有进取之心并不断通过创新发展而完善自身的企业才有机会在市场优胜劣汰的竞争中长久生存下去。机遇的作用与国家战略与制度、经济发展阶段、产业结构转型升级要求、技术进步、社会文化等因素密切相关，甚至在不同产业领域会引起重大变化，机遇本身既有偶然性又有隐蔽性，对机遇感知的敏锐性、技术路线选择的合理性以及果断行动力是企业利用好发展机遇的先决条件。而政府作用的发挥在于政策上的"一松一驰"。"一松"是指鼓励产业发展遵循自身规律，政府的作用是提供企业所需要的资源，创造产业发展的环境，包括营造市场化的资源配置环境、发展教育、直接资助与新兴产业技术前沿接轨的科研机构、建设相关基础设施等；"一驰"则是对经济局部领域的约束与限制，通过制定政策对产业发展所需的宏观因素进行调控，或对特定产业出台扶持和限制的相关政策，包括制定国家产品技术标准、质量标准、安全标准和环境标准，限制过度并购、合谋和不正当竞争行为，关税和非关税壁垒调节等。

5.1.1.2 创新原理

创新原理是由美籍奥地利政治经济学家、创新经济学之父、哈佛大学教授约瑟夫·熊彼特（Schumpeter）在其出版的巨著《经济发展理论》中首次提出。熊彼特认为，创新就是企业家创造性地将从未被引入生产系统中的生产要素和新的生产功能相结合，即形成生产要素和生产条件的新组合，建立出一种新的生产函数。熊彼特创新理论的实质是"实行新的组合"，即创新是对原有生产要素进行重新组合的一种经济行为，本质上是一种"创新性毁灭"。[①] 熊彼特概括了当时情况下的五种新组合情况：一是开发一种新产品，或产品的某种新性能；二是采用一种新的生产方式；三是开辟一个新市场；四是掌控一种原材料的新供应来源；五是创造一种新的组织形态。[②] 熊彼特创新理论之所以被全球企业界、学术界所广泛认同，缘于该理论对于当今世界范围内新兴产业、新兴企业、新兴技术、新兴产品的创新实践发展仍然能够给予合理诠释。

熊彼特认为，成功的创新者可以暂时地垄断创新和控制租金，因为创新

---

①② Schumpeter J A. The Theory of Economic Development: An Inquiry into Profits, Capital, Credit, Interest, and the Business Cycle [M]. Cambridge, MA: Harvard University Press, 1934.

的主要动力来源恰恰是创新租金。熊彼特创新理论的重要贡献在于从机制角度上解释了经济发展和经济增长之间的本质区别,即发展的本质是创新。发展不仅是指人口、资源等生产要素的增长,更是在生产资料投入不增长的前提下,通过引入创新执行生产要素的新组合,推进经济发展。不论这种创新是通过技术进步,还是市场扩张,还是组织结构调整,其本质上的要核不仅仅是经济总量的增长,还有发展质量的提高。

5.1.2 "钻石模型"对研究战略性新兴产业创新体系的适用性

近几年国内外经济环境变化愈加表明,创新是影响我国战略性新兴产业根本发展的关键因素,建立战略性新兴产业创新体系,对于协调促进战略性新兴产业的发展至关重要。波特"钻石模型"适用于分析国家间产业的竞争优势,其对于自身模型的四个要素关系的把握比较适用于分析企业或产业发展各要素之间的相互作用,将之应用于战略性新兴产业创新机制的系统考量,更易于把握推进产业创新发展的动力因素,研究产业创新的传导机制,认清战略性新兴产业创新的供给方、需求方和支持战略性新兴产业创新发展的相关支持产业,结合国内外市场机遇,理解政府相关政策在战略性新兴产业创新中的引导和推进作用。

5.1.3 战略性新兴产业应用"钻石模型"解释创新原理

根据熊彼特的创新原理,企业实施创新的过程要经历三个阶段。第一阶段是以企业内部研发部门、生产部门和市场部门为核心,通过企业内部的研发创新实现技术发明与突破,从而开发出对人类生产和生活有用的新技术、新产品,并完成市场销售的封闭式创新阶段;第二阶段是企业与供应商、用户或其他企业以及高校、科研机构进行技术开发合作的合作创新阶段;第三阶段是在传统的合作创新模式基础上,应用现代信息化技术,实现全面协同创新的开放式创新阶段。战略性新兴产业的创新发展是一项庞大而艰巨的社会经济系统工程,既强调自主突破性技术创新的攻坚,也讲究合作创新和开放式创新的动态配合。上述三种创新模式都需要建立在政产学研各部门及国内外广泛合作的基础之上,波特"钻石模型"可拓展应用于解释战略性新兴产业创新的过程、条件、驱动力及机理。

(1) 生产要素。依据"钻石模型"，生产要素分为初级生产要素和高级生产要素两种，初级生产要素存在于先天自身禀赋或者通过简单的投资就可获得，高级生产要素则需要在人力和资本上进行先期大量的投资方能掌握。相对应地，基于初级生产要素形成的竞争优势，通常会被技术、工艺和流程的创新所淘汰；而主要由高端人才、科研院所、高级教育体系等构成的高级生产要素在国际产业竞争中显得越发重要，是战略性新兴产业形成关键竞争优势的核心决定因素，构成了战略性新兴产业创新体系中创新资源要素这一环。

(2) 需求条件。在"钻石模型"中，需求条件主要是指国内的市场需求。战略性新兴产业的内需市场是产业发展的原动力，主要包括需求的结构、需求的规模和需求的成长空间。这里，需求结构是指"市场需求呈现多样细分"，国内市场的需求结构往往比需求规模更为重要，特别是在像中国这样区域经济发展梯度较为明显、地区间人均收入水平差异较大且国内市场规模巨大的国家里，居民需求结构的多样化、差异化对战略性新兴产业创新发展提供了多元化的可能性。根据市场细分，战略性新兴产业企业可以专攻市场需求的某一领域或环节，以创造并保持强大的市场竞争力，力争成为该环节或领域的"隐形冠军"，也即所谓的"专精特新"企业。具体到产品创新模式上，对于新产品的供应方而言，通过内行挑剔的客户对于产品质量、性能、制造工艺流程、成本控制等方面提出的高要求和瑕疵举报，使得产品供应商与客户之间建立起高效的反馈机制，以帮助产品不断创新改良以更好地适应市场需求。

(3) 相关支持性产业。波特认为，单独的一个企业以至单独的一个产业，都很难保持竞争优势，只有形成有效的"产业集群"，上下游产业之间形成良性互动，才能使产业竞争优势持久强化。[①] 对于战略性新兴产业的创新发展，需要上游产业强大的创新创造能力，特别是在基础技术、材料、设备等领域掌握一批关键核心技术，而下游产业逐渐开发扩大的市场应用构成了产业发展的需求条件，上下游产业间的无缝对接以保证产业链供应链的完整性对于一个国家或地区战略性新兴产业的创新发展十分重要。

---

① Porter M E. The Competitive Advantage of Nations [M]. New York: Free Press, 1990.

5.2 广西战略性新兴产业创新系统拓展 "钻石模型"

依据波特 "钻石模型" 的四要素条件，我们选取了与战略性新兴产业密切相关的创新资源、创新研发与产业化、创新服务及创新制度政策与文化四个要素来构建广西战略性新兴产业创新系统拓展 "钻石模型"（如图 5.2 所示），以合理地探析战略性新兴产业创新系统内部各要素之间的耦合互动关系及耦合互动机理。为了使该模型能够更好地反映战略性新兴产业创新系统的运作机制，本书再加入海外市场拓展及业务一体化两个变量要素。其中，前四个要素作为构成战略性新兴产业创新系统主要框架的子系统，后两个变量要素则是对整个创新系统架构运作起到不确定性影响的重要变量。

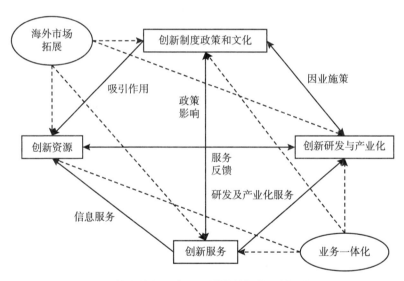

图 5.2 战略性新兴产业创新系统拓展 "钻石模型"

5.2.1 创新研发与产业化子系统

创新研发与产业化可以看作是创新系统中的需求要素，也即创新需求，其对于任何产业的创新来说都是最为重要的一环。在我们构建的战略性新兴产业创新系统拓展"钻石模型"中，创新研发与产业化子系统受到创新制度政策和文化子系统对产品产业化方向和技术路线选择的影响，科研人员作为从事研发的主体，其创新行为与创新制度的激励强度直接相关，社会文化对创新研发中人的主观能动性的影响也很重要。同时，战略性新兴产业的创新研发与产业化还受到本地区创新资源充裕度对于创新研发活动在创新产出的质量、数量及可能性上的影响。此外，配套创新服务对于战略性新兴产业创新研发的支撑和产业化的引导也具有关键作用（如图5.3所示）。

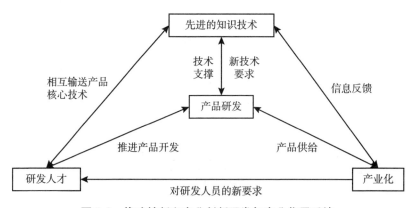

图5.3 战略性新兴产业创新研发与产业化子系统

从内部构成来看，创新研发与产业化子系统可分为两部分，即产品的创新研发和产品的产业化。产品的创新研发是战略性新兴产业创新系统所服务的关键要素，也是各产业提高产业竞争力的主要途径，主要由企业研发人员利用本企业所掌握的先进科学技术进行新产品的开发创造，其中，顶尖智力资源和核心专利对新产品开发的质量作用至关重要。产业进行创新研发的最终目的是实现新技术、新产品的产业化和商业化，从而源源不断地吸引产业资本和其他配套产业及企业进驻，协力扩大战略性新兴产业规模。但必须强调的是，战略性新兴产业创新研发成果的产业化进程应该始终顺应市场需求，只有真正契合市场需求的产业化才是有价值的，企业才能够将创新资源投入顺利转化为创新产出，而后在不断增长的需求满足中获得持续的价值回报，从而为广西战略性新兴产业的成长壮大提供充分的物质条件和原动力。

在战略性新兴产业创新系统中,流动性最强的要素资源是人力资本。对于创新研发与产业化子系统,人力资本主要指的是研发人员以及生产人员。其中,研发人员具有较强流动性,更加偏好于工资生活条件更好的省份地区,而生产人员主要依托本地劳动力储备。资本要素的流动通常是由资本相对过剩的地区向资本相对稀缺的地区流动,通过对资本相对稀缺地区的人力资本、自然资本进行投资,产业资本将创造更多的价值。资本的投资方向可能是关键核心研究人员,也可能是掌握独特工艺诀窍的生产技能型人才。这就要看一个地区该产业的发展层次能够主要位于整个国家战略性新兴产业链上中下游的什么环节。在人员流动和资本流动的过程中,将不可避免地带来技术要素的流动。从其他地区转移过来的研究人员,以及其他地区战略性新兴产业进行的资本投资对于本地区战略性新兴产业的技术发展起到促进作用。受制于既往多重因素制约,广西战略性新兴产业创新研发与产业化需要遵循上述规律,多方并举地促进顶尖智力资源和国内外强势产业资本向本地集聚,加快多环节核心技术从 0 到 1 的跃升积累。

具体到功能定位与实现机制上,战略性新兴产业创新研发与产业化子系统对于其他子系统提出了更专业的要求,为满足国内国际双循环需求,创新不能是盲目性的创新,而应该采取战略引导性的创新模式。如众所周知,现今国内亟须拥有自主知识产权的高端芯片设计和制造能力,而为了实现该类产品的创新研发与产业化,在创新资源方面就需要引入具备国际前沿知识技术和长期丰富产业实践经验的领军人才及研发团队、芯片制造所需的各类精密设备和材料以及专注于芯片产业投资的风投资本;产业创新配套服务上,需要芯片方面的产业孵化基地,全球范围内芯片产业相关信息获取渠道以及创新网络平台的搭建,芯片研究的高等级实验基地及科研必需的实验数据,为芯片产业化输送各类定制化人才的高阶人才培养基地,等等;同时在中国特色社会主义市场经济体制下,战略性新兴产业发展离不开国家和地方政府产业政策的大力精准扶持,芯片产业加快发展及早日实现"自主可控"需要得当的科研创新激励政策、扶持企业发展的财税政策和融资机制以及相对宽松的创新文化环境。只有满足了上述创新研发与产业化子系统的需求,广西战略性新兴产业的创新研发才能真正获得理想成效,产业化才能赢得市场的最终认可。

5.2.2 创新资源子系统

创新资源子系统类似于生产要素，在战略性新兴产业创新体系中是创新的基础要件所在。创新资源中存在的要素条件在产业创新系统中相对较多，其中，高级生产要素如高等人才的培养引进受到国家、地方产业政策驱动和社会文化感染的可能性很高，同样产业资本流动也容易受到产业政策的驱动，因而创新制度政策和文化子系统对战略性新兴产业创新资源子系统的影响较大。创新资源子系统也受到创新研发与产业化子系统的影响，产业资本进行投资的方向以及高等人才的流动方向均与产业技术进步与产业化的方向息息相关。创新服务子系统服务于创新资源子系统，为创新资源进入本地区战略性新兴产业提供良好的信息获取条件、创新撮合机制和实现渠道（如图5.4所示）。

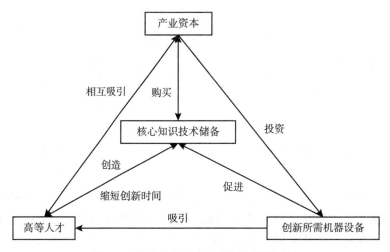

图5.4 战略性新兴产业创新资源子系统

战略性新兴产业的创新资源由产业创新所需的高等人才、关键机器设备、原材料、核心知识技术储备和产业资本所构成。从各类创新资源之间的内在关联来看，战略性新兴产业创新所需的高等人才与产业资本之间相互吸引，叠加促进创新实现；而产业资本在创新资源子系统中除了投资高等人才外，还投资于创新所需的机器设备及购买核心知识技术，这将会促进高等人才的研发效率，从而生产出新的核心知识技术。于是，这四个要素共同构成了创新资源这一子系统。

创新资源的要素流动比较频繁，高等人才、核心知识技术、产业资本在区域经济中均存在较强的流动性。高等人才的流动受到地区经济实力与发展预期的影响十分明显。例如，两广地区之间的高等人才流动就十分频繁，广东经济发达，工资收入普遍比广西要高，所以基本上是广东对周边地区单向的人口虹吸；在近几年，广西经济增长明显，受国家政策扶持程度较大，又出现一定程度的人才回流，从而促使区外产业资本加大了对广西战略性新兴产业的投资力度。产业资本投资更多的是看预期。在资本密集的地区，资本投资的一般是已经发展起来并且成熟的产业。对于新兴产业来说，更好的投资地点是在未充分开发利用的地区，缘于在这样的地区进行产业投资虽然风险更大，结合市场、成本等因素也意味着可能获得更为丰厚的投资收益，所以资本的流向一般由具备一定经济条件和成熟产业的地区，向经济基础薄弱、劳动力及自然资源丰富的区域转移。核心知识技术在区域间的流动在于知识技术本身带有的扩散效应，相近区域的技术很容易由于高等人才的流动、资本的对外投资从而相互渗透扩散。

创新资源在战略性新兴产业创新系统中承担着为其他子系统提供创新所需要素条件的功能。在创新系统中，一个地区的高等人才储备、先进的机器设备、拥有自主知识产权的先进科学技术、充裕的产业资本都是创新资源要素。创新资源为新产业的技术、产品创新升级创造了基础，也对整个创新系统的构建提出了要求，即一切可能的创新都离不开必备的创新资源要素。创新资源中，高等人才要素既可以进行基础性理论研究，又可能投身于产品的研究开发，这是人才要素在创新系统内的一条流动路径；核心的知识技术被应用于新产品和下一代新技术的研究开发之中，并真正地提高产品的内核竞争力；资本以及先进的机器设备对于产品的研发制造及量产也不可或缺。创新资源就是通过自身的种种要素，渗透到新兴产品创新研发与产业化过程，从而奠定自身在整个创新系统中的基础地位。

5.2.3 创新服务子系统

创新服务子系统在战略性新兴产业创新系统中服务于创新资源和创新研

发与产业化。创新资源中，高等人才需要通过创新服务系统来培养并输送；产业资本通过创新服务系统更方便地获取产业与要素信息，从而进行合理的投资；先进的机械设备也需要通过创新服务系统及时对接提供给所需的科研机构或企业。在当今动态开放的全球创新生态系统下，战略性新兴产业的研发创新与产业化往往从第三方专业化创新服务主体获取某些特定技术方面的支持。

在服务内容上，创新服务子系统中有创新人才服务、创新资金服务、知识技术服务、信息网络服务、产业园区服务和企业孵化器服务（如图 5.5 所示）。创新人才服务就是通过高校及科研院所培养高等人才，以及促进高等人才就业和企业需求之间的匹配。创新资金服务在于通过建立现代投融资制度，致力于解决新兴初创企业的资金问题。知识技术服务是通过对高校和科研院所研究方向的调控，尽量将战略性新兴产业发展所需的核心技术掌握在本区域手里，并通过科研成果的产业化实现院校和科研院所的自我价值，实现产学研的有机结合。信息网络服务是通过构建整个产业服务网络，实现对产业信息、产业需求、要素供给等信息的精准把控从而服务于创新人才和企业。产业园区服务是通过特色产业园区的建设解决战略性新兴产业发展的用地问题，为创新企业的孵化提供空间场所。

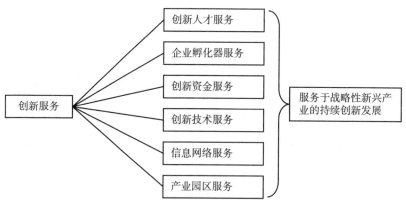

图 5.5　战略性新兴产业创新服务子系统

创新服务子系统在模型中类似于波特"钻石模型"中的相关支持性产业。这一子系统最重要的功能是实现产学研的有机结合，通过创新服务，将知识技术、人才、资本同产品研究创新和产业化更好地结合起来。而促使创新服务功能实现的有效机制是对产业信息的准备把握以及信息网络的严密搭建，以匹配本区域的技术、人才、资本到所需要的新兴产业中去。同时，创新的过程也需要各子系统的通力支持与配合，创新服务就是在创新系统中起到衔接与支撑的作用。通过将高校和当地政府支持的科研院所纳入创新服务范畴，创新服务能够真正地成为创新过程中基础资源、构架的支持者。战略性新兴产业创新所需的前沿知识技术将大量来源于创新服务系统，企业的创新研发活动也将更加依赖于各类创新服务。

5.2.4 创新制度政策和文化子系统

创新制度政策和文化是创新系统的创新环境因素，在中国特色社会主义市场经济体制下，市场的出现先要依赖于政府制度政策的先导和社会文化的认同。因此，战略性新兴产业的创新制度政策和文化子系统，通过产业创新政策将直接作用于创新资源、创新服务以及创新研发与产业化各子系统，又通过文化来约束与激励这三个子系统。创新制度政策由中央政府和地方政府共同制定，而创新文化由创新系统自发形成的同时也受到政策的管制（如图 5.6 所示）。

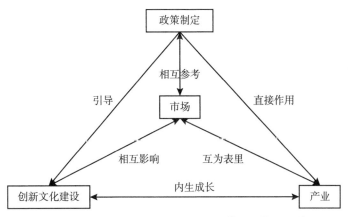

图 5.6 战略性新兴产业创新制度政策和文化子系统

创新制度政策和文化子系统由政府制定的创新制度政策和本地区形成的创新文化两部分组成。创新制度政策的制定决定未来战略性新兴产业的创新发展方向，由政府来真正把控大局观，通过具体产业政策制定来引导、调节市场微观主体行为和创新资源流动，集中有限的创新力量用在关键性产品生产与核心技术突破上。创新文化将决定一个地区产业创新的氛围，高等人才的创新积极性、创新思维和视野会受到当地创新文化的影响，创新文化浓厚的地区往往能够长期保持区域优势产业创新发展的领先地位。良好的创新文化同样会影响到作为战略性新兴产业创新主体的企业的创新行为和目标，使企业更具有推陈出新的创新原动力，从而促进地区战略性新兴产业的快速成长，并能够激发活跃当地的经济活力和社会进步。

创新制度政策和文化子系统是产业创新系统的调控机制。当非理性或不合规的市场行为通过产业实际运营渗透到创新文化子系统以及其他创新子系统之中时，就需要通过创新制度政策和文化子系统对不成熟的市场行为进行精准合理的干预和管控，并对有利于活跃地区经济、激发地区创新活力的战略性新兴产业各类创新参与者的行为给予政策上的有力引导。例如，对于侵犯他人知识产权、盗用专利等市场行为就必须通过加强国家和地方知识产权立法与执法予以严惩，以保证良好的市场创新环境，最大限度地减少创新型企业的损失，有效保障创新人才的合法收益。社会文化方面，需扭转逐利和急功近利的社会氛围，建立良好的高校研究文化与企业研究文化，树立科研创新榜样，为科研创新营造健康的社会文化氛围，使高校、科研院所和企业的高等人才都愿意去安心科研，这对于战略性新兴产业科研效率的提高十分必要。

5.2.5　海外市场拓展变量

海外市场拓展对战略性新兴产业创新的影响主要通过海外技术的获取、海外人才资源的获取、海外竞争以及对出口产品的技术保护几方面影响到战略性新兴产业创新系统。首先，海外市场的拓展势必影响到对海外人才的吸引，优质的人才将为战略性新兴产业企业创新带来新的技术，为企业新技术的获取降低成本。其次，核心龙头企业的海外业务发展起来之后，如果能够帮助企业成为跨国公司级别，就可在海外设立子公司并拥有大量的当地研发人员；另外，创新配套服务若能做好保障，将有助于海外人才归国发展，带动广西地区总体科技水平和科研能力的提高。最后，随着广西对外开放步伐的不断加大且成效日趋显著，一些具有一定发展规模和优势的战略性新兴产业向东盟等海外市场拓展已成为必然，并且也符合国内国际双循环新发展格局的市场方向。而海外市场对出口产品有着更高的要求，能够成功出口的产品势必要符合进口国或地区的技术规范、质量要求和环保标准，是真正为当地人所需要的、兼具一定技术含量和较高性价比的新产品，因此这又对广西战略性新兴产业创新研发、科技创新成果转化及新产品的产业化构成了新的动力和压力，而且研发出的新产品还需要根据进口国的市场需求进行本地化的再次改良和创新，不断进行技术改进、创新与突破正是后发地区战略性新兴产业得以成长壮大的最重要保障。而只要进行海外业务，创新制度政策和文化子系统将引导和促进广西战略性新兴产业的新产品开发更好地与世界先进主流的新技术、新产品相接轨，一切创新皆以国际高质量、高标准为依据。

5.2.6　业务一体化变量

业务一体化变量对于战略性新兴产业创新系统的影响在于其增加了产业创新系统中各子系统之间的相互联系。从企业主体来看，业务一体化实现了企业管理系统从多系统分部门运营，逐渐走向一体化管理。企业要实现内部一体化管理，以业务化方式构建管理系统是核心，即将客户关系管理（customer relationship management，CRM）、采购、项目、财务、人力资源、办公自动化、线上到线下（online to offline，O2O）及企业资源计划（enterprise resource planning，ERP）等功能都集成在一个平台上从而实现一体化经营，以节约全供应链成本，实现更多的价值增值，从而有更多的资金投入新技术、新产品的研发创新中。当然，从全球新兴产业发展态势看，在互联网、5G、物联网、智联网、云计算、大数据、人工智能等新型基础设施不断完善的新一代信息技术发展大背景下，广西战略性新兴产业企业业务一体化可跟随主流、通过虚拟企业的运营方式实现。从产业创新系统角度来看，业务一体化为战略性新兴产业企业提供了各职能部门之间创新协作更加紧密的新创新模式，默示知识技术的共享、吸收和再创新将带来企业内部研发效率的较大提升。业务一体化对创新资源投入的要求将更高，实行业务一体化的战略性新兴产业企业需要更多的高素质人才完成企业内部关键核心技术、产品的研发创新以及对其后产业化过程中虚拟供应链的管理控制，需要从国内、本地区战略性新兴产业创新系统生态中以及从全球产业创新网络、供应链网络中汲取产业动态、技术发展前沿等方面的关键信息，使企业具有更强大的创新能力。因此，业务一体化的高效率运作模式对创新研发和产业化的过程具有积极的促进作用，同时企业对创新制度政策和文化变化的反应也将更快。

5.3 广西战略性新兴产业创新系统内部协同演化机制

协同演化原本是生物学上的概念，是指两个或多个无亲缘关系的物种共同生活，在各自演化的过程中相互影响，包括它们的演化方向、速率等。而后，协同演化机制又被广泛地应用于管理学、经济学研究之中。在广西战略性新兴产业创新系统内各创新子系统之间亦存在着协同演化的机制，如各创新子系统间信息流、人才流、物质流和价值流的协同演化。协同演化机制通过从战略性新兴产业创新系统模型中子系统间的相互影响、内在关系的角度重新认识本系统的紧密性和作用机理，从而更便于理清产业市场形成发展的运作机制和政策的作用路径，使得事关本地区战略性新兴产业创新发展的产业政策制定的目的更明确、政策实施的效果更理想。

5.3.1 各创新子系统间的信息流协同演化机制

在创新的过程中，最为核心的信息要素是科学知识技术。科学知识技术贯穿于创新系统的任意一个子系统之中。在创新资源子系统，核心知识技术本身就是创新资源的一个关键要素，高等人才为创造核心知识技术而被雇用；精密的机械设备本身就是科学知识技术的集成体，其本身的流通过程可看作是科学知识技术的转移；而产业资本在创新系统中为创新而存在，也是为了投资研发核心知识技术而存在。所以创新资源本身可以看成一个核心知识技术的培养基，里面既有已形成的核心知识技术又有生产新的核心知识技术所需要的营养成分。对于创新服务子系统，科学知识技术的作用主要体现于两点：一是为战略性新兴产业创新研发主体提供所必需的各类科学知识技术；二是为人才培养机构和科研机构输送科学知识技术以培养新的高等人才和方便新核心知识技术的开发。科学知识技术对于创新研发与产业化子系统来说是新技术、新产品创新研发产业化不断运行的动力支撑所在，创新研发与产业化的过程离不开科学知识技术在产业创新系统各子系统间的通畅有序流动，但新的科学知识技术流向战略性新兴产业的方式及其流速在创新研发与产业化的过程中必须严格遵守国际、国家知识产权保护的相关法律法规。这就要求创新制度政策和文化子系统对于产业科学知识技术的流动在信息流上予以规范并加以正确的引导。以科学知识技术为主的信息流通过战略性新兴产业创新系统各子系统间的通力合作，保证了其最好的流动性，为新科学知识技术的生产提供了新的动力，为新科学知识技术的产业化铺平了道路。

在信息流的协同演化中，创新研发与产业化子系统作为战略性新兴产业创新系统中研发能力转化为最终产成品并直接对接市场需求的一道子系统，其对于市场信息的获取总是最为直接也最为全面丰富。通过第一时间对产品销售信息的把控，可直观地了解到市场上哪些新产品更受到人们的偏好。这样的终端信息反馈，对于战略性新兴产业企业更好地把握新技术、新产品的创新方向非常关键。像苹果手机近年来一直是全球手机厂商中引领创新方向的标杆型厂商，其成功之处是能够抓住高端智能手机市场消费者对于产品技术、品质、外观、内容等不断提高的消费偏好，通过软硬件创新协同即时开发出新产品，既满足了市场需求，又维持了苹果公司手机业务的全球市场份额和高额利润。而苹果手机取得的产品创新成功经验对国内其他手机厂商的直接影响就是可以采取技术跟随战略，对苹果手机新品的软硬件创新方向进行产品构架和技术模仿，并从产品性价比上更多地考虑国内手机市场和全球不同市场的不同收入层次消费者的差异化需求，进行某些定制化产品设计和生产，如此也可获得可观的国内市场份额，同时也成为全球智能手机市场的主要竞争者，如小米、OPPO、vivo 等都是其中的成功代表。这就是一种销售引领的创新，通过销售的结果来决定企业新的创新方向。在当今全球新兴产业的模块化生产网络中，一件成熟的复杂商品常常需要几十、几百甚至几千个不同模块层级，分布于全世界的大中小厂商通过进行模块化分工合作方式才能共同完成，这必然要求上下产业链间的无缝对接，那么在新产品创新研发与产业化的实现阶段，下游企业对产品创新研发提出的意见信息也会及时地反馈到上游产业的零部件、材料、设备等研发生产中，共同促进新产品更趋向于完美状态。当下，这种产品市场信息流的创新反馈机制在国内外新兴科技产业快消产品生产网络中已经很常见。

信息流的协同演化还带来了绿色低碳的创新型经济。从创新资源的角度，一个国家或地区所拥有的高等人才种类和总量在短期来看是难以改变的，发展什么样的战略性新兴产业需要依托本地区生产力的状况。合理利用所拥有的创新资源，以人为本，充分发挥本地区优势人才的创新效能，做力所能及的创新，将更切实地促进战略性新兴产业创新系统的高效率运转。在创新研发和产业化的过程中，企业通过及时了解和掌握终端市场消费者对于产品功能的新要求，为新产品的创新研发指明了发展方向和实现路径，使得创新资源的投入转化效率损失降低。创新服务系统通过准确地匹配创新研发和产业化过程中所需要的各类创新资源，为多边信息传递搭建高效传输网络，确保战略性新兴产业创新研发与产业化的可持续推进。

总之，创新系统的信息流协同演化机制就是通过战略性新兴产业创新系统各子系统之间以科学技术知识为主的信息流的搭建、对绿色低碳经济信息流的构造、可持续信息协同发展理念的要求、销售信息反馈到新产品创新生产的运作、上下游产业间信息流传递的通畅，来最终保证整个产业创新系统信息流的高效通畅，最终减少广西战略性新兴产业创新发展中市场信息不对称情况的发生。

5.3.2　各创新子系统间的人才流协同演化机制

人才流在所有产业的发展过程中都扮演着"评价"产业发展状况的角色，当一个地区产业发展状况好且处于快速成长期、对人才十分渴求时，人才会呈现净流入的态势，从业人员和学习人员都会有量级增长。反之，人才将会出现净流出，就像如今的东北老工业基地就正面临着这样的问题。

在广西战略性新兴产业创新系统中，创新型人才的流动也受到拓展"钻石模型"四个子系统的共同影响。例如，创新型人才在地区间的流动就很容易受到创新制度政策和文化子系统的影响，在国家经济增长模式由过去主要依靠高投入、高消耗的资源驱动、投资拉动模式转变为新的创新驱动模式之后，各省（自治区、直辖市）都意识到人才在本地今后经济发展、战略性新兴产业创新成长中所占据的重要地位，于是各地政策纷纷开启了"抢人大战"，高等人才对于那些人才政策给予优惠和扶持相对较多的地区明显更具有偏好倾向；反之，如果一个地区的人才政策吸引力不足，这将导致本地人才的流出。而一个地区的文化习俗对人才的吸引也存在一定的影响，文化习俗相近地区的人才相互流动的可能性会高一些，如两广之间的人才流动。在创新资源子系统方面，人才作为创新资源的一个要素，需要与其他要素合理搭配才能较好地发挥创新的作用。人才要素相对过多地区的人才将会向人才相对较少、而其他创新资源要素相对较多的地区移动。创新服务子系统中，高校和科研机构对人才的培养也会起到吸引人才的作用。名牌大学和好的科研院所往往是经过国家及当地政府财政经年累月的大量投资而建立发展起来的，科研底蕴深厚，其为了保证自己的科研水平，通过设立大量的奖学金机制、奖研机制、优才引进机制，保证教学和科研的高质量。而优秀人才为了能够得到更好的教育，为了能有更好的出成果的科研环境和学术氛围，也更希望能够到好的高校和科研院所学习。如此，就使得名牌大学和好的科研院所对全国的优秀人才都具有强烈的吸引力，广西在这方面应不遗余力地加大有利于优秀人才培育和集聚的高校和科研院所创新平台建设力度。在创新研发与产业化的过程中，一个地区如果出现了强势的战略性新兴产业，就会自然而然地吸引优秀人才进入这一产业进行专业学习和创新研发，也往往意味着更多的国内外产业资本倾向于加大对该产业的投资。本地区的强势战略性新兴产业在创新发展方面领先于其他地区，高等人才将会为了学习最先进的产业技术而投身于本地区新兴产业的创新发展，一般在创新方面形成了优势产业的地区将长期保持自身的优势地位，从而又会吸引更多优质人才进入。因此，广西要解决好战略性新兴产业创新发展所面临的优质人才不足的问题，需要优先在具对相对竞争优势的战略性新兴产业中通过自主创新研发推出能够吸引市场广泛关注的新产品，迅速实现产业化、商业化，从而吸引更多的国内外优质人才进入本地区参与产业创新发展。

5.3.3 各创新子系统间的物质流协同演化机制

物质流在战略性新兴产业创新系统中的表现与人才流的进出有所不同。物质本身并不能创造价值，但物质却能成为价值的载体。再通过企业实施生产、市场分配和交换，最终被消费者购买实现本身的价值，完成物质在国家或地区经济系统中的循环与流动。

在战略性新兴产业企业进行创新的过程中需要有物质的进入，比如依托本地区优势的自然资源和能源，如各类金属矿石、水、林木、煤炭、石油、天然气、风能、太阳能等。这些都为战略性新兴产业创新系统在创新研发上提供了必要的物质基础和条件。除了对本地区自身资源进行开发利用之外，在战略性新兴产业企业创新研发过程中还可以通过灵活的方式和途径对本地区之外的物质资源进行充分的吸收和引进。例如，可从国外进口自身产业链与供应链上弱势或短板的某些关键核心零部件，进而开发出具有创新性的成熟产品，来满足本地消费者对于产品质量、性能不断提高的要求。当本地区战略性新兴产业创新发展达到一定程度和规模，再着力实现产业链供应链的自主可控。

在创新系统中物质的退出过程，一方面可以通过企业运用独特科学技术对作为物质的原材料进行有效开发与转换，生产出高知识技术的新产品来满足市场需求。像桂林三金西瓜霜便是靠着 1967 年对西瓜霜古法进行改良，制成如今行销全国甚至海外的桂林三金西瓜霜润喉片和喷剂，优质的产品使得桂林三金药业股份有限公司各项经营指标持续优化，多年稳居中国中药行业50 强前列，成为广西医药旗舰企业和医药行业第一利税大户，"三金"品牌早已成为家喻户晓的中国驰名商标，公司也已于 2009 年在中小板成功上市，为进一步做大做强提供了新的资本平台，这意味着企业利用自身优质物质资源进行创新并实现了物质流增值。另一方面是企业进行科学技术创新开发而产生的废弃物，如一些开发出的落后技术产品，一般都是由于产业技术更迭所致，国外具有技术领先优势的新兴科技企业对产品的不断创新升级会对国内该产品的起步造成冲击，甚至会对新企业进入该产业形成更高的技术壁垒。这对于发展相对滞后的广西战略性新兴产业企业提出了警示，即在新技术和新产品研发方向、产线建设和设备以及地区产业链布局上必须紧盯全球新兴科技与新兴产业发展前沿，否则很容易导致以大量投入和时间开发出的产品无法被市场接受，从而造成资源、人才的巨大浪费，只有投入而未实现顺利变现和产出增值的物质流是无效的。

在战略性新兴产业创新体系中，四个子系统之间的相互物质流十分密切。在创新资源子系统中创新物质资源一般以初始形态存在，如创新所需的自然资源、能源等。对于创新所需不足的物质，可以通过创新服务子系统以及创新政策和文化子系统进行合理的配置和给予补贴促进供给。而后通过创新研发和产业化子系统的有效运作，实现物质的最终退出过程。

5.3.4 各创新子系统间的价值流协同演化机制

一个产业的运作过程，其内在本质也是产品价值不断增值的过程。在战略性新兴产业创新系统中，价值流也同样存在。若从产品需求端开始分析，那么创新研发与产业化子系统直接与产品市场需求对接，产品最终价值的实现依赖于这一子系统。创新制度政策和文化子系统为产品的创新研发以及消费者的购买提供了支持和补贴，因而在价值增值过程中，这一子系统一方面起到产品价值的增值作用，另一方面又起到增强市场活力的作用。创新资源子系统主要掌握的是产品创新所需要的高等人才和自然资源等要素。在战略性新兴产业企业经济活动中，高等人才创造的知识、技术、产品等创新成果更多的是以无形资产的形式参与到整个价值的增值中，而自然资源则是以自身价值进入价值增值过程中。创新服务子系统拥有的要素资源是各类创新服务，在价值增值过程中也是以无形资产的形式参与进来。

以广西新能源汽车产业的价值流增值过程为例，2017 年至今，上汽通用五菱汽车股份有限公司旗下公司宝骏品牌相继推出 E100、E200、E300 三款新能源畅销车型。其研发团队为技术中心的新能源设计开发科，从 2010 年纯电动车型 E100 项目立项伊始，新能源设计开发科便承载起了纯电动汽车三电技术（电池、电机、电控技术）的开发工作。国家、广西、柳州三级政府新能源汽车产业政策对产业创新发展提供的扶持帮助，以及对社会绿色低碳文化环境的培养，提高了企业对高等人才的渴求和吸引力。经过多年的投资和创新研发才最终换来了实际产品的成型、试产、试销以及最终产业化、商业化、市场化的成功。2017 年宝骏 E100 智行版每辆厂家指导价为 9.39 万元，国家补贴 3.6 万元、柳州市政府补贴 1.44 万元、厂家补贴 0.77 万元，实际购买价为 3.58 万元。政策补贴保证了市场消费活力，使企业与消费者双方从中受益，保障了大规模产业化的流通过程，对战略性新兴产业创新发展起到了引导和扶持的关键作用。

战略性新兴产业创新系统的价值流存在于各子系统有相互利益关系的各

方组织之中，通过产品价值增值而使其相互联系、相互影响、相互促进。价值增值过程在战略性新兴产业创新系统各子系统中不同环节、不同组织之间以及各子系统之间的紧密关联为广西战略性新兴产业的创新发展提供了最为直观的信息，价值增值通过其中的利益分配机制，将产业创新发展过程中所需要的一切市场要素资源充分地调动发挥起来，从而实现产业创新系统各子系统间价值流的协同作用。

| 第 6 章 |

广西战略性新兴产业创新驱动
平台构建研究

本章结合广西战略性新兴产业的产业特征，探究以科技创新为核心、以产业价值链攀升和产业布局优化为主线以及搭建创新驱动基础平台的广西战略性新兴产业"三位一体"创新驱动平台模式，从重点领域和关键环节的"顶层设计"突破，解决广西战略性新兴产业创新能力提升的核心动力问题。

6.1 以科技创新为核心构建战略性
新兴产业创新驱动平台

6.1.1 美日韩的科技创新模式简介

6.1.1.1 美国科技创新模式

科技创新广泛存在于社会生活的各个角落，一个国家或地区进行科技创新的潜力总是巨大的，而如何能够对科技创新的潜力更充分地加以挖掘和利用是世界各国一直以来都在不断探索研究的一个问题。作为当今全球科技综合实力最强、科技创新成果最多、科技进步最快的美国模式，值得我们研究借鉴。

　　科技创新的美国模式表现为领导公司和中小企业的突破性技术创新（朱静，2001）。所谓突破性技术创新，即创造性地发明能够解决人类生活或生产所面临问题的新技术、新方法。例如，在某些必须进行严格身份认证的场景，人工智能技术的发明和应用使得人脸识别技术替代传统证件认证，从而有效地规避了传统证件认证方法可能存在的证件伪造和身份造假等问题；现代电子计算机的发明替代了人力进行大量数值计算、逻辑计算和记忆存储，大大地提高了人类算力，极大地促进了全球科技和社会生产力的进步；等等。美国在摸索科技创新模式的过程中，并没有完全照搬欧洲"以推进制造业为中心"的工业化模式，提出了"政府尽量减少对实际创新活动的干预，只提供必要的创新扶持政策和激励制度安排，而更多地发挥市场自发力量进行创新"的模式。以至于后来美国逐渐形成了以大公司为主的"波士顿创新模式"以及以小公司为主的"硅谷创新模式"两种技术创新模式。

　　美国波士顿（Boston）是马萨诸塞州的首府和最大城市，其创建于1630年，历史文化底蕴深厚，催生了以"被誉为全球最具创新力的1平方英里——肯德尔广场（Kendall Square）"为代表的"波士顿创新模式"，波士顿也因此被公认为世界最具创新力的十大创新城市之一。从本质上看，"波士顿创新模式"是一种由政府、大学、大型企业、创新企业、风险资本这五大主体所共同构成的集群式创新模式。第一，由政府明确本地新兴产业支持方向，针对创新企业、高校及研究人员推出新的产业创新激励机制，以促进特定新兴产业领域的创新与研发，主要的政策工具包括直接提供研究经费和税收优惠。从20世纪80年代末开始，马萨诸塞州政府就以生命健康产业作为大力扶持的产业方向，并于2008年提出了一项为期10年、耗资10亿美元的"生命科学激励计划"；在联邦政府层面，美国国立卫生研究院每年大约10%的经费会被转移拨付给以波士顿为龙头的马萨诸塞州用于生物医药领域的科研投入①；同时，通过建立如马萨诸塞州生命科学中心等由政府、企业、大学、创新企业等协同管理机构，对产业政策和产业发展进行共同决策，营造良好的创新创业环境，为创新生态系统构建提供了基础保障。第二，聚焦生命科学重大创新突破的产学研分工合作非常紧密。波士顿拥有哈佛大学（Harvard

---

　　① 宋瑜，何恬. 理论圆桌：学鉴"波士顿模式"，苏州生物医药产业如何创新路？[N]. 苏州日报，2020 - 10 - 27.

University）、麻省理工学院（Massachusetts Institute of Technology，MIT）、波士顿大学（Boston University）、塔夫茨大学（Tufts University）、布兰迪斯大学（Brandeis University）等 40 多所世界顶尖研究型大学的科学研究实力，还有着全美著名的麻省总医院、哈佛大学医学院、新英格兰医学中心等优质临床医学资源，以及众多在化学、分子生物学、生命科学及新材料等相关研究领域的世界级优势学科群和实验室。凭借上述丰富的基础研究和临床研究资源，波士顿地区吸引了诺华（Novartis）、辉瑞（Pfizer）、赛诺菲（Sanofi）、阿斯利康（Astrazeneca）等世界级大制药公司纷纷在此创建创新药研发中心，利用这些大制药巨头雄厚的资金实力和遍布全球的市场营销网络，为基础创新成果的最终商业化和价值实现提供了重要载体和保障。而且，因波士顿地区优异的生物医药产业创新生态系统，许多创新驱动型企业也云集于此，这些企业具有独特稀缺的科学见解，代表了产业技术变革前沿，引导产业发展方向、科技成果转化和新的商业模式，可以和大型制药公司开展创新药的产业化和商业化合作。例如，干细胞疗法属于生命科学前沿领域，其中的小型生物技术初创公司 SQZ 公司于 2015 年与全球制药龙头罗氏公司（Roche）达成战略合作关系，共同将其开发的用于治疗肿瘤适应症的抗原呈递细胞（APC）进行商业化，SQZ 公司从中可获得高达 1.25 亿美元的预付款和 2.5 亿美元的收入，还可享受超过 10 亿美元的开发里程碑付款以及获批药品的商业共享权，罗氏公司也可从与 SQZ 公司的合作中获得较自身研发成本更低的前沿创新成果，由此实现了双赢。[①] 第三，强大的风险资本为生命科学创新研究与成果转化提供关键的资本支撑。生命科学研发具有研发周期长、耗资巨大、风险性极高的特点，因发明专利获得的重大不确定性无法在开发里程碑阶段从银行等传统金融机构获得大量贷款。而波士顿是美国第三大金融中心和全美最大的基金管理中心，孕育出格局远大、慧眼独具、决策果敢的风险资本，通过天使投资（angel investment）、风险投资（venture capital）扶助代表生命科学技术前沿的初创生物医药创新驱动型企业顺利渡过孵化期、幼小期，直至企业成长到一定规模时通过首次公开发行（initial public offering，IPO）上市融资以更快发展。据统计，2018 年，马萨诸塞州总共有 18 家生物技术公

---

① 世界生命健康产业集群式创新的"波士顿模式"［EB/OL］. 中国网医疗频道，http：//med. china. com. cn/content/pid/229608/tid/1026/iswap/1.

司进行 IPO，占所有美国生物技术 IPO 中的 31%；2019 年，波士顿地区生命科学领域风投资金达到 47 亿美元，占美国生命科学领域风投资金总额的 24.6%。

而美国硅谷是创新者们的聚集地，其创新模式更多是颠覆式创新，即创新视野独特、可能颠覆现有产业发展方向、改变市场消费结构的创新。学校及研究机构与工业界的联系十分紧密，创新研究的方向明确。在这种创新模式下，硅谷的创新效率非常高。诞生了几十家从"车库文化"发展起来的大公司，例如，惠普、微软、苹果、甲骨文、英特尔、奥多比、谷歌、特斯拉、脸书等科技巨头。这些公司的成功离不开美国对新兴科技创新营造的良好环境以及巨额的研发投入。据美国国家科学研究委员会的报告显示，美国的年研发投入已经达到了 4960 亿美元，占据了全球总研发投入的 26%，而且在基础研究上的投入比例高达 17%。持续不断的高额研发投入为美国新兴科技与新兴产业创新打下了良好基础，并使得美国科技公司在国际竞争中得以保持其强大的旗舰地位。

不管是"波士顿创新模式"还是"硅谷创新模式"，其成为新兴科技产业集聚地的共通成功之处在于：一是本地区及周边顶尖高校、专业研究机构云集，有雄厚的科研基础、一流的科研条件以及浓厚的科研氛围，可以保证充足的研发新生力量不断投身于新兴科技创新中；二是美国官产学研的紧密结合创新模式也是保证其科学产出高速增长的引擎；三是风险资本在促进新兴科技产业创新驱动型中小企业成长中的作用功不可没。因此，美国新兴产业创新网络生态系统的构建已经较为成熟，其运作模式可以概括为：首先，是创意的提供部分，由学术界前沿、国家科研机构发现并提供具有探索价值的未来科技发展方向；其次，由创意执行者、成熟大企业、创新型企业及高校、专业研究机构联合，其中也有不同技术路线的竞争，从中优中选优，政府做推手加速科技创意的实现；再其次，是在创意市场化的过程中寻求创意自身的市场价值和市场定位，在创意的大方向不变的前提下对创意进行一些应用上的小创新，从而更好地适应市场需求；最后，是由创意的客户及消费者为创意的实现买单，从而实现一个成功的创新。

6.1.1.2　日本科技创新模式

第二次世界大战后，日本仅仅用了短短十几年便快速地恢复了生产，20

世纪七八十年代，日本消费电子、家电、汽车、机械、设备、半导体等产业凭借质优价廉的产品，其国际竞争力甚至超越了美国，日本经济的迅速崛起为当时全世界所瞩目和惊叹。进入 21 世纪，日本继续鼓励科技发展，基础研究方面取得了卓越成就，自 2000 年以来的 19 年间，主要在物理、化学、生理学、医学等领域连续获得了 19 个诺贝尔奖。而在现代及未来社会，掌握科学技术才能获得社会生产力的高速发展。日本的科技创新模式又是如何取得成功的呢？

日本技术创新模式演进过程表现为"模仿创新—引进消化吸收再创新—集成创新—原始创新"四个阶段。产业创新模式的逐次转变体现出了日本科技掌握程度的不断深化，为中国等后发国家寻求自身产业发展定位和创新模式提供了有益参考。日本的"模仿创新"阶段是日本在战后初期到 20 世纪 50 年代，由于战争的巨大破坏及国力耗尽，日本经济基础薄弱，物资紧缺，产业技术匮乏。在这一阶段，日本企业的技术创新不得不依赖于引进国外成熟技术，技术创新模式表现为通过大量购入外国机器设备，引进技术进行模仿创新，由此获得了大量的技术红利，仅仅用少量的技术引进资金便分享了欧美国家花费巨额研发费用、耗时多年才开发出来的先进科技成果。通过提升产业技术水平和劳动生产效率，带动日本经济从战争的废墟中逐渐复苏。从 20 世纪 50 年代中期开始，日本创新模式变为"引进消化吸收再创新"。在这一时期，日本企业意识到只引进模仿、不消化吸收的创新模式使得日本产业的科技创新永远只能跟着欧美跑，而不能在国际市场中形成足够竞争力。为了能够与欧美企业同台竞争，日本企业开始对引进的科学技术进行瑕疵修复和产业适用性改良，从而能够在产品生产的一些方面做得比欧美企业更好，迎合了市场需求，实现了进口替代，稳固了本国产业的国内市场份额。在引进技术的基础上进行二次创新的创新模式使得相对于欧美商品而言，日本产品如家电、汽车的质量更好、价格更优，从而获得了国际市场的青睐，产业发展模式从进口替代转向出口导向，促进了日本经济的复兴。在 20 世纪 70 年代中期，日本产业开始走"集成创新模式"，该模式是将创新要素进行优化重组，从而形成效率更好、信息流动更便捷合理的创新体系。根据产业链划分，集成创新可以划分成横向集成、纵向集成和交叉集成（薛春志，2011）。集成创新模式应用于基础研究、应用研究和开发研究之中。通过政产学研结合，由政府主导高校、科研院所及企业共同参与。在政府明确的新兴技术发展导向下，集成创新模式更具有产业创新研发的针对性，并能使新产品、新技术等科技创新成果快速转化为市场需要的商品，实现创新的价值。集成创新模式也可应用于不同技术领域之间的合作，通过将各领域的专业型人才集中起来，联合打造一款商品，实现不同领域技术的紧密结合。这样的由不同学科领域交叉融合开发的产品复杂性及创新性都为行业领先，极具市场竞争力。集成创新模式给予了传统产业向新兴产业过渡的一条路径，是产业融合道路上的重要推手，为日本产业的创新发展提供了一种重要的新思路。

在本国经济高度发达的今天，日本产业已经不能单单依靠引进消化吸收改良的老路线进行技术和产品的二次创新，并且 1985 年 9 月 22 日由美国、日本、德国（联邦德国）、英国、法国等国在纽约广场饭店达成了"广场协议"迫使日元升值之后，日本与美国之间在芯片等高技术产业上贸易摩擦的加剧以及美国对日本的先进技术输出限制和市场准入限制，使得日本自 20 世纪 80 年代初期以来顺应世界科技前沿趋势，逐渐转向立足内需的科技立国战略，着力发展知识密集型产业，科技创新模式转化为原始创新，通过制定新兴技术产业化远景构想，大力推进新材料、医用设备、生物技术、信息技术、新能源等新兴技术的开发与应用等领域基础技术的研发和产业化。原始创新模式与集成创新模式的紧密结合，使得日本企业在当今全球许多产业链供应链的关键核心环节上仍然占据着重要的技术领先地位。

6.1.1.3 韩国科技创新模式

作为一个东北亚朝鲜半岛的国家，韩国自然资源储量有限，农耕地仅占国土总面积的 22%，国内市场狭小。然而却拥有着众多世界知名品牌，三星（Samsung）、现代（Hyundai）、LG、SK 海力士（SK hynix）等公司掌握了大量的关键科学技术且在全球电子信息、汽车、新材料等产业链中扮演着重要的分工角色，可以说是韩国最先进技术的总成。韩国作为后发国家，其产业技术发展完成了从对发达国家成熟技术一味地引进模仿到形成自有的产业创新体系、进行自主创新的过渡，并能够赶上国外科技的发展速度，其科技创新模式十分值得研究。

早期韩国科技创新模式是政府主导型的科技创新模式为主，指引韩国在工业现代化的过程中成功实现了追赶。类似于日本科技创新模式的演进，韩国的科技创新模式发展也经历了几个阶段的转变。科技创新模式的初期为模仿期（20 世纪 50～70 年代），鉴于科技和工业基础上极度匮乏，吸收和效仿国外的优秀技术是韩国这一时期推进工业化的主要方式。到 20 世纪 80 年代，韩国调整了科技发展战略，自主研发与提升国家创新力作为主要发展目标，科技创新模式进入改进期。在这一时期，韩国采取了同日本相似的科技发展战略，对引进的科技进行二次创新开发，加强了科技学习和自主创新能力，将经济发展模式由出口驱动转向技术驱动，提出高技术产业优先发展战略，产业发展重点变为电子信息、半导体、机电一体化、精细化工、新材料等技术密集型产业，催生出三星、现代、LG、SK 海力士等集团式大企业，支撑起整个韩国国民经济的快速发展并步入新兴工业国家行列，这说明韩国政府主导型的科技创新发展模式取得了一定的成功。

20 世纪 90 年代以来，韩国进入了技术整合阶段，大企业实力快速增强并大力进军国际市场，韩国企业的研发投入占本国总研发投入的 70%以上，韩国企业基本接手了新兴产业研发创新的需要，这时模仿创新已经难以带来经济增长，只有进行创造创新才能获得长远收益。2000 年至今韩国科技创新的政府干预机制已经被市场机制所替代，政府在创新投入上居于其次，以三星为首的韩国集团式大企业已经具备了较强的国际市场竞争能力，韩国真正进入了自主技术创新阶段，为本国经济增长提供了强劲动力。2019 年，韩国以国内生产总值 1.63 万亿美元排名世界第十二位、以人均国内生产总值 32341 美元排名世界第 40 位。因此，2021 年 7 月初，在瑞士日内瓦总部举行的联合国贸易和发展会议（UNCTAD）第 68 届贸易和发展理事会上，经 195 个成员国一致通过，将韩国的地位从由"发展中国家集团"升级为"发达国家集团"，成为 UNCTAD 所认定的第 32 个国家，这也是 UNCTAD 自 1964 年成立以来首次将一个国家的地位从发展中国家变更为发达国家。① 这说明，在科技型大企业集团自主创新引领新兴产业技术创新的科技创新模式卜，韩国的经济增长质量、工业化水平、生活品质和社会发展实现了飞跃。

---

① 南博一. 韩国"升级"为发达国家，怎么评的？[EB/OL]. 澎湃新闻，https：//www. thepaper. cn/newsDetail_forward_13485193.

6.1.1.4 美日韩的科技创新模式总结

美国、日本、韩国三国的科技创新模式演变和新兴产业发展历程表明，无论是技术先进国家还是技术后发国家，在新兴科技与新兴产业的发展上始终都处于"危险"和"机遇"并存的状态。

"危险"对于技术先进国家而言，是技术后发国技术引进吸收模仿之后的二次再创新所生产的更高性价比的产品的国际冲击力对技术先进国家市场份额的挑战，技术先进国家若不加以在新兴科技上实现创新研发的突破，产业体系的竞争力就会被削弱，经济发展也会陷入停滞。对于技术后发国家而言，若一味地进行技术模仿而缺乏自主创新的内在动力，将会在世界新兴科技不断进步的顺流中丧失产业结构转型升级的机会和方向，整个经济也将在经历短期的高速增长后而长期陷于"中等收入陷阱"。

有"危"就有"机"。在技术调整期，技术先进国家可以根据世界科技前沿演进趋势进行前瞻性新兴技术和新兴产业发展规划部署，利用其强大的基础研发优势、教育和科研体系基础优势、尖端人才优势、企业品牌优势，进行政产学研创新研发合作获得理想的新兴科技创新成果，并通过社会资本的扶助促进科技创新型企业做大做强，共同加速实现新兴科技创新成果的商业化，推动新兴产业快速发展，从而使本国得以继续掌控世界科技创新的领导地位。对于技术后发国家而言，在技术引进吸收模仿再创新及经济增长模式由进口替代转向出口导向之后，可以利用由此积累的丰富资本和人才，由国家制定新兴技术和新兴产业创新发展规划，激发各类企业自主创新活力，在世界新兴科技与新兴产业发展方向加紧布局，与发达国家开展自主创新技术和产业同台竞争，实现在某些新兴产业、某些新兴产业链环节、某些新兴技术上的追逐与超越，不断提高本国经济发展质量。尤其是日本、韩国两国对后发优势的牢牢把握与巧妙利用是使其自身的科技创新发展在短时间内走上快车道的关键。经济发展与科技发展相互依存，根据本国经济发展不同阶段的特点，选择恰当的科技创新模式，用好经济手段，抓住历史机遇发展新兴科技、新兴产业，是使一个国家、一个地区获得长久经济发展内生动力的捷径和保证。

6.1.2 广西战略性新兴产业创新驱动平台构建

在西部省份中，广西战略性新兴产业创新发展存在一些积极因素。地理条件上，广西壮族自治区坐落在祖国南疆，东连广东省，南临北部湾并与海南省隔海相望，西与云南省毗邻，东北接湖南省，西北靠贵州省，西南与越南接壤，每年一度的中国－东盟博览会在广西南宁举办，是中国与东盟经济贸易交流和国际陆海贸易新通道建设、"一带一路"建设、西部陆海新通道建设、粤港澳大湾区对接东盟发展的重要战略节点，有利于跨国、跨区域物资、资本、人才、信息的交汇和流通。区域发展政策上，广西有西部大开发、广西北部湾经济区建设、广西面向东盟的金融开放门户建设等国家战略的大力支持，也有"中国（广西）自由贸易试验区"和"广西沿边金融综合改革试验区"等开放发展新的战略支点建设的新发展机遇。据广西地方金融监督管理局发布的数据显示，2020 年，广西跨境人民币结算达到 1557 亿元，其中广西与东盟跨境人民币结算量为 681 亿元，占广西与东盟本外币跨境收支的 60%，人民币继续保持广西与东盟第一大跨境结算货币；广西跨境人民币结算累计总量现已达到 1.28 万亿元，在我国 9 个边境省区、12 个西部省区中排名第一。[①] 科技创新上，根据广西知识产权局数据，2016 年，广西被列为国家首批特色型知识产权强区建设试点区，发明专利授权量增长近 30%；每万人发明专利拥有量 2.86 件，6 项专利获中国专利奖；新增 1 家国家重点实验室、18 家自治区重点实验室及培育基地、3 家国家技术创新示范企业，有各类创新平台 694 家、企业技术中心 363 家、国家级高新技术企业 830 家；2020 年，广西每万人口发明专利拥有量达到 5.12 件，比 2015 年增长了 156%，说明全区社会科技创新氛围和创新质量实现了明显改善。

为了加快战略性新兴产业的创新发展，构建具有合理性、可行性、高效性的创新驱动平台对于当前广西而言是最为亟须的，同时还应注重创新驱动平台内部各模块的细节建设。广西创新驱动平台的构建应当根据自身的产业体系特色、区域发展定位和科研基础条件，充分发挥地缘优势、人力资本优势和产业优势，推动政产学研的紧密结合，在技术引进的基础上进行二次创

---

① 广西跨境人民币结算累计总量居西部之首［N］. 人民日报，2021 – 02 – 24.

新开发，加速基础技术积累，为实现科技创新模式由模仿创新向自主创新的转变做好准备。

　　基于前文分析，本书认为，广西战略性新兴产业创新驱动平台的整体框架可以主要分为三个平台的建设，即创新服务平台建设、资源信息整合平台建设和研发平台建设（如图6.1所示）。

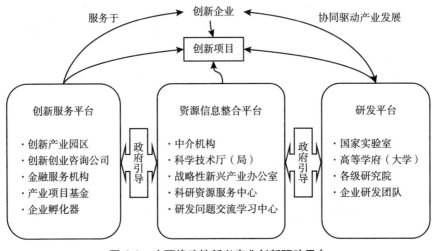

图6.1　广西战略性新兴产业创新驱动平台

　　创新服务平台的宗旨是服务于广西战略性新兴产业创新企业的创新需要，科学地对企业创新创业方向进行引导，并为中小创新创业型企业及有投资需求的大型企业提供发展空间和发展资源。创新服务平台中，创新产业园区为中小创新创业型企业提供集聚发展的产业基地，由政府主要规划建设，因地制宜地合理安排好战略性新兴产业区域布局，规划好产业发展方向是产业园区建设取得成功的关键所在。创新创业咨询公司建设，主要由有能力的成熟产业咨询公司承担这一功能，要求咨询公司能够准确把握市场信息行业动态，充分解读政府产业政策文件，从而帮助中小创新创业型企业更好地选择发展方向，为全国范围企业和外国企业进入广西发展提供及时、深入的产业咨询服务，切实将有理想、有潜力、有技术的好企业引导到正确的战略性新兴产业发展方向。金融服务机构建设，要完善市场机制，为中小创新创业型企业提供精准合宜的融资渠道，建立健全风险投资机制，大力推动掌握关键技术的"专精特新"企业上市融资,着力发挥金融服务于战略性新兴产业创新发展的功能。在政府主导的战略性新兴产业创新发展方向设立政府产业投资基金或与区外新兴产业链优势厂商设立共同项目投资基金,发挥政府研发投入对社会资本的投资带动作用,确保政府产业政策优先发展的战略性新兴产业能够得到及时建厂立项。企业孵化器建设,对有技术积累和科研条件的科技"小巨人"进行重点孵化,提高中小科技创新型企业的存活率,提升创新型企业的自主研发能力,能够向战略性新兴产业不断地输送优质企业进入产品生产供应链中。

研发平台的功能是承担起战略性新兴产业创新中多数的基础技术研发创新、科技成果转化和新产品设计的功能。研发平台与创新企业协同驱动战略性新兴产业创新发展,企业作为微观创新主体积极利用研发平台投入研发,并将带有自身创新特点的产成品投向市场。通过市场对产品的接受认可程度来反馈产业创新的实际价值,不具备产品竞争力的企业将会被市场剔除,而有竞争力的企业将会逐渐成长为战略性新兴产业核心品牌商。更多的企业创新主体加入战略性新兴产业创新驱动平台中,将保证创新驱动平台的良好运作,平台运作时间越长也将越发地增强其稳定性。研发平台主要由四个部分构成:一是国家实验室,作为学术界的权威,能够基本制定未来产业发展研究方向;二是以大学为主的高等学府,充分利用起高校资源,为一心做研究的人提供良好的科研环境,将师生的科研热情调动起来投身于未来产业技术前沿基础研究,从而降低战略性新兴产业研发成本,提高新技术、新产品的创新效率;三是各级研究院,聚集专业知识过硬、肯于长期耐心做研究的人,对战略性新兴产业基础技术的研发有巨大驱动力;四是各类企业的研发团队,作为企业研发创新方向最直接的把控者,企业研发团队在利用研发平台其他机构建立的研究方向和基础技术基础上,根据企业自身技术要求及研发需要,致力于产业紧缺技术、短板技术开发和新产品研制,从而掌握核心竞争力科技成果,成为战略性新兴产业科技创新研发的中坚力量。

资源信息整合平台可以说是创新服务平台和研发平台之间的黏合剂,只有充分利用好资源信息整合平台的功能,做好平台规划和职能部门构建,才能使创新服务平台和研发平台紧密地成为战略性新兴产业整个创新驱动平台的有机构成,并在其中发挥自身应有的平台效用。资源信息整合平台承载着创新驱动平台中重要的信息中枢功能,各微观创新主体在这一信息中枢中获取有用的新兴科技、新兴产业信息来满足并制定自身生产发展规划和战略的需要。在资源信息整合平台中，任何一个组织或机构都承载着重要的信息交换责任。研发平台与创新企业之间需要中介机构来对创新项目与科研机构相匹配，中介机构必须拥有大量项目信息，而科研院所的研究方向和研究能力也要与创新项目的发展方向所一致。科学技术厅（局）将严格把握科学技术前沿，以政策手段主导战略性新兴产业技术研究方向。组建战略性新兴产业办公室，负责监管本地区战略性新兴产业发展状况，及时发现和处理产业发展中出现的重大突发问题，确保产业良性、健康、持续地创新发展。建立科研资源服务中心，负责提供与本地区战略性新兴产业技术创新相关的科技资源、科技仪器、科技信息及科技文献，从而方便研发平台和创新服务平台的相关参与主体进行信息文献获取及科技研发仪器使用。此外，在资源信息整合平台中，研发问题交流学习中心的设立也十分重要，其目的是加强创新需求方与创新供给方之间的信息交流，加深创新需求方对本地区优先重点发展的战略性新兴产业科学技术水平、发展方向、技术路线、发展可行性及市场空间等方面的理解，强化创新供给方对创新目的和要求的认知，从而提升战略性新兴产业技术与产品创新研发的成功率。

6.2　以产业价值链攀升和产业布局优化为主线构建战略性新兴产业创新驱动平台

6.2.1　产业价值链攀升中战略性新兴产业创新驱动平台构建

按照产业经济学的释义，产业价值链攀升是指随着产业成长、规模扩大和创新能力增强，企业不断由低附加值环节向高附加值环节转移的过程。广西战略性新兴产业创新驱动平台的构建应发挥好产业价值链中价值节点主体的内生创新动力，在政府产业政策扶持的基础上，注重引入市场竞争机制，优化产业创新资源配置。在战略性新兴产业引入初期，政府提供部分项目启动资金以及在研发端和消费端给予补贴是作为产业项目从无到有的重要推手。当产业有足够企业进入后，利用市场机制的作用能够激起企业的求生欲从而争相加紧创新，以求在技术路线、研发能力和产品科技含量方面领先于其他企业，获得更大的市场份额。而在产业价值链攀升的过程中，有大量企业会涌入至战略性新兴产业中，一些企业倾向于原发创新力争向高附加值环节攀升，一些企业会采取技术跟随模仿并适时再创新的战略，在产业规模足够大的基础上，由市场竞争所激发的企业技术创新行为及由此产业的新兴科技创新成果也会快速增加。所以广西在构建战略性新兴产业创新驱动平台时，应当认真考虑在产业价值链攀升过程中如何通过市场竞争机制"优胜劣汰"作用的充分发挥，大力激发产业链供应链各类企业的创新潜能。下面，本书将以广西新能源汽车产业链中市场竞争机制的作用机理为例，说明在产业价值链攀升过程中如何发挥创新驱动平台的作用。

新能源汽车的产业价值链包括原材料的加工制造、生产设计、仓储运输、订单处理、商品销售、售后维修服务等。就目前广西新能源汽车产业整体发展状况而言，产业本身的价值链环节并不完善，尤其是在新能源汽车的售后维修服务以及一些核心零部件供应方面极其匮乏。在宏碁创办人施振荣先生所提出的经典"微笑曲线"（smiling curve）① 理论中，产业价值链中的各环节分别对应着价值链两端的高附加值部分和中间的低附加值部分，其中，高附加值部分主要是设计和销售业务，低附加值部分则是制造环节。在新能源汽车产业价值链中，产品研发、设计、稀缺原材料（锂、钴等）供应及关键部件的生产供应占据着"微笑曲线"的前端，代表着产品推出环节中高附加值部分的生产分工。新能源汽车整车制造在"微笑曲线"中一般处于低附加值区域，技术含量相对较低；但是，在融合5G、物联网、大数据等新一代信息科技技术的工场作业环境中，随着生产线全面引入工业机器人及自动进行工序连接和监控，完成从搬运、焊接、涂胶、弧焊、喷涂、涂胶、液体物质填充等全流程操作，实现智能化生产，"熄灯工厂"正在成为新能源汽车制造环节的主流模式，对生产线工人的需求将会大量减少，从而极大地降低人工成本，高效率车企制造环节的附加价值会因而大大增加。新能源汽车的销售、售后服务以及企业管理咨询占据着汽车后市场服务业中附加值较高的部分，处于微笑曲线的后半段。

广西新能源汽车产业若想实现产业价值链增值，并完成产业价值链的攀

① 施振荣. 再造宏碁［M］. 上海：上海远东出版社，1996.

升，就需要加大产业自主创新力度，实现价值链各部分技术及服务水平的提升从而增加产品附加值（如图 6.2 所示）。产业价值链中产品附加值的提升需要从产业链整体的细节处进行分析，虽然本书也试图将广西新能源汽车价值链增值各部分对应于其在新能源汽车产业链中的具体位置去寻求答案，但产品价值链与产业链上下游厂商之间是"你中有我、我中有你"的关系，难以从严格意义上去一一对应。因此，为了更好地研究广西新能源汽车产业在产业价值链攀升中创新驱动平台所能发挥的作用效果，本书将广西新能源汽车价值链增值过程中各部分结合于新能源汽车生产的产业链来更为系统地提出该产业创新驱动平台的建设构想。

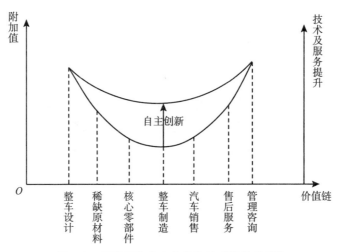

图6.2 新能源汽车产业价值链"微笑曲线"

新能源汽车产业链上游主要为整车生产制造所需原材料的供应，中游包括了新能源汽车生产中的三电系统（电驱、电控、电池）、车体及其他零部件的供应，而下游则包括了各种类型新能源汽车设计、生产制造、售后服务、电池回收及社会公共服务设施建设等方面。新能源汽车在整车设计上分为插电式混合动力车、纯电动汽车和燃料电池车。从全球范围及国内市场的实际情况来看，现以纯电动汽车的研发推广为主。广西创新驱动平台应针对新能源汽车产业价值链中附加价值高的部分，充分发挥好市场自有动力来组织研发、设计和生产（如图 6.3 所示）。

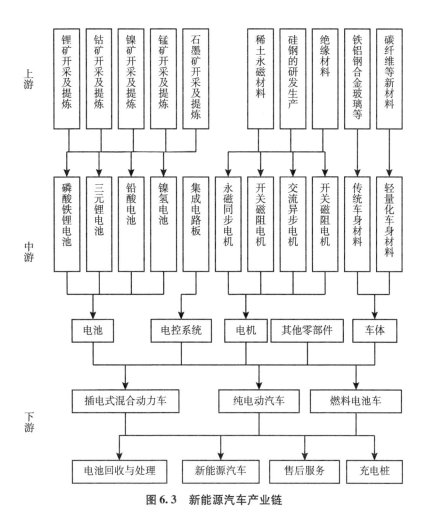

图 6.3　新能源汽车产业链

纯电动汽车的设计研发处于产业价值链的前端，好的车型设计能够为企业带来可观的产品附加值。广西新能源整车企业在中低端车型上的设计得到了市场的较好认可，在同一价格层次、技术及零部件配套水平上，例如，畅销的五菱宏光 MINI EV 这样的车型可以发挥最大的定制化效果。广西今后在新能源整车设计环节应加快向中高端车型升级，以争取实现更高的产品附加值。

新能源汽车本身是科技含量较高的产品，生产工艺复杂，所需要的零配件较多，并且零配件中所蕴含的关键核心技术也十分庞杂。广西新能源汽车产业价值链的高附加值部分应当定位于新能源汽车生产所需要的关键零配件上，因为新能源汽车与传统汽车最大的区别在于动力系统的全面改变，故新能源汽车生产中附加值较高的环节主要为新能源汽车三电系统的研发和制造，大概占到新能源汽车整车制造成本的75%。而且，新能源汽车作为新兴科技产品，电驱、电控、电池的技术迭代仍在快速进行，以达到更高性能、更低成本，目前国内绝大多数新能源汽车自主品牌主要掌握的是整车控制器（vehicle management system，即动力总成控制器），以及电驱、电控、电池的集成技术，对于三电系统部件的技术研究涉足较少。从这一逻辑出发，广西新能源汽车产业创新系统构建应紧紧围绕着三电系统的研发生产，从而在本地区形成新能源汽车自主可控且具有核心竞争力的整个产业价值链。而由于广西现阶段总体技术落后于浙江、福建、广东等省份，并且三电系统本身的技术非常复杂，研发需要投入大量的人力、物力、财力及时间，单单依靠其在新能源汽车产业链下游占据的地位难以充分激活广西本地汽车配套企业的研发热情。因此，若能够采取可行策略，较快地掌握三电系统的关键核心技术使之参与到产业链供应体系中，将为广西新能源车企带来持续的高收益，并形成自主研发生产的能力。对此，广西新能源汽车三电系统创新驱动平台的构建可以发挥相应作用，以融合各方力量加速自主创新，这就需要权威科研机构做方向性引导，政府对相应研究方向进行政策鼓励和必要的基础研发投入，同时加强与其他技术强省的交流，积极引入该领域的一流学者，加强省内相关学科建设，为有研发能力、有梦想的人才提供最理想的科研平台，以积跬步至千里。

新能源汽车整车生产制造部分处于新能源汽车产业价值链底部，由于大量新能源整车制造商的进入，整车生产在产业链上的实际附加值较低，但赋予产品附加值的过程却最为稳定，与传统汽车生产的制造工艺之间的技术壁垒远远小于整车设计以及核心零部件的研发生产。正是如此，广西区内以上汽通用五菱股份有限公司为首的新能源汽车生产商普遍将自身新能源汽车业务发展的重点放在了整车制造上，直接带来了旨在提升制造效率的新能源汽车生产模式的创新，包括生产工艺的改进、生产流程的合理化、生产设备的更新等，从而生产模式上的创新驱动力比较充足。

在汽车销售及售后服务方面，国内新能源汽车产业普遍的现象是管卖不管修，顾客购买商品后，发生事故定损难，维修更难，电池更换成本极高。

因而导致了很多用户对新能源汽车的推广持观望态度，除个别头部厂商外，主动购买的意愿仍较低。近些年，上述状况得到一定程度的缓解，如一些厂商开始采取换电模式解决电池续航的问题，推动了新能源汽车销量同比、环比的大幅增长，2020 年国内新能源汽车市场渗透率已达到 10%。但对新能源汽车用户来说，维修、电池保养及衰减测试、二手车定价等售后服务的欠缺仍然制约了新能源汽车的推广。在广西，宝骏纯电动 E 系列、五菱宏光 MINI EV 等车型为柳州打出了城市名片，火遍柳州大街小巷以及行销全国，但即便如此，曾经也被爆出售后服务不够完善，甚至售后的很多业务都被外包了出去，售后客服处理问题能力极其有限等问题。而售后服务在新能源汽车产业价值链中也属于附加值较高的环节，提高该节点的服务质量对新能源汽车的推广绝对有益，广西地方政府应尽快出台本地区新能源汽车售后服务标准，核心整车品牌商也应加强自身售后服务方面的全面质量管理，促进整车销量的进一步增长。在销售及售后的质量控制上，可考虑引入区块链销售模式，建立大数据采集、分析和质量安全追溯系统，降成本提效率，激发广西新能源汽车产业整车企业、零部件配套企业和汽车后市场服务企业提质增效的整体产业创新发展动能。

对于新能源汽车这一产业的发展，既有特斯拉这样的行业旗舰，又有大众、通用、宝马等老牌的国外燃油车企正在加速进入市场；全球汽配龙头博世集团日前也宣布因世界新能源汽车产业发展势不可挡，原来的汽车供应链体系已不再有效，核心业务逐渐向新能源汽车转型是必然选择，其他国际汽配排名前十企业如电装、麦格纳、爱信精机、现代摩比斯、法雷奥等均已正在加速推进电动汽配业务发展。国外这些整车品牌商和供应链核心企业拥有成熟的汽车研发体系、雄厚的知识专利、高质量的研发团队和丰富的供应链管理经验，并且已经对相关技术做了多年积累，因而随着国外厂商的加快进入，全球新能源汽车产业在关键核心技术研发和市场拓展两方面将取得显著进展。而国内的新能源汽车产业也历经了十几年的成长史，在新能源汽车核心技术的研发模式、整车集成技术、三电系统供应链完善、生产制造工艺流程改进等方面形成了较为成熟的体系，参与新能源汽车产业链中的各厂商往往都在某些特有的方面具备自身的领先优势。国内外新能源汽车核心厂商累积的相对领先优势和发展经验可以为后发地区新能源汽车产业创新发展提供富有成效的管理咨询服务。广西应通过加强与国内外新能源汽车强势企业的产业链供应链合作，采取合资新建企业、战略联盟等方式，灵活并充分地运用好管理咨询这一服务，帮助广西本地区新能源汽车企业获得更新的知识、技术和发展理念，促进产业更快成长壮大，对于培育新的中小创新创业型厂商进入新能源汽车产业也更加容易。

6.2.2 产业布局优化加强战略性新兴产业创新驱动平台构建

根据广西壮族自治区人民政府出台的《广西战略性新兴产业发展"十三五"规划》，广西战略性新兴产业的空间布局发展方向呈"一级两带两组团"模式分布。其中，"一极"即南宁新兴产业核心增长极，南宁市依托产业基础和首府资源，大力发展新一代信息技术、智能装备制造、大健康、新材料、新能源汽车产业，重点打造新一代信息技术产业基地、石墨烯和高性能铝合金材料基地、航空航天和先进轨道交通装备制造基地、健康养生产业和养老服务示范基地。"两带"是指桂柳南北新兴产业创新带和沿海沿边特色新兴产业发展带，前者依托桂林、柳州、南宁、北海四个国家级高新区及重点产业园区，突出创新驱动和科技引领，重点发展新一代信息技术、智能装备制造、新能源汽车、大健康等产业，构建高端化、自主化、集成化主体产业区，打造广西新兴产业创新中轴及后台服务基地，形成新的经济增长带；后者发挥沿海延边地区特色优势，重点在钦州市、防城港市、崇左市、百色市发展智能装备制造、新材料、大健康等产业，形成特色新兴产业带。"两组团"中，一个是桂东承接新兴产业转移组团，依托自身区位优势，将玉林、贵港、梧州、贺州发展成承接粤港澳以及台湾等发达地区的新兴产业转移的地区，重点发展智能装备制造、节能环保、新材料等产业；另一个是河池－来宾大健康新材料组团，依托河池及来宾的生态优势、有色金属资源优势来重点发展大健康、新材料等产业。

广西战略型新兴产业创新驱动平台的构建应紧紧围绕本地区各种不同资源的分布情况，依托各区域资源优势和产业基础，在新兴产业区域分布上合理布局、错位发展、不断优化。以南宁市为核心一级的战略发展规划，重点要求着力提升南宁市对高端人才、产业资本的集聚和吸纳能力，以驱动国内外新兴创新型企业在南宁市落地生根，茁壮成长。高校及科研机构的创新能力决定了新兴产业中创新创业型中小企业的出生率，孕育和承载着创新创业者的梦想，在产业创新驱动系统中起重要的区域支撑作用，南宁市应从人力、财力、物力、政策上多管齐下，加大对高校及科研机构的创新赋能，使其成为广西战略型新兴产业创新驱动平台的中坚力量。而且南宁市作为广西战略性新兴产业发展的"一极"，其具备的重要优势是能够最便捷地获取区内外新兴科技与新兴产业相关动态信息，在创新驱动基础平台的搭建过程中成为所有产业发展投资方向的信息中心，以国家新基础设施建设为抓手做好信息港、数据中心、算力基地建设和运营恰逢其时。只要解决好人才、资金、高校与科研机构孵化器及信息问题，南宁市有望成为国内外新兴企业争相落户发展的乐土，在广西相应新兴产业发展中掌控相当的领先优势，并可辐射到其他地区的产业及企业，带动广西产业总体科技水平和创新力的提高。

但是，在广西战略性新兴产业的实际发展中，如果仅仅是以南宁市作为"一极"，将带来本地区新兴产业创新发展不平衡的结果。因此，在着力培育好南宁"一极"的同时，应积极推动其他地区加快自身战略性新兴主导产业的发展和创新力量的培育。由广西战略性新兴产业的空间布局发展方向可以看出，桂柳南北新兴产业创新带主要发展的战略性新兴产业为新能源汽车、智能装备制造、新材料、大健康、新一代信息技术产业，充分发挥了"一极"加"一带"的创新带动作用。而沿海沿边特色新兴产业发展带与作为核心的南宁"一极"的关系相对弱化，这样的产业布局可能对该区域新兴产业与其他区域之间的发展联动性产生不利影响，为了更合理地进行区域产业布局，沿海沿边特色新兴产业发展带应在其智能装备制造、新材料、大健康等新兴产业发展中积极向南宁"一极"和桂柳南北新兴产业创新带靠拢，形成产业链上的明确分工，特别是将上游基础资源深度切入后两者的新兴产业供应链体系中，形成强强联合的产业创新系统。"两组团"也应参照此思路，加强与"一极两带"的新兴产业链协同发展。通过优化战略性新兴产业的区域布局，在广西全区范围内形成新兴产业带催生创新带、创新带驱动新兴产业带的良性循环，使得"极—带（组团）—点"的创新辐射作用得以充分发挥，从而激活各地方创新动力，共同促进广西战略性新兴产业多点创新发展新格局的形成。

在广西战略性新兴产业创新系统的区域布局优化方面，积极同周边强省加强产业链合作亦十分重要。在产业区域布局方面，可以重点通过"东融"战略参与粤港澳大湾区战略性新兴产业链供应链来获得自身技术发展进步。同时，在此过程中，广西也可以加强与发达地区在新兴科技与新兴产业创新方面的常态化信息、人才、企业交流，从而有利于广西更好地选择战略性新兴产业中新技术、新产品的研发创新方向，获得事半功倍的产业创新发展成效。

6.3 搭建战略性新兴产业创新驱动基础平台

搭建广西战略性新兴产业创新驱动基础平台需要从产业集聚、产学研合作、公共服务、投融资平台建设四方面入手，理清思路，采取得力举措，切实解决好新兴产业创新驱动基础薄弱的问题。

6.3.1 产业集聚的创新驱动基础平台搭建

从先进国家和地区发展经验来看，一个国家或地区战略性新兴产业的创新驱动依赖于由多元创新主体创新蜂聚而产生的产业集聚效应。因为新兴产业创新并不是一个孤立的行为，而是由整个产业中大量创新驱动型企业、高校和科研机构共同发展推动的，单个企业创新的能力、动力和效率都不足以确保一个产业的持续创新。只有在政府新兴科技与新兴产业发展规划的指引下，将创新放到市场中，让创新主体间的合作创新增强企业的创新能力，市场竞争给予企业创新压力，才能保证新兴产业创新系统的有效运行并达到预期成效。

产业集聚在一定程度上带来了企业间的知识溢出。知识溢出大致存在着以下几种方式，包括：创新思想的迅速传播、核心技术人员在企业间的流动、企业对创新成果的相互模仿。在产业集聚状态下，一些针对创新采取的不正当竞争更容易在市场中滋生蔓延。知识溢出的结果既可能推动创新，也可能因为"搭便车"行为盛行而抑制产业创新主体创新的积极性。政府应对企业间创新竞争行为进行合理引导和法律法规约束，拿捏好奖罚力度，特别是要强化对原创性创新成果的知识产权保护力度，对恶意侵权行为给予重罚，在全社会营造有利于自主创新的风气和氛围，这对于战略性新兴产业创新驱动平台的运行优化十分重要。

产业集聚往往是产业专业化程度不断提升的结果。在此过程中，适度的集聚效应能够保证相应产业集聚区内企业间基于产业链供应链合作的良好互动与技术交流。而过度的专业化集聚则可能会对产业创新造成负面影响，如产业竞争加剧导致平均利润率降低，企业迫于生存压力而可能会减少研发投入，从而影响到新产品、新技术开发创新的积极性。

在同一地区进行新兴产业开发生产的过程中，新厂商的持续流入会影响到要素投入市场，推高土地、劳动力、资本等基本要素的价格，导致企业经营成本的增加。长期的高经营成本压力将迫使企业逃离该区域，转而寻找地租、人力成本相对更加便宜的区域进行投资生产。

广西作为西部后发省份，战略性新兴产业由弱转强的过程必然需要结合产业布局进行适度的区域性产业集聚，但应做到趋利避害。依照《广西战略性新兴产业发展"十三五"规划》给出的"一极""两带""两组团"的战略规划布局①，战略性新兴产业关键核心创新动力发挥的重点区域应该集中在桂柳南北新兴产业创新带上。再以新能源汽车产业为例，在柳州市应当发展以整车制造为主的相关多样化产业集聚，而在南宁、桂林等地应发展参与产业链供应中某一环节供应的专业化产业集聚；当然，近年随着广西"强首府"战略的推进，南宁市现已投产或正在开工建设的新能源整车车企大致已有5家，整车环节大有迎头追赶柳州之势，但在这些项目全部投产后，为减少对区外零部件供应的依赖性，发挥桂柳南北新兴产业创新带的协作分工优势，做大做优做强本地关键零部件企业也是必需的，而推进相关供应链节点的专业化产业集聚成为必选之策。

总体而言，专业化产业集聚能集中区域科技研发能力，重点进行某个方面的技术突破，从而在产业链重要环节较有可能取得关键核心技术，占据领先地位；相关多样性产业集聚更容易整合产业资源，从而使最终产品的研发、设计和制造的全产业链运营更加合理。针对专业化产业集聚，广西应该重在通过市场的自发淘汰机制汰弱留强，促进战略性新兴产业链供应链"隐形冠军"的出现，再通过其技术溢出效应及创新路径示范，带动越来越多优质配套创新型企业的出现及加入。而对于相关多样性产业集聚，广西地方政府应

---

① 广西壮族自治区人民政府. 广西战略性新兴产业发展"十三五"规划［EB/OL］. 广西壮族自治区人民政府门户网站，http：//d. gxzf. cn/file/2017/05/17/1495010801. pdf.

在规模、技术、性能等方面严格设置战略性新兴产业进入壁垒，杜绝小、弱、差及机会主义企业进入市场而造成行业的无序、过度、零和竞争，保障真正的创新型企业获得应有的市场回报，进一步激发其创新潜能。无论采取哪种类型的产业集聚，广西地方政府都应给予具有领先、特色技术优势的创新型企业在用地、引才及税收等方面的实质优惠，避免地区新兴产业集聚过程中的要素价格扭曲对该类企业创新行为的干扰，确保广西战略性新兴产业微观创新动能的更好发挥。

6.3.2　产学研合作的创新驱动基础平台搭建

产学研合作平台是创新驱动基础平台搭建过程中的重点，其不仅是产业创新系统良好运行的保障，更是社会创新系统中不可缺少的一环。良好运转的产学研合作模式应该能够有效地服务于产业创新，加强基础研究和提高技术创新的效率。高校如果有机会接到足够的社会项目，就可充分地调动起师生参与创新创造、投身研发的积极性，并为未来学校向战略性新兴产业相关企业培养及输送人才提供保障。有足够多有实力的科研院所共同参与到战略性新兴产业的产学研合作中，激发其市场创新竞争意识，为企业提供多科研院所技术合作选择，让专业科研活动与产品市场化的过程紧密相连，达到创造生产出社会所需要的产品的目的。

广西应将产业创新网络构建作为产学研合作的微观方向和途径。对于战略性新兴产业企业来说，如何将企业接入产学研合作的产业创新网络中是企业创新过程面临的关键问题。对此，应该由地方政府出面为企业与高校、科研院所进行技术创新供需搭桥、匹配，引导高校及科研院所建立起高效的信息咨询服务平台，让产学研更加紧密地结合起来。要树立以学研带产业的创新发展模式，让学研处于整个战略性新兴产业产学研创新网络的中心地位，积攒坚实的科研力量，对产业链薄弱、短板、瓶颈环节进行合作技术攻关，实现强链、固链、补链，在未来的产业发展中厚积薄发、长盛不衰，以关键核心技术突破提升本地区战略性新兴产业在国内国际市场上的竞争地位。在产业创新网络构建过程中还应注重知识资源的互补性，为知识资源的良性流动疏通好路径。同时对产业创新网络中每个项目的开展应建立有效的审核监管机制，将缺少合作诚意、创新意识不强、技术层次不高或技术路线已趋于成熟的项目要当机立断砍掉，保证产学研合作的良好环境风气。

战略性新兴产业的产学研合作模式不仅仅限于广西区内，跨区域、跨国的产学研合作平台建设将为广西新兴产业技术创新的产学研合作打开一片新天地。产学研合作应立足于各高校、科研院所的优势学科和科研团队基础，避免科研资源的过度集中而造成科研效率不高的状况。最好根据实际，将新兴产业创新研发项目进行分散投资，让本地区高校、科研院所对广西区内具有领先性技术优势的领域进行持续的创新投入，而区内高校、科研院所技术基础相对薄弱的创新项目可以外包由国内外合作高校、专业科研机构来完成。这种跨区域的技术合作创新可以促进区域间新兴产业技术优势和产业链供应链的互补和增强，减少科技创新资源的浪费，并有利于加强区域间产业与技术交流，为本地区战略性新兴产业企业的人才引进提供多渠道机会。跨区域产学研合作在国内其他省市早有运用的成功案例，像东莞市就与上海市高校建立了产学研合作平台。实践中，要高效推动这种跨区域的创新平台建设及运作，关键要靠地区之间的政府合作。对此，广西地方政府应利用新兴产业发展规划和产业政策作为引导，做好各方面创新资源保障工作，并直接负责或参与组织搭建。通过地区政府间的紧密联系，匹配各地区的特色创新资源，形成创新优势互补，并具体落实到地区间各种类型的产学研合作中，为广西战略性新兴产业不断探索新兴科技前沿注入新的科研力量。

6.3.3 公共服务的创新驱动基础平台搭建

公共服务作为战略性新兴产业创新驱动基础平台搭建的衔接器，应该提供线上线下的多渠道服务。公共服务在产业创新系统网络中处于中心地位，其他部分往往需要通过公共服务这一模块的桥接才能成功实现相互关联。因而，广西公共服务平台如果能够提供足够优质迅速的科技创新中介服务，将会大大提高战略性新兴产业的创新绩效；反之，则会影响到产业创新的效率及质量。

公共服务平台的建立应该首先对平台各渠道接口进行严密建设并积极维护。平台通过各渠道获取到的信息进行系统整合分类，建立行业资源信息数据库，并及时发布到行业网站上，让行业内的企业大幅降低获取信息的成本，更容易、更便捷地与其他企业及专业科研力量开展产业创新合作。因此，广西应依靠地方政府力量推动产学研信息共享平台建设，为企业、高校、科研院所合作参与科学研发创造、产品创新提供高质量的中介服务保障。

广西公共服务平台还应对本地区基础服务设施建设、教育、科技及文化事业进行大量投入。对于战略性新兴产业创新驱动基础平台，线下公共服务建设应建立战略性新兴产业服务办公室、战略性新兴产业创新交流中心、战略性新兴产业产学研合作中心等具有实体的组织部门对战略型新兴产业创新方向进行引导服务，为战略性新兴产业的各类合作交流搭建桥梁和通道，从而降低企业创新主体及高校、科研院所获取新兴产业相关信息的成本。教育事业上，为发展战略性新兴产业提供大量的优秀人才只有靠政府政策的积极推动才能有效落实与推进，包括：对高校开设战略性新兴产业相关专业进行财政补贴扶持，对产业相关的领军型人才给予高额补贴，为投身战略性新兴产业研究学习活动的师生提供基础的生活补助，等等。科技事业上，需要积极向发达国家及周边发达地区正在努力发展的新兴技术方向靠拢，在综合考虑市场前景和技术路线可行性后选择正确的本地区新兴产业创新发展方向。文化事业上，应当做好本地区产业体系创新文化的建设，全面激发产业创新创造的活力，鼓励人们在生活中注重创新创造发明，为创新创造者的有效发明提供适当奖励，真正塑造好大众创业万众创新的社会风气。

6.3.4 投融资的创新驱动基础平台搭建

根据发达国家前沿技术与产业发展经验，广西战略性新兴产业要生存、要成长，离不开一个成熟的投融资平台对战略性新兴产业的不断灌溉。投融资平台建设为人才和资本的集聚过程提供了重要的媒介，大大缩短了产业集聚过程所需的时间，并且为产业集聚提供足够的产业资本。目前，广西战略性新兴产业总体上仍处于孕育期和成长期，多数战略性新兴产业的产品市场化程度并不高，产业生存发展对政府补贴的依赖性较强。产业幼小期往往是一个产业最为脆弱的时期，产业的创新成长需要其中企业的不断竞争发展和技术进步，但同时也离不开金融平台的悉心呵护。现阶段的战略性新兴产业的特征多为高风险、高投入，并且以科技型的中小企业为主（辜胜阻等，2014）。因此，天使投资和风险投资对于广西战略性新兴产业创新成长的支持十分重要。

天使投资的主要特征表现为投资人拥有大量的闲置现金,并且天生具有冒险精神,投资的方向一般为产业前景好、成长潜力高、预期投资回报率高的新生企业,通过小规模的多轮融资来进行资金投入。天使投资的融资成本往往较低,但往往要求投资方与被投资方之间建立起牢固的信任关系,投资才能进行,因而天使投资实际上在投融资的信息匹配方面成本很高。而我国的实践情况也显示了天使投资在战略性新兴产业融资方式中实际进行得非常少,而且往往提供的资金量并不足以让创新型企业成长发展起来。但随着创新创业新时代的来临,相信真正契合未来科技发展前沿并具有巨大商业化潜力的新兴产业项目将不断得到天使投资者的慧眼识金。风险投资相对天使投资而言有着较为完善的投资体系,并且风险投资能够整合的资金资源较多,往往拥有较大的资金体量。风险投资关注企业发展前景以及长期预期可获得利润,也偏好于有高成长性、高风险、高收益的中小型高技术产业及新兴产业,通过组合投资、进入董事会参与企业管理的方式来控制投资风险。天使投资与风险投资的投资特性符合广西战略性新兴产业在现阶段的发展需要,通过投融资信息平台的搭建使新兴产业企业能够更便捷地拿到这些投资是广西地方政府应当做好的事情,但成功获得融资的关键还在于新兴产业项目本身的创意独特性、技术含量、商业化前景以及项目承担团队科研能力的公信度是否足以获得天使投资与风险投资的青睐。

战略性新兴产业投融资渠道的建设并不仅仅限于天使投资和风险投资这两种,多渠道、多形式的投融资体系建设是未来活跃投融资市场的基本方向(胡迟,2014)。对于传统的投融资平台,如广西地方政策性银行、国有商业银行、股份制银行、政府产业投资基金等融资渠道也应当为战略性新兴产业灵活地利用起来。由于战略性新兴产业多为高风险、轻资产、低稳定性的中小型科技公司,大型国有商业银行并不倾向于为这类企业提供贷款。因此,改革广西现行商业银行体系的投融资体制,强化其对战略性新兴产业的金融支持势在必行。一方面,应由广西地方政府引导和督促大型国有商业银行加大对战略性新兴产业的贷款投放力度,落实奖惩机制,提升商业银行体系服务于战略性新兴产业实体经济发展的战略层次;另一方面,可借鉴国家集成电路产业投资基金的做法,以政府为主导、国有银行或其他大型国企集团参与共同出资来设立战略性新兴产业投资基金、创新创业投资基金等各类地区性战略性新兴产业发展基金,对区内优先重点发展的战略性新兴产业或产业链供应链短板环节的研发创造进行直接资金投入，并形成长效投资机制，待达到扶持效果后再适时撤出，切实化解广西战略性新兴产业企业创新资金不足的难题，增强产业创新发展的信心和动力。

需强调的是，除了上述投融资渠道外，广西应充分利用好国家多层次资本市场建设和改革带来的历史性机遇，大力推动本地区战略性新兴产业龙头企业和"专精特新"企业在新三板、创业板、科创板上市直接融资。第一，要利用好新三板基础层、创新层、精选层的分层融资条件，对标进行相应层次创新型中小企业的上市条件培育，这是促进本地区战略性新兴产业专精特新"小巨人"脱颖而出的有效融资模式。我国发达省份在这方面已走在前列，并且取得了一定硕果。2021 年，在工信部最新公布的《关于第三批专精特新"小巨人"企业名单的公示》中，有 2930 家企业入选，其中 424 家已在或曾在新三板挂牌，包括存量精选层 7 家、创新层 78 家、基础层 147 家、已在沪深交易所上市的 22 家和已摘牌的 170 家。① 第二，要对本地区在战略性新兴产业链关键核心技术上已实现突破性创新的创新型企业进行重点培育，促进其技术和产品更加专业化、特色化、精细化和高端化，而后进一步掌握能够帮助解决广西本地区和国家新兴产业"卡脖子"难题的硬科技，在获得一定的商业化进展及进入加速成长期之后争取在创业板和科创板上市，获得更宽松的融资渠道，从而迈向更高新兴产业技术前沿。

---

① 孟珂. 资本市场助力专精特新中小企业功能突出［N］. 证券时报，2021 - 08 - 03.

第7章

广西战略性新兴产业创新绩效评价研究

战略性新兴产业的发展水平能够客观地反映出地区产业体系的自主创新能力与产业竞争力。经过十多年的培育发展，广西战略性新兴产业虽然已经形成了门类齐全的发展形态，但广西作为我国后发区域，受到经济基础实力不强、企业创新能力总体薄弱、区域技术水平和层次较低以及科技研发投入较少、科技成果转化率低等因素的影响，地区战略性新兴产业总体发展规模和质量在全国范围内仍处于相对较低的水平。在当今经济新常态和新旧动能结构性转换的背景下，培育优质经济发展新动能的重要一步就是扶持战略性新兴产业的成长发展。根据战略性新兴产业知识技术密集型的特点，创新能力的提高是促进产业快速成长的首要因素，从而战略性新兴产业的发展与创新能力提高之间存在"相互促进""相辅相成"的良性互动关系；而要有效提高科技成果转化率，战略性新兴产业创新效率的改善也是必须的。本章以广西战略性新兴产业创新绩效的内涵界定为基础，从创新能力评价与创新效率评价两个方面构建广西战略性新兴产业创新绩效评价结构体系；以相关统计数据为依据，基于因子分析法对广西战略性新兴产业创新能力进行评价、基于随机前沿模型对广西战略性新兴产业创新效率进行评价，探究其各自的影响因素以及各因素的影响程度，并从产业经济学、创新理论等视角阐述各因素对于创新能力、创新效率的影响机制与影响路径。

7.1 战略性新兴产业创新绩效的内涵界定

依据产业经济学原理，产业绩效是指在一定的市场结构下，通过一定的企业市场行为，使某一产业在价格、产量、销量、成本、产品质量、品种、利润以及技术进步等方面所达到的最终经济成果。一般而言，新兴产业从产生开始慢慢成长成为主导产业的发展过程中，必定伴随着新产品市场需求的扩大、新产品生产技术的成熟、新产品创新能力的提高以及产业经营绩效的改善这样几个阶段。从微观企业经营的角度来看，相关企业由于产业的发展逐渐扩大了产品的市场份额、增加了企业营业收入和利润，这些都可以被视为企业经营的绩效。从中观产业的角度来看，产业绩效则主要表现在新兴产业发展替代传统的主导产业获取了新的主导产业地位，加快了社会经济发展新旧动能转换，促进了技术成熟与技术进步以及培育出新的产品市场等方面。就战略性新兴产业的创新绩效而言，主要体现在新兴产业创新发展所带来的技术引领以及技术带动的"技术溢出效应"，也就是创新能力的提升与创新效率的改善两个方面。

7.1.1 战略性新兴产业创新绩效是产业创新能力的提升

1912 年熊彼特（Schumpeter）首先提出了创新的概念，"创新就是建立一种新的生产函数，是企业家对生产要素的新组合，其中任何要素的变化都会导致生产函数的变化从而推动经济发展"①。在熊彼特所提出的创新理论中，创新所带来的最根本的效果就是经济增长，而经济增长最重要的原因是企业创新能力提升；拓展到中观方面，经济增长的重要原因是产业创新能力的提升。不仅如此，创新能力提高所带来的经济增长会进一步集聚创新资源，依靠这些经济快速发展所带来的创新资源基础，产业发展的创新能力又会进一步的提高。以此来看，经济发展与产业创新能力的提高存在着一个良性互

---

① Schumpeter J A. The Theory of Economic Development: An Inquiry into Profits, Capital, Credit, Interest, and the Business Cycle [M]. Cambridge, MA: Harvard University Press, 1934.

动的过程，也就是说产业创新能力的提高既是经济增长的重要原因，也是经济增长的结果。也可以概括为，创新能力的提升能够促进产业创新绩效的改善，而产业创新绩效改善的重要表现则是创新能力的持续提升。

战略性新兴产业创新发展所带来的创新能力提升是产业全方位系统性发展水平的提高，可以表现在技术创新能力的提高、产品创新能力的提高和系统管理创新能力的提高 3 个方面。

7.1.1.1　技术创新能力的提高

一般来说，产业技术创新是指特定产业在成长过程中或在激烈的国际竞争环境中，几个大型企业主动联手展开研发活动，或单个技术领先企业通过技术扩散进而实现产业内的共同创新（刘婧姝、刘凤朝，2007）。相较于企业技术创新的微观个体特性，产业技术创新的最终目的不是单单为了实现某个企业技术的突飞猛进，而是整个产业的技术进步，因此产业技术创新更加具有系统性的特点。

战略性新兴产业创新绩效的产生可以从创新资源投入、创新产品产出和创新扩散三个方面来促进创新能力的提高：

（1）战略性新兴产业的创新发展过程是产业各个相关系统各种要素资源配置的优化与再组合的过程，在这样一个发展过程中，企业即产业的微观创新个体出于获得创新绩效的目的必然会进行大量有形和无形的创新资源投入，由此促进产业技术创新能力的提高。通常情况下，产业内企业所进行的创新资源投入包括研发投入和非研发投入，更细可分为人员、资金、技术引进以及市场研究等方面的创新资源投入。

（2）战略性新兴产业的创新绩效也通过创新产品产出的作用促进产业技术创新能力的提高。新兴产业创新的过程也是通过采用新技术、新工艺生产出有形产品，或者经过科学研究和技术开发产出知识专利成果等无形产品的过程。从产品的形态上看，有形产品是战略性新兴产业发展过程中创新绩效促进产业技术创新能力提高的印证，而无形产品则是创新绩效促进技术创新能力提高的前提条件。

（3）战略性新兴产业创新绩效提高产业创新能力的一个重要途径是技术创新扩散过程的发生。技术创新扩散是指新技术在潜在使用者之间的广泛传播、转移与应用，包括三种形式，即企业间的扩散、企业内部的扩散和总体扩散。在战略性新兴产业的创新过程中，主要发生的技术创新扩散形式为企业间的扩散。其具体实现路径为：首先根据新兴产业发展的一般规律，产业创新发展的最初阶段往往是几家较大的企业或行业巨头进行与产业前沿领域发展相关的技术研发；随着产业发展，产业相关新技术与新产品慢慢地被市场认可，此时的创新成本会大幅度下降；最终，越来越多的相关企业也会渐渐地加入产业创新研发的过程中去，创新产品的产出便开始大幅度地增加。从国内外新兴产业创新实践过程中，技术创新最开始在某个行业巨头中产生，随后技术创新活动会依次逐渐转移至本产业链分工体系的其他企业以及其他产业的企业之中。单个企业或者少数几个企业的技术进步很难构成整体产业的竞争力，只有将创新成果应用于整个产业体系并不断延伸各产业链，才能有效构建一个国家或地区强大的产业技术创新体系，实现整体产业结构的持续创新升级。

7.1.1.2　产品创新能力的提高

产品创新是产业发展多种创新因素共同作用的结果，新创意、新知识、新信息、新技术、新市场、新工艺、新管理等外部环境与内部条件交织融合，催生了新产品的出现。长期以来，众多研究产品创新的学者们都认为产品创新的更多责任在于企业，进而从技术和产品开发、管理运营和市场竞争等一些微观的角度对产品创新绩效的影响因素进行研究。尽管纯技术因素对于产品创新无疑具有巨大影响，但是高层次技术创新通常需要经历较长时间相关技术的积累迭代才能在经济上或商业上体现出其潜在价值，产业创新绩效的多角度、系统化提升才是促进产品创新能力提高的重要途径。

战略性新兴产业创新绩效的提升有两个重要的作用：一是将会为产品创新提供坚实的物质基础和产业能力基础；二是能够带来一系列无形的间接影响，包括更好的科研条件、有利于创造更多的科研成果以及吸引更多的高质量创新人才等。所以，战略性新兴产业创新绩效不仅通过有形的物质投入促进产品创新能力的提高，更是通过科技意识、发展方式转变、成果转化和信息化水平等组成的科技与产业基础对产品创新能力的提高产生重要影响。

根据各国产业创新的一般规律，产业创新是一个自组织的创新过程，即创新过程是在一个开放的产业创新系统下，系统从无序到有序逐渐演进的一个过程。随着战略性新兴产业的创新发展，其产业创新系统也在经历着逐渐演进的过程，自组织的特性也变得更加明显。战略性新兴产业创新绩效提升的内涵涉及产业布局、产业发展规划、产业政策扶持和产业发展等诸多内容，在不同的阶段，产业创新绩效的提升从各个不同的方向促进产品创新能力的提高。例如，在产业布局与产业发展规划阶段，产品创新能力受到产业发展的科技意识与发展方式转变意识的影响而提高；而在产业政策扶持与产业发展阶段，产品创新能力受到科研成果转化和信息化水平提高的影响而增强。

7.1.1.3 系统管理创新能力的提高

斯泰塔（Stata）在 1989 年首次提出了"管理创新"这一概念，认为"管理创新与技术创新和流程创新不同，管理创新在企业管理中没有受到足够的重视是阻碍企业发展的瓶颈所在"[①]。本戈齐（Benghozi，1990）对管理创新、技术创新和市场创新进行了区分，并指出："随着市场竞争的加剧、技术革新加快，企业不仅需要关注技术创新，还要重视管理创新，如更新内部协作流程、控制研发费用、实施有效的人力资源管理等，以提高企业的研发效率和内部管理效率"[②]。同样，将企业管理能力推广到一般化的产业之中，产业系统管理能力也是影响产业发展与产业创新的重要因素之一。

根据系统管理创新理论的内涵，企业资源会影响到企业绩效，拥有一定的资源优势是企业发展的必要基础。不同于发达国家，现阶段中国战略新兴产业的发展还存在技术力量薄弱、高质量创新人才缺失和产业关键核心创新能力不足等诸多短板，许多初创型中小企业面对战略性新兴产业的高投入、高风险、高不确定性的行业属性往往无所适从，因而导致新兴产业发展的创新活动多发生在具备一定创新资源投入优势的大企业中，容易产生创新思维定式、创新模式固化、创意枯竭等问题。正因如此，我们需要更加重视系统管理创新能力对战略性新兴产业创新发展所具有的重要推动作用。在战略性新兴产业创新绩效的产生阶段，由于创新子系统自组织的演化过程而形成了一定规则的创新发展规律，在此条件下的产业创新资源配置是系统自组织的配置过程，但是系统自发配置的资源极有可能发生不合理或者错误的配置方

① Stata R. Management Innovation [J]. Executive Exellence，1992，9（6）：8 – 9.
② Benghozi P J. Managing Innovation from Ad Hoc to Routine in French Telecom [J]. Organization Studies，1990，11（4）：531 – 554.

式而导致"系统失灵"。故正如前文所言，通过构建高效的创新服务平台和资源信息整合平台来合理组织、引导研发平台各类创新参与主体的创新研发活动，推动战略性新兴产业系统管理创新能力的提升，是纠正与改善这种创新资源错误配置方式的重要解决方法。

7.1.2 战略性新兴产业创新绩效是产业创新效率的提高

产业创新效率是指产业创新的投入产出比。随着我国战略性新兴产业的发展，其在产业系统中的重要地位也逐渐开始凸显，有关战略性新兴产业创新效率的相关问题开始被逐渐关注。根据战略性新兴产业创新过程的特点，产业创新效率的内容包括产业创新整体效率、知识创新效率和科技成果商业化效率。知识创新效率是指创新过程中创新产出与科技研发投入的比值；就产业层面而言，它往往受多个方面因素的影响，例如，地区或产业的劳动者素质、市场环境、产业集聚度水平、产业结构等。技术创新效率高低水平的不同决定了科技产出与创新研发投入的不对等，在创新效率较高的地区或产业能够保证一定科技产出水平下研发投入的最小化，或者是在一定研发投入情况下实现科技产出的最大化（肖仁桥等，2012）。科技成果商业化效率是指经济产出与科技产出的比值，它主要反映高技术产业技术创新成果的社会转化能力。就其特征而言，中国高技术产业技术效率具有明显的地域差异，中、西部地区低于东部地区，但两者的差异正在缩小（李邃等，2010；范凌钧等，2011；刘和东、陈程，2011），且战略性新兴产业的知识创新效率往往高于科技成果转化效率。

7.2 广西战略性新兴产业创新能力评价

通过前文"AHP-IE-PCA"组合赋权法模型分析，结合广西各战略性新兴相关产业发展现状，得出汽车制造业、有色金属冶炼及压延加工业、黑色金属冶炼及压延加工业、化学原料及化学制品制造业和专用设备制造业这五个产业所涉及的新能源汽车、新材料和高端装备制造业可作为广西未来应该重点培育和发展的战略性新兴产业，这也证明上述产业处于广西产业发展的较高水平。

得益于国家产业政策的大力扶持和各方面力量的协力参与,近些年我国战略性新兴产业发展迅速,但相较于全球顶尖新兴科技产业而言,仍具有很大的发展空间。在国家战略性新兴产业顶层设计的框架下,广西壮族自治区人民政府先后于 2011 年 3 月、2016 年 9 月分别出台了《广西壮族自治区人民政府关于加快培育发展战略性新兴产业的意见》和《广西战略性新兴产业发展"十三五"规划》,这一系列的扶持政策营造了广西战略新兴产业创新发展的良好政策环境,也为广西实现战略性新兴产业的创新发展与加速追赶提供了有利条件。

在新兴技术产业发展的一般规律中,产业发展的核心竞争力构筑取决于技术创新能力的强弱,产业技术创新能力越强的产业往往代表着先进生产力的方向并具有良好的发展前景,而产业技术创新能力较差的产业则面临着被市场淘汰的风险。因此,产业创新能力也被视为决定产业核心竞争力和发展潜力的关键因素。为了解决广西战略性新兴产业发展过程中存在的相关问题,本章以产业创新能力为重点,构建广西战略新兴产业创新能力评价体系,并进行科学的实证评价,为准确地把握广西战略性新兴产业实际创新水平及制定相应政策建议提供客观依据和基础。

7.2.1 评价指标体系及数据来源

根据前文得出的五个可作为广西重点培育和发展的战略性新兴产业所涉及的产业,结合产业研究对象的不同,将汽车制造业、有色金属冶炼及压延加工业、黑色金属冶炼及压延加工业、化学原料及化学制品制造业和专用设备制造业这五个产业技术创新能力评价的指标分为创新资源投入和产业技术创新能力两个层次。本书研究分析认为,战略性新兴产业创新能力提升受到两类因素的影响: 是受创新资源投入因素的影响,细分创新资源如又可以分为创新资本投入和创新劳动投入两个部分;二是受产业发展现状,也即当前产业技术创新能力环境的影响。根据以上分析,本书将广西战略性新兴产业创新能力评价指标体系分为创新资本投入、创新劳动投入和产业技术创新能力 3 个二级指标,其中,创新资本投入指标细分为研发经费支出资本存量、固定资产投资额和新增固定资产 3 个三级指标;创新劳动投入细分为全部从业人员年平均人数、研发活动人员折合全时当量 2 个三级指标；产业技术创新能力细分为利润增长率、产业主营业务收入、产业利润总额 3 个三级指标。

（1）创新资本投入是战略性新兴产业的创新发展过程中所投入的资本性投入，其包括研发经费支出资本存量、固定资产投资额和新增固定资产（newly）。其中，研发经费支出资本存量借鉴张军等（2004）的研究，将资产折旧率设定在 9.6%，在此基础上进行资本存量的逐年推算，其推算公式为：

$$OI_{it} = (1 - \delta) \times OI_{i,t-1} + I_{it}$$

其中，OI_{it}，$OI_{i,t-1}$，I_{it}，δ 分别为当期固定资产投资额、上期固定资产投资额存量、本期新增固定资产以及资产折旧率。战略性新兴产业固定资产投资额和新增固定资产数据来自历年《广西统计年鉴》。

（2）创新劳动投入是战略性新兴产业的创新发展过程中所投入的人力资本，其包括全部从业人员年平均人数、研发活动人员折合全时当量两个指标，数据来自各年《广西统计年鉴》。

（3）产业技术创新能力作为产业创新发展的结果选取利润增长率、产业主营业务收入和产业利润总额。其中，利润增长率数据由各年《广西统计年鉴》中的相关产业数据经过运算得来，产业主营业务收入和产业利润总额数据来自各年《广西统计年鉴》。

综上所述，本书针对广西战略性新兴产业创新能力评价的实证分析过程，所构建的指标体系如表 7.1 所示。

表 7.1　　　　　　广西战略性新兴产业创新能力评价指标体系

一级指标	二级指标	三级指标
创新资源投入	创新资本投入	研发经费支出资本存量
		固定资产投资额
		新增固定资产
	创新劳动投入	全部从业人员年平均人数
		研发活动人员折合全时当量
产业技术创新	产业技术创新能力	利润增长率
		产业主营业务收入
		产业利润总额

7.2.2 评价方法

已有相关研究文献中，常用于评价技术创新能力的方法有因子分析法（factor analysis）、主成分分析法（principal components analysis，PCA）和聚类分析法（cluster analysis）等。其中，因子分析法是针对研究指标体系内部的相互依赖关系，把一些信息重叠、具有错综复杂关系的变量归结为少数几个无关的新的综合因子的一种多元统计分析方法，在学术界被广泛运用于特定区域或产业的创新能力评价研究。其基本原理是根据变量间相关性的大小对其进行重新分类，将相关性较强的几个变量归入同一类中形成一个因子，以较少的几个因子反映原始变量的大部分信息，再利用实际数据确定各指标的权重。基于因子分析法能够较为真实、客观地反映根据评价指标的计算结果，本研究拟采用该方法对广西战略性新兴产业的创新能力进行实证测度分析。

因子分析法的一般数学模型是，设总体为：

$\tilde{x}=(X_1,X_2,\cdots,X_P)$，其均值向量 $E\binom{\mu}{X}=\frac{\mu}{\mu}$ 和协方差 $V=(\sigma_{ij})_{p\times q}$ 都存在。

设有 m 个公共因子，则每个观测变量可以用因子分析模型的下列一般形式来表示：

$$X_1-\mu_1=a_{11}F_1+a_{12}F_2+\cdots+\alpha_{1m}F_m+\zeta_1$$
$$X_2-\mu_2=a_{21}F_1+\alpha_{22}F_2+\cdots+\alpha_{2m}F_m+\zeta_2$$

可以记为：

$$X_p-\mu_p=a_{p1}F_1+\alpha_{p2}F_2+\cdots+\alpha_{pm}F_m+\zeta_p \tag{7.1}$$

$\frac{\rho}{X}-\frac{\rho}{\mu}=A\frac{\omega}{F}+\frac{\mu}{\zeta}$，$m\leqslant p$，$F_1$，$F_2$，$\cdots$，$F_m$ 为初试变量的公共因子，ζ_i 为变量 X_i 的特殊因子。其中，a_{ij} 为变量 X_i 在因子 F_j 的载荷，A 称为因子载荷矩阵。通过数据分析的方法回避了采用专家评价的主观判断所带来的随意性、知识局限性和理解偏差。

在一般因子模型的基础上，通过因子旋转来探索反映问题的实质特征。作为一个正交变换 T，把模型变为：

$\frac{\rho}{X}-\frac{\rho}{\mu}=(AT')(TF)+\frac{\mu}{\zeta}=B\frac{\mu}{G}+\frac{\mu}{\zeta}$，得到新的模型，在新的模型中寻找因

子的解释。

将每个公共因子表示成原有变量的线性组合，得到因子得分函数公式：

$$F_j = b_{j1}X_1 + b_{j2}X_2 + \cdots + b_{jp}X_p, \quad (j = 1, 2, \cdots, m) \tag{7.2}$$

7.2.3 实证研究

为了确保与前文研究的对应性以及数据的可得性，本书根据 2012～2017 年《广西壮族自治区统计年鉴》的相关数据，采用 SPSS 22 统计软件进行分析。对于不同量纲的数据指标首先进行标准化处理；接着进行相关性分析，观察各指标之间的相关性强弱；然后进行因子分析，计算出每个产业在各个年份的评价得分，依此分析结论。得到相关数据的 KMO 和 Bartlett 的球形度检验如表 7.2 所示。

表 7.2　　　　　　　　　　KMO 和 Bartlett 的球形度检验

项目		系数值
取样足够多的 Kaiser-Meyer-Olkin 度量		0.673
Bartlett 球形度检验	近似卡方	155.922
	df	28
	sig.	0.000

根据表 7.2 的巴特利特球形度检验可知，KMO 值为 0.673，大于标准 0.5，可以做因子分析。另外，巴特利特球形度检验统计量的观测值为 155.922，相应的概率 p 为 0.000，小于显著性水平 0.05，也说明相关系数矩阵不是单位阵，也比较适合做因子分析。

如表 7.3 所示，根据因子提取原理，应提取特征值大于 1、累积方差贡献率大于等于 85% 的因子作为公共因子。但是考虑到旋转后前三个公共因子的方差的累积贡献率分别达到 50.974%、69.449% 和 83.149，特征值分别为 4.078、1.478 和 1.096；前三个公共因子累积贡献率较为接近 85%，但第四个特征值却明显小于 1，若再提出一个公共因子，则可能会因公共因子数目过多而使评价过程过于烦冗，因此本书提取三个公共因子。这三个公共因子

的权重分别为 F_1: 50.974/83.149 = 61.30%; F_2: 18.475/83.149 = 22.22%; F_3: 13.700/83.149 = 16.48%。

表 7.3 方差解释

成分	初始特征值			提取平方和载入			旋转平方和载入		
	合计	方差的贡献率（%）	累计贡献率（%）	合计	方差的贡献率（%）	累计贡献率（%）	合计	方差的贡献率（%）	累计贡献率（%）
1	4.078	50.974	50.974	4.078	50.974	50.974	3.814	47.669	47.669
2	1.478	18.475	69.449	1.478	18.475	69.449	1.604	20.051	67.720
3	1.096	13.700	83.149	1.096	13.700	83.149	1.234	15.429	83.149
4	0.659	8.239	91.388						
5	0.301	3.759	95.147						
6	0.199	2.490	97.637						
7	0.116	1.449	99.086						
8	0.073	0.914	100.00						

注：提取方法——主成分分析。

利用 SPSS 软件可得公共因子 F_1、F_2、F_3 的因子载荷矩阵。因子载荷矩阵反映了因子与各变量的相关程度，因子载荷绝对值越大，表示因子与变量之间的关系越密切。进行方差最大化正交旋转后，得到如表 7.4 的因子载荷矩阵。

表 7.4 旋转后的因子载荷矩阵

项目	成分		
	F_1	F_2	F_3
产业主营业务收入	0.936	0.003	0.003
研发活动人员折合全时当量	0.926	-0.141	-0.025
研发经费支出资本存量	0.861	-0.017	0.009
全部从业人员年平均人数	0.800	-0.150	0.266

续表

项目	成分		
	F_1	F_2	F_3
产业利润总额	0.746	−0.150	0.480
固定资产投资额	0.101	0.908	−0.072
新增固定资产	−0.358	0.845	0.097
利润增长率	0.074	0.035	0.958

注：提取方法——主成分；旋转法——具有 Kaiser 标准化的正交旋转法；旋转在 4 次迭代后收敛。

从表7.4 可以看出，F_1 公共因子主要由产业主营业务收入、研发活动人员折合全时当量、研发经费支出资本存量和全部从业人员平均人数指标决定；F_2 公共因子主要由产业固定资产投资额、新增固定资产指标决定；F_3 公共因子主要由利润增长率、产业利润总额指标决定。

根据表 7.4 中三个公共因子的权重比例，可以得到一个综合的指数表达式：

$$F = 0.613 \times F_1 + 0.222 \times F_2 + 0.165 \times F_3 \qquad (7.3)$$

利用上述公式计算得到广西战略性新兴产业各年度的产业创新能力综合评价指数，而其2011～2016 年的整体得分则采用综合指数的算术平均值来表示，排名如表7.5 所示。

表7.5　　　　广西战略性新兴产业创新能力年度综合评价与排名

类别	行业	年份	成分			综合指数	总得分	排名
			F_1	F_2	F_3			
新能源汽车产业	汽车制造业	2011	1.25	−1.79	−0.51	0.28	1.07	1
		2012	1.66	0.11	−0.12	1.02		
		2013	1.93	0.02	0.25	1.23		
		2014	1.78	−0.58	0.12	0.98		
		2015	2.09	−0.37	0.12	1.22		
		2016	2.58	0.51	0.04	1.70		

类别	行业	年份	成分			综合指数	总得分	排名
			F_1	F_2	F_3			
新材料产业	黑色金属冶炼及压延加工业	2011	-0.83	-1.14	1.08	-0.58	-0.25	3
		2012	-0.48	0.17	0.15	-0.23		
		2013	-0.42	0.48	1.54	0.11		
		2014	-0.39	-0.40	0.54	-0.24		
		2015	-0.55	-0.12	0.54	-0.28		
		2016	-0.46	-1.33	1.81	-0.27		
	有色金属冶炼及压延加工业	2011	-0.43	0.56	0.34	-0.08	-0.60	5
		2012	-0.60	0.15	-0.60	-0.44		
		2013	-0.80	-0.34	-0.18	-0.60		
		2014	-0.71	-0.83	-1.45	-0.86		
		2015	-0.21	-0.09	-4.09	-0.84		
		2016	-0.98	-1.20	0.46	-0.79		
	化学原料及化学制品制造业	2011	-0.20	-0.16	0.02	-0.16	0.04	2
		2012	0.00	1.25	0.65	0.39		
		2013	0.08	1.42	0.68	0.48		
		2014	-0.20	1.51	-0.20	0.18		
		2015	-0.55	-2.35	0.06	-0.85		
		2016	-0.18	1.20	0.35	0.22		
高端装备制造业	专用设备制造业	2011	-0.62	-0.88	-0.54	-0.66	-0.27	4
		2012	-0.59	0.09	0.01	-0.34		
		2013	-0.56	0.29	-0.19	-0.31		
		2014	-0.50	1.33	-0.10	0.03		
		2015	-0.50	1.70	-0.28	0.03		
		2016	-0.61	0.80	-0.51	-0.28		

根据表 7.5 所示的各项因子得分，可以发现广西战略性新兴产业所涉及的不同产业的产业创新能力有所差异。在 2011~2016 年的产业创新能力综合

排名方面,排名第一的是汽车制造业,在汽车制造业各年份的纵向比较中能够发现其综合评价指数基本呈现上升趋势,这主要得益于广西汽车制造业良好的发展基础和近年来新能源汽车产业市场渗透率不断提高所带来的发展机遇;汽车制造业产业创新能力得分较高的另一个重要原因是,F_1 公共因子的得分较高且因子权重占比较大,这说明汽车制造业在产业主营业务收入、研发活动人员折合全时当量、研发经费支出资本存量和全部从业人员平均人数等指标上具有优势,这也验证了广西汽车制造业在研发和人力的创新资源投入上具有明显优势,由此带来了良好的产业技术创新产出成效。排名第二的是化学原料及化学制品制造业,在其各年份的对比中可知,该产业创新能力综合评价指数的变化趋势不明显;综合得分较高的重要原因是 F_2 公共因子的得分较高,这说明广西化学原料与化学制品制造业在固定资产投资额、新增固定资产等指标上具有优势。排名第三的是黑色金属冶炼及压延加工业,对比其综合评价指标可以看出,2011 ~ 2013 年该产业的创新能力逐渐增加,而2013 年之后其产业创新能力综合指数逐渐降低,呈现出一个倒 U 形的变化趋势。究其原因是 2008 年国际金融危机之后,为迅速恢复国内经济增长,国家和广西地方加大基础设施建设和加快发展房地产业,从而对钢材产生了巨大需求,促进了钢铁以及其他黑色金属企业的快速发展;随后,由于钢铁产业产能过剩问题较为突出,国家实施了供应侧结构性改革,导致产业发展出现萎缩,企业经营业绩较差,创新资源投入有所减少,使得产业创新能力跟随下降。排名第四、第五的分别是专用设备制造业和有色金属冶炼及压延加工业,2011 ~ 2015 年专用设备制造业的产业创新能力评价指标呈现出单边上行的态势,在该产业 F_1、F_2、F_3 的三个公共因子中,F_2 的指标评价体系整体优于 F_1、F_3,这说明此期间广西专用设备制造业通过加大固定资产投资,推动了产业创新能力的提升;广西有色金属冶炼及压延加工业的 F_1、F_2、F_3 三个公共因子整体处于较低的水平,这也是该产业创新能力综合评价指数低于其他四个产业的重要原因。

7.2.4 结论

综合上述研究,本书在广西战略性新兴产业创新能力评价的研究中,以创新资本投入、创新劳动投入和产业技术创新三个维度,对广西汽车制造业、黑色金属冶炼及压延加工业、有色金属冶炼及压延加工业、化学原料及化学制品制造业和专用设备制造业进行系统性的评价。通过运用因子分析法提取出三个公共因子，根据公式（7.1）得到产业创新能力综合评价指数，再结合上述五个产业的有关统计年鉴数据分别进行各产业各年度的综合指数计算，而后对各产业各年度综合指数求算术平均值，据此得出各产业创新能力排名。实证研究结论表明，在广西这五类战略性新兴涉及产业中，汽车制造业创新能力评价得分第一，其次是化学原料及化学制品制造业，第三、第四、第五分别为黑色金属冶炼及压延加工业、专用设备制造业和有色金属冶炼及压延加工业。

7.2.4.1 汽车制造业创新能力评价分析

从实证分析的结果可以看出，广西汽车制造业的创新能力综合评价指数明显高于其他产业，且该产业在 F_1 的公共因子中主营业务收入、研发活动人员折合全时当量、研发经费支出资本存量和全部从业人员平均人数等指标上具有优势。这说明汽车制造业在广西的战略性新兴产业发展中具有重要地位，表现出收入占比高、科研人员与科研经费占比高等优势。这也间接说明了广西汽车制造业在产值规模、科研能力和从业人数方面有着良好的产业发展基础。

然而，在 F_2 公共因子中，广西汽车制造业则处于较低的水平，这说明广西汽车制造产业在固定资产投资额、新增固定资产等指标上具有相对劣势，固定资产的更新、改建、扩建、新建等活动速率和投资额偏低。这就要求汽车制造企业在现有汽车制造产业发展的基础上加大资产投入的比例，更新老化生产设备和流水线，加大工场车间的新一代信息网络基础设施投资，大力引入工业机器人布局产线，推行智能化的"熄灯工厂"模式，提高汽车制造业的生产效率。同时，提高现有汽车产业的生产技术与制造能力，加快推动传统汽车产业向新能源汽车产业转型升级，以市场规模扩张激发企业的研发创新内在动能，实现广西汽车产业向国内外汽车产业价值链高端环节和高端价值跃升。

7.2.4.2 化学原料及化学制品制造业创新能力评价分析

得益于广西丰富的自然资源条件，广西化学原料及化学制品制造业产业的创新能力综合评价水平较高。以广西河池化工股份有限公司、柳州化工股份有限公司、柳州化学工业集团等一批企业为龙头大力发展新产品、新能源。

在化学原料及化学制品制造业的综合评分中，F_2公共因子的优势较为明显，说明广西化学工业在固定资产投资额与新增固定资产投资上具有优势，产业规模扩张的速度显著。但是，其F_1公共因子中，产业主营业务收入、研发活动人员折合全时当量、研发经费支出资本存量和全部从业人员平均人数仍处于劣势，说明广西化学工业的发展仍然面临着产业总体规模经济不佳、产业创新能力较弱和产品相对低端的问题，导致产业整体经营业绩不理想，市场占有率不高。为此，广西化学原料及化学制品制造业发展应该紧密贴合国家战略性新兴产业规划方向，在产业链布局、技术创新发展、产品类型选择等方面做好科学规划，推动产业向战略性新兴产业发展方向转型升级，着力提高企业吸收学习能力，增加科研经费与科研人员的投入，大力开发技术密集型的新材料与新产品，以"产学研"合作为基础共同推动科研成果的产业化进程。

7.2.4.3 黑色金属冶炼及压延加工业和有色金属冶炼及压延加工业创新能力评价分析

广西黑色金属冶炼及压延加工业和有色金属冶炼及压延加工业分列广西战略性新兴产业创新能力综合评价的第三位和第五位。依靠优良的港口条件与丰富的矿产资源，广西金属冶炼与加工业发展水平较高，特别是在政府近期相关政策的扶持之下产业创新能力与产业规模均有较大水平提高，比如广西壮族自治区人民政府及贺州市、梧州市等地均出台了相应的产业优惠政策，明确金属相关产业在新材料方面的战略性新兴产业地位。

黑色金属冶炼及压延加工业创新能力综合评价得分偏低的一个重要原因是F_1公共因子中产业主营业务收入、研发活动人员折合全时当量、研发经费支出资本存量和全部从业人员平均人数等方面的相对劣势。这也反映了广西现阶段黑色金属冶炼及压延加工业的发展现状，产品多是粗钢等初级产品，科研人员与科研资金的投入不够。有色金属冶炼及压延加工业得分较低的原因除了F_1公共因子中产业主营业务收入、研发活动人员折合全时当量、研发经费支出资本存量和全部从业人员平均人数存在发展劣势之外，另一个重要

的原因是 F_3 公共因子中利润增长率、产业利润总额也处在较低水平，这都需要相关企业加大创新资源投入，开发出更多技术含量高、产品附加值高的新产品，在迅速获取市场份额的基础上增强产业的盈利能力。

7.2.4.4 专用设备制造业创新能力评价分析

专用设备制造业创新能力评价指标在广西战略性新兴相关产业中排名第四，既具有较好的产业基础和一定的创新研发能力，又有着较大的发展潜力和关联带动性。广西专用设备制造业较好的产业基础体现在广西柳工机械、玉柴集团等都是具有强大自主研发与生产能力的专用设备制造企业，龙头效应明显。但从行业总体来看，仍然面临着新产品科技含量不高、产品附加值较低、技术创新水平不高的问题。

在发展路径上，广西专用设备制造业应参考汽车制造产业的成功发展经验，打造从技术研发到设备制造的全产业链制造集群，促进产业进一步集聚；立足区域产业技术优势和产业特色，联合政府、企业、高校、科研院所、科研服务平台等多方力量共建产学研基地，鼓励企业与高校、科研院所进行良好的技术合作与人才合作培养交流，以实现工程化为目标，推动科技研发成果的转化，不断推出专新特精产品，提高国内外市场份额。同时，引入风险投资机构参与产学研基地建设，一方面为产学研基地提供充足的资金支持，另一方面利用其市场分析能力对产学研项目的可行性进行把关，提高技术和产品开发的转化成功率。大力引进高素质的技术人才，建立完善的人才培养体系，以技术引进逐渐向自主创新过渡，实现产业的快速发展。

7.3 广西战略性新兴产业创新效率评价

战略性新兴产业的创新发展水平决定着一个国家或地区国际竞争力的高低及其在世界经济中的产业链分工地位。具体到广西来说，广西战略性新兴产业创新发展水平决定其区域综合经济竞争力，战略性新兴产业智能化、高端化、集聚化、规模化发展更是新常态下广西经济发展的新引擎。2016 年，广西规模以上战略性新兴产业工业企业实现主营业务收入 5279.1 亿元，实现利润总额 281.1 亿元，产业发展较快；其中，规模以上战略性新兴产业工业企业共 469 家，占全部规模以上工业企业数量的比重达到 8.5%；实现新产品产值 2176.7 亿元，占全部规模以上工业企业新产品产值的 8.9%，对广西规模以上工业企业增长的贡献率达到 20.9%，战略性新兴产业对广西地区经济发展的先导性、支柱性作用渐渐开始显现。

创新是一个国家或地区经济发展以及高科技产业取得技术进步的必然手段，熊彼特理论认为，创新的经济范畴核心是科学技术上的发明创造能否被成功引入企业的生产函数作为一种新的生产力。具体到内涵上，创新效率指研发活动和产业链各创新要素的投入产出效率（OECD，1997）；是科技研发活动与所处区域内其他经济载体之间关联性的大小，即科技研发活动的产出所产生效益的大小（Kaukomen，1997）；更进一步被定义为技术创新资源的投入产出比，也即技术创新投入对创新产出的贡献占比大小（池仁勇等，2004）。

在科技日新月异的今天，创新已成为人类科技进步和各国经济社会发展的第一推手，是事关国家安全和前途命运的重要因素之一，而创新效率则是技术创新投入对创新产出的贡献程度的重要体现。战略性新兴产业是国家高新技术创新型产业，其发展的根本动力在于核心技术的自主创新，战略性新兴产业在国家或地区产业体系中的先导、主导及创新引领作用要求广西必须尽快提高本地区战略性新兴产业研发创新的能力和效率，以实现广西经济的快速、可持续和高质量发展以及产业结构的转型升级。

7.3.1 评价方法

早期对于创新效率的相关研究主要使用的是非参数方法（data envelopment analysis，DEA），该方法采用线性规划技术，无须设定函数形式，从而避免了主观设定函数的影响，且在处理多投入、多产出的效率度量上具有优势。但 DEA 方法无法对创新的影响因素作更为细致的分析，广西战略性新兴产业的创新效率分析中创新环境等影响又无法忽视。而以随机前沿方法（stochastic frontier analysis，SFA）为代表的参数法恰好可以弥补 DEA 方法在这方面的不足，SFA 方法采用计量方法对前沿生产函数进行估计，有更为坚实的经济理论基础。通过估计生产函数对生产过程进行描述，使技术效率估计得到控制，不仅可以测算每个个体的技术效率，而且可以定量分析各种相关因素对个体效率差异的具体影响（白俊红等，2009）。

SFA 方法由艾格纳（Aigner）等人于 1977 年所提出，此后，该模型被广泛地运用于生产力分析之中。根据昆芭卡和洛弗尔（Kumbhakar & Lovell，2000）的模型，前沿生产函数的基本形式如下：

$$y_{it} = f(x_{it}, t)\exp(v_{it} - u_{it}) \tag{7.4}$$

其中，y_{it} 表示产业 $i(i = 1, 2, 3, \cdots, N)$ 在 $t(t = 1, 2, 3, \cdots, T)$ 时期的实际创新产出；x_{it} 表示第 i 个产业在 t 时期的一组要素投入向量；$f(x_{it}, t)$ 表示生产可能性边界上的确定前沿产出，即具有完全效率时的最大产出。误差项由相互独立的 v_{it} 与 u_{it} 组成，其中，随机误差项 v_{it} 代表由于不可控因素造成的随机误差，其服从正态分布 $N(0, \sigma_v^2)$；技术非效率项 u_{it} 度量实际所利用技术与最优生产技术之间的差距，服从截断正态分布（u, σ_u^2）。

为了进一步详细地刻画不同个体间的技术效率差异，贝泰斯和科利（Battese & Coelli，1995）在前沿生产函数基本模型的基础上引入了技术非效率函数，其函数形式如下：

$$u_{it} = \delta_0 + z_{it}\delta + w_{it} \tag{7.5}$$

其中，z_{it} 是影响技术非效率的因素，δ_0 为常数项，δ 是要估计的参数向量，w_{it} 服从均值为 0、方差为 σ_u^2 的截断正态分布。

生产技术效率 TE 被定义为实际产出与前沿面产出的比值，即：

$$TE = \frac{f(x_{it})\exp(v_{it} - u_{it})}{f(x_{it})\exp(v_{it})} = \exp(-u_{it}) \tag{7.6}$$

当 $u_{it} = 0$ 时，$TE_{it} = 1$，表示决策单元位于前沿面上，此时技术有效；当 $u_{it} > 0$ 时，$TE_{it} < 1$，决策单元位于前沿面下方，此时存在技术无效性。即 $TE \in (0, 1]$，并且当 TE 越趋近于 0 时，生产的技术无效性越大；反之，当 TE 越接近 1 时，生产的技术有效性越大。

将公式（7.4）两边进行对数线性化处理，进一步得到对数形式的随机前沿生产函数表达式，即：

$$\ln y_{it} = \ln f(x_{it}, t) + v_{it} - u_{it} \tag{7.7}$$

贝泰斯和科利（Battese & Coelli，1995）设定了方差参数 $\gamma = \sigma_u^2/(\sigma_v^2 + \sigma_u^2)$ 来检验复合扰动项中技术无效项所占的比例，γ 介于 0 ~ 1 之间，若 $\gamma = 0$ 被接受，则表明实际产出与最大产出之间的距离均来自不可控的纯随机因素，此时无须使用 SFA 方法，直接运用最小二乘法（OLS）回归模型即可。

在具体选择生产函数时，较为常用的有柯布－道格拉斯生产函数（Cobb-Douglas production function）和超越对数生产函数（transcendental logarithmic production function）两种形式。柯布－道格拉斯生产函数假定技术中性和产出弹性固定，而超越对数模型则放宽了这些假设，且在形式上更加灵活，能够很好地避免由于生产函数形式的设计失误而带来的估计偏差。在本章广西战略性新兴产业创新效率评价研究中采用的是面板数据，随着时间的推移，技术是否中性，产出弹性是否固定，研究中并不能预先确定，因此本研究选用超越对数生产函数的随机前沿模型来对产业创新效率进行实证评价。具体形式如下：

$$\ln y_{it} = \beta_0 + \sum_{j=1} \beta_j \ln X_{jit} + \frac{1}{2} \sum_{j=1} \sum_{k=1} \beta_{jk} \ln X_{jit} \ln X_{kit} + v_{it} - u_{it} \qquad (7.8)$$

其中，β 为待估计变量的系数，j 和 i 分别代表产业第 j 个和第 i 个投入变量，其余变量和误差项定义与前文相同。

7.3.2　评价指标

7.3.2.1　产出变量

有关产业创新效率的评价，学术界主要以产业创新研发所带来的效用表示。在有关企业创新研究中，创新成果绝大多数以专利申请受理量或者专利申请授权量、新产品销售收入等作为评价指标，但由于本章研究的是产业创新所带来的效用，产业之间的界限往往不如企业界限那么明确，因为产业之间交叉重合的原因，专利申请受理量和专利申请授权量往往不能很好地体现产业创新的效用。故本研究采用产业主营业务收入、产业利润总额和利润增长率作为广西战略新兴产业创新效率的产出变量，其中，产业主营业务收入指标用于分析产业创新成果产生后对该产业主营业务销售状况的影响作用，其分析重点在于产业的研发创新行为是否促进了产业市场规模的增长；产业利润总额指标和利润增长率指标用于分析产业创新活动是否对该产业内企业的实际创新产出、该创新成果的市场受众度以及创新企业从中可获得的价值增值等产生确定性的效用。这三个产出变量的回归结果的对比分析不仅有助于把握广西战略新兴产业创新效率的整体情况，也有利于探索广西战略性新兴产业创新体系构建的现实方向。

7.3.2.2 投入变量

基于广西战略新兴产业发展的现状与数据可获得性两方面，结合随机前沿模型构建的基本要素，本章选取广西战略性新兴产业的从业人员平均人数、研发活动人员折合全时当量、产业固定资产投资额和研发经费支出资本存量作为广西战略性新兴产业的创新效率研究的投入变量。其中，从业人员平均数和研发活动人员折合全时当量的数据来自各年《广西统计年鉴》；由于固定资产投资存量作为产业创新活动的长期投入将在很长一段时间内发挥作用，且本章中的投资额是一种非连续的产业投资活动，为了确定投资活动发生后对企业产生的持续性影响，本研究采用永续盘存法计算广西战略性新兴产业固定资产投资额和研发经费支出资本存量数值，借鉴张军等（2004）的研究，将资产折旧率设定在 9.6%，在此基础上进行产业固定资产投资额和研发经费支出资本存量的逐年推算，其推算公式为 $K_{it}=(1-\delta)\times K_{i,t-1}+I_{it}$，其中，$K_{it}$，$K_{i,t-1}$，$I_{it}$，$\delta$ 分别为当期资本投入存量、上期资本投入存量、本期资本投入额和资产折旧率。

7.3.2.3 控制变量

为了更准确地估计广西战略性新兴产业创新效率的影响因素，本书选用广西战略新兴产业的成本费用利润率、产业总产值和大中型企业产值占比作为本书研究的控制变量。其中，成本费用利润率反映了产业所有成本开支所带来的收益能力；产业总产值的大小反映当前广西战略性产业的发展现状，也即产业发展的规模大小；大中型企业产值占比是战略性新兴产业中大中型企业工业生产总值占产业总产值的比重，用以刻画产业中龙头企业和关键核心企业对广西战略性新兴产业创新效率的影响作用。

综上所述，本书对广西战略性新兴产业创新效率进行实证评价的产出变量、投入变量和控制变量的具体变量指标体系设计如表 7.6 所示。

表 7.6 广西战略性新兴产业创新效率变量指标体系

项目	评价指标	具体意义	符号
产出变量	产业主营业务收入	产业主营业务收入总额	*revenues*
	产业利润	产业利润总额	*profit*
	产业利润增长率	产业利润总额增长率	*r_profit*
投入变量	产业固定资产投资额	当期产业固定资产投资额	*K*
	研发经费支出资本存量	当期研发经费资本存量	*RK*
	从业人员年平均数	当期从业人员年平均数	*L*
	研发活动人员折合全时当量	当期研发人员折合全时当量	*RL*
控制变量	成本费用利润率	利润总额/成本费用总额	*rpce*
	产业总产值	产业总产值规模	*gross*
	大中型企业产值占比	大中型企业产值/产业总产值	*r_major*

7.3.3 数据来源

为了对广西战略性新兴产业的创新效率进行实证评价，基于前文提出的广西战略性新兴产业选择评价指标体系，运用"AHP-IE-PCA"组合赋权法构建广西战略性新兴产业选择模型并进行实证分析，得出汽车制造业、有色金属冶炼及压延加工业、黑色金属冶炼及压延加工业、化学原料及化学制品制造业和专用设备制造业这五类广西未来应重点培育和发展的产业可以归类于新能源汽车、新材料和高端装备制造这三类战略性新兴产业。

本章所选用的基础数据来源于 2012 ~ 2017 年各期的《中国统计年鉴》和《广西统计年鉴》。由于在本章的数据中涉及新指标，考虑到统计年鉴统计口径的原因和数据的完善性，确定了以 2012 年作为广西战略性新兴产业创新效率研究的基期年份。在数据处理方面，由于产业固定资产投资额的不连续性，并且需要在投资完成后很长时间内发挥作用，本研究依据永续盘存法的原理确定每年的产业固定资产投资额存量；同理，也依据永续盘存法计算得出广西战略性新兴产业研发经费支出的资本存量，并以此作为广西战略性新兴产业创新效率评价的主要影响因素。变量的描述性统计结果如表 7.7 所示。

表 7.7 变量的描述性统计结果

变量	观测量	均值	标准差	最大值	最小值
ln*revenues*	30	6.24	0.879	7.84	4.80
ln*profit*	30	3.53	0.978	4.62	0.00
ln*r_profit*	30	−0.16	0.741	1.77	−2.02
ln*L*	30	11.10	0.447	11.84	10.16
ln*RL*	30	7.21	1.073	9.22	5.62
ln*K*	30	4.06	1.261	5.16	0.00
ln*RK*	30	2.88	0.995	4.97	1.05
ln*rpce*	30	1.42	0.660	2.24	−0.22
ln*gross*	30	7.06	0.588	7.90	6.01
ln*r_major*	30	0.52	0.099	0.65	0.35

7.3.4 实证检验

7.3.4.1 适用性检验

利用 Frontier 4.1 软件对广西战略性新兴产业创新效率进行随机前沿模型分析，首先需要对随机前沿回归模型进行适用性检验。根据随机前沿函数假设检验的原理，构造符合混合卡方分布的适用性检验广义似然比统计量 $LR = -2 \times [\ln L(H_0) - \ln L(H_1)]$。其中 $L(H_0)$ 为含有约束条件模型的似然函数值、$L(H_1)$ 为不含约束条件模型的似然函数值。本章中适应性检验的内容包括随机前沿模型的适用性检验、柯布 − 道格拉斯生产函数和超越对数生产函数选择的检验以及技术是否为中性技术进步的假设检验。为此分别提出如下原假设：

①H_0：$\gamma = 0$，即检验随机前沿模型是否适用。

②H_0：$\beta_{tk} = \beta_{tl} = \beta_{t,rk} = \beta_{t,rl} = \beta_{tt} = \beta_{kl} = \beta_{k,rk} = \beta_{k,rl} = \beta_{l,rk} = \beta_{l,rl} = \beta_{rk,rl} = \beta_{kk} = \beta_{ll} = \beta_{rk,rk} = \beta_{rl,rl} = 0$，即检验在函数形式的选择中柯布 − 道格拉斯生产函数与超越对数模型哪个更适合，若检验结果拒绝原假设，则认为本研究中选择超越对数模型优于柯布 − 道格拉斯生产函数模型。

③H_0：$\beta_t = \beta_{tk} = \beta_{tl} = \beta_{t,rk} = \beta_{t,rl} = \beta_{tt} = 0$，即检验在本研究的检验模型中是否存在技术变化。

若假设检验③中拒绝原假设而存在技术变化，则进一步提出技术进步是否是中性技术进步的假设检验④。

④H_0：$\beta_{tk} = \beta_{tl} = \beta_{t,rk} = \beta_{t,rl} = 0$，如果原假设成立，则技术进步为希克斯中性技术进步，否则为非中性技术进步。

对本章所构建的模型进行适用性检验的结果如表 7.8 所示，适用性检验中所有的检验统计量均大于混合卡方分布临界值。在分别以产业主营业务收入、产业利润总额和利润增长率为被解释变量的三个模型中均适合采用超越对数模型的随机前沿分析，且根据适用性检验三个被解释变量的回归均拒绝了不存在技术变化的原假设，即考虑三个被解释变量方程的非中性技术进步影响因素。因此，拒绝柯布 - 道格拉斯生产函数更适合本章研究的假设，并拒绝中性技术进步的原假设，进而构建本章广西战略性新兴产业创新效率研究的随机前沿模型。

表 7.8　　　　　　　　　模型适用性检验结果

产出变量类型	原假设（H_0）	对数似然值（LLF）	检验统计量（LR）	临界值	检验结论
reveues	①	15.034	10.726	7.05	拒绝
	②	15.436	9.922	7.05	拒绝
	③	2.998	24.876	7.05	拒绝
	④	-8.515	23.026	7.05	拒绝
profit	①	-23.360	75.986	7.05	拒绝
	②	-22.290	73.846	7.05	拒绝
	③	-27.713	10.820	7.05	拒绝
	④	-34.146	12.892	7.05	拒绝
r_profit	①	8.802	46.250	7.05	拒绝
	②	-20.588	105.03	7.05	拒绝
	③	-57.784	74.392	7.05	拒绝
	④	-61.380	7.192	7.05	拒绝

7.3.4.2 模型构建

结合以上适用性检验的结果与本章的实际研究内容构建本章广西战略性新兴产业创新效率研究的超越对数回归模型如下所示：

$$
\begin{aligned}
\ln y_{it} = {} & \beta_0 + \beta_k \ln K_{it} + \beta_l \ln L_{it} + \beta_{rk} \ln RK_{it} + \beta_{rl} \ln RL_{it} + \beta_t T + \beta_{tk} T \ln K_{it} + \beta_{tl} T \ln L_{it} \\
& + \beta_{t,rk} T \ln RK_{it} + \beta_{t,rl} T \ln RL_{it} + \beta_{tt} T^2 + \beta_{kl} \ln K_{it} \ln L_{it} + \beta_{k,rk} \ln K_{it} \ln RK_{it} \\
& + \beta_{k,rl} \ln K_{it} \ln RL_{it} + \beta_{l,rk} \ln L_{it} \ln RK_{it} + \beta_{l,rl} \ln L_{it} \ln RL_{it} + \beta_{rk,rl} \ln RK_{it} \ln RL_{it} \\
& + \beta_{kk} (\ln K_{it})^2 + \beta_{ll} (\ln L_{it})^2 + \beta_{rk,rk} (\ln RK_{it})^2 + \beta_{rl,rl} (\ln RL_{it})^2 + \upsilon_{it} - u_{it}
\end{aligned}
$$

$$(7.9)$$

其中，y_{it} 为 i 产业在 t 时期的产出变量，K_{it}，L_{it}，RK_{it}，RL_{it} 分别为 i 产业在 t 时期的产业固定资产投资额、从业人员年平均数、研发经费支出资本存量以及研发活动人员折合全时当量。υ_{it} 与 u_{it} 分别为随机误差项与技术非效率项。

有关技术非效率函数的构建，参考现有文献，本章选取产业成本费用利润率、产业总产值以及产业中大中型企业占产业总产值的比重作为技术非效率函数的解释变量。其具体构建的形式如下：

$$
\begin{aligned}
u_{it} &= \delta_0 + z_{it} \delta + w_{it} \\
&= \delta_0 + \delta_1 \ln rpce_{it} + \delta_2 \ln gross_{it} + \delta_3 \ln r\_major_{it} + w_{it}
\end{aligned}
$$

$$(7.10)$$

其中，$\ln rpce_{it}$，$\ln gross_{it}$ 和 $\ln r\_major_{it}$ 分别为 i 产业在 t 时期的成本费用利润率、产业总产值和产业中大中型企业工业生产总值占产业总产值的比重的对数形式。

7.3.4.3 实证结果

基于上述分析，本章构建广西战略性新兴产业创新效率研究的超越对数随机前沿模型，利用 Frontier 4.1 软件得到的实证分析结果如表 7.9 所示。

从表 7.9 的实证回归结果可以看出，在以产业主营业务收入、产业利润总额和产业利润增长率为被解释变量的随机前沿回归分析中，Gamma 值为 1，且均通过 1% 的显著性检验，证明随机前沿模型对上述三个被解释变量的回归分析具有显著的适用性。在以产业主营业务收入作为被解释变量的回归分析中，时间变量 T 与资本投入变量 $\ln K$ 的系数分别为 5.272 和 9.355，且都通过了 1% 的显著性检验，这表明时间和资本投入都对广西战略性新兴产业主营业务收入产生了正向的显著性影响。从业人员年平均数 $\ln L$ 的系数是 2.181

表7.9   广西战略性新兴产业创新效率的实证分析结果

项目		revenues		profit		r_profit	
		系数	标准误	系数	标准误	系数	标准误
前沿函数估计	常数项	48.012***	0.996	-92.557***	0.991	493.551***	0.991
	$\ln K$	9.355***	1.207	14.377***	0.944	-24.114***	0.944
	$\ln L$	2.181**	0.873	-0.031	0.656	67.255***	0.676
	$\ln RK$	16.002***	1.104	-6.937***	0.971	20.314***	0.974
	$\ln RL$	-13.251***	1.720	17.513***	0.831	-17.514***	0.868
	T	5.272***	0.793	0.940	0.875	-13.629***	0.917
	$T \times \ln K$	0.104*	0.062	-0.335***	0.018	0.372***	0.073
	$T \times \ln L$	0.143	0.127	0.294*	0.157	1.053***	0.131
	$T \times \ln RK$	-1.091***	0.262	0.521*	0.279	-0.915***	0.335
	$T \times \ln RL$	0.606***	0.210	-0.360	0.269	0.139	0.234
	T^2	0.264***	0.056	-0.165**	0.072	0.204***	0.068
	$\ln K \times \ln L$	0.536***	0.123	-0.693***	0.055	1.879***	0.135
	$\ln K \times \ln RK$	-0.838***	0.134	1.007***	0.082	-1.438***	0.207
	$\ln K \times \ln RL$	0.493***	0.145	-0.873***	0.034	0.514***	0.176
	$\ln L \times \ln RK$	-0.532**	0.262	-0.137	0.340	-1.683***	0.291
	$\ln L \times \ln RL$	0.389*	0.212	-1.041***	0.323	1.000***	0.225
	$\ln RK \times \ln RL$	-1.583***	0.532	0.759	0.631	0.655	0.609
	$(\ln K)^2$	0.300***	0.043	-0.309***	0.060	0.360***	0.049
	$(\ln L)^2$	-0.315***	0.082	0.540	0.030	2.337***	0.075
	$(\ln RK)^2$	1.586***	0.383	-0.692*	0.390	0.792	0.508
	$(\ln RL)^2$	0.681***	0.208	-0.190	0.318	-0.022	0.224
效率影响因素估计	常数项	-0.342	0.613	0.775	0.969	1.273	0.992
	$\ln rpce$	0.372***	0.102	-2.481	0.339	-0.541***	0.133
	$\ln gross$	-0.198	0.142	0.233	0.170	-0.050	0.157
	$\ln r\_major$	3.022***	1.038	-0.318	0.990	-0.286	0.965
	Sigma-squared	0.015***	0.005	0.420***	0.100	0.048***	0.018
	Gamma	1.000***	0.000	1.000***	0.001	1.000***	0.070
	Log likelihood	24.546		14.478		22.892	

注：*、**、***分别表示10%、5%、1%的显著性水平。

并通过了5%的显著性检验，说明随着人才向广西战略性新兴相关产业流入的不断增加，产业创新能力、产业规模和产品市场开发能力有所增强，使得产业主营业务收入得以明显增加。研发经费支出资本存量的系数为16.002，且通过了1%的显著性检验，表明当研发经费支出每增加1个百分点能够促进广西战略性新兴产业主营业务收入增加约16个百分点，显示出了研发经费支出资本存量增加对广西战略性新兴产业发展的重要促进作用。研发活动人员折合全时当量对广西战略性新兴产业主营业务收入有显著的负向影响，然而研发活动人员折合全时当量和时间的交互项 $T \times \ln RL$ 对产业主营业务收入却产生了显著的正向影响，这是由于研发成功的不确定性与非中性进步所导致的，因为非中性的技术进步主要体现在研发人员的科研活动上，而非资本投入变量上，所以加入时间变量的研发活动人员折合全时当量能够更准确地解释其产生对主营业务收入的正向影响，即随着研发时间的推移，研发人员科研努力的成功性趋强，从而有利于战略性新兴产业主营业务收入的增加。

在以广西战略性新兴产业利润总额作为被解释变量的回归分析中，产业固定资产投资额、研发经费支出资本存量和研发活动人员折合全时当量的回归系数分别为14.377、-6.937和17.513，且均通过了1%的显著性检验；从业人员年平均数的回归系数为-0.031，且影响并不显著。这表明研发经费的短期支出并不能直接促进广西战略性新兴产业利润的升高，而产业为了扩大生产规模从而达到规模报酬递增的产业固定资产投资更能够促进产业利润产生，这也从一方面验证了创新研发存在高风险性及成功高不确定性的因素，且大量的研发经费开支抵消了产业利润的增加。

在以广西战略性新兴产业利润增长率作为被解释变量的回归分析中，产业固定资产投资额、研发经费支出资本存量、从业人员年平均数和研发活动人员折合全时当量均通过了1%水平下的显著性检验，其回归系数分别为-24.114、67.255、20.314和-17.514。这表明产业固定资产投资额和研发活动人员折合全时当量均对广西战略性新兴产业利润增长率产生了显著的负向影响，因为这两方面都需要大量的现金支出从而抵消了产业利润的增长。研发经费支出资本存量和从业人员年平均数对广西战略性新兴产业利润增长率都有着比较大的竞相促进作用，前者的原因在于研发经费支出提高了研发成功的可能性，从而研发一旦成功并顺利实现科技成果的有效转化，就可通过新产品的商业化变现带来产业利润的快速增长；后者则反映了在广西战略性新兴产业中从业人员较多的龙头企业更易从创新研发活动中获得成功并形成新的利润增长点。

在本章研究所选取的三个控制变量中，采用的是效率影响因素的估计结果，估计系数为负表示技术非效率因素的影响下降、前沿函数效率水平提高，因此效率影响因素的估计结果应该进行逆向解读。在以产业主营业务收入作为被解释变量的回归分析中，成本费用利润率和大中型企业产值占比均通过了1%的显著性水平检验，其系数分别为0.372和3.022，表明二者都对产业主营业务收入产生了负向影响，其中，大中型企业产值占比间接地反映了广西战略性新兴产业集中度，也即广西战略性新兴产业集中度水平的上升将会对产业规模的扩大产生负向影响，原因是产业集中度提高可能会导致行业垄断的产生、资源配置的低效率以及可能会增加对中小创新型企业进入市场的壁垒，从而影响产业创新发展。而在以产业利润总额作为被解释变量的回归分析中，成本费用利润率和大中型企业产值占比均对广西战略性新兴产业利润总额产生了正向影响，产业的工业总产值对广西战略性新兴产业利润总额产生了负向影响，但三者的影响均不显著，其中，大中型企业产值占比高表明产业集中度高，龙头企业更容易通过创新研发来提高产品的利润率从而获取更多的利润，也能够将更多的资本用于扩大再生产，从而进一步实现更多的市场份额与利润，由此带动了广西战略性新兴产业利润总额的增加。此外，成本费用利润率、产业总产值和大中型企业产值占比均对产业利润增长率产生了正向的影响作用，并且成本费用率的回归系数为 -0.541 且通过了1%水平下的显著性检验，这说明广西战略性新兴产业的成本费用利润率每增加1个百分点将会促进产业利润增长率上升0.541个百分点，也表明具有较好技术基础和先发创新优势的战略性新兴产业其单位研发投入的科研产出更多或同样的科研产出花费更少的研发投入，并且科研创新成果可能也更易实现成功转化和市场化，由此获得更高的产业利润。

7.4 研究结论

从广西战略性新兴产业创新能力评价的实证研究结果来看，广西重点培育的战略性新兴产业创新能力评价得分排名第一位至第五位依次是汽车制造业、化学原料及化学制品制造业、黑色金属冶炼及压延加工业、专用设备制造业和有色金属冶炼及压延加工业，分别归属于广西新能源汽车产业、新材料产业和高端装备制造业三大战略性新兴产业。在广西战略性新兴产业创新效率评价的实证研究中可以看出，创新资本投入与创新劳动力投入仍然是广西战略性新兴产业创新发展的两类主要因素。综合广西战略性新兴产业的创新能力评价和创新效率评价的实证研究结果，本书得出以下结论：

（1）汽车制造业是广西发展水平相对较好的产业之一，这为整个产业向新能源汽车产业进行战略转型以及在与国内外同行间的竞争中变道超车奠定了较为坚实的基础和前提条件。近几年里，广西新能源汽车产业的蓬勃发展一方面基于前期积累的良好广西汽车制造业发展基础，另一方面得益于后期国家和广西地方政府产业政策的大力扶持和推动。例如，广西汽车制造业在主营业务收入、研发活动人员折合全时当量、研发经费支出资本存量和全部从业人员年平均数等指标上具有优势，而如表 7.9 所示的产业创新效率实证分析结果来看，这些优势指标正是促进了广西战略性新兴产业创新效率提升的关键因素。2016 年，广西新能源汽车产业新产品产值 46.62 亿元，工业增加值同比增长 66.4%，增速在广西战略性新兴产业中位居第二，主营业务收入同比增长 17.5%，企业规模和产能仍具有很大的增长空间。正如 2017~2020 年，以上汽通用五菱汽车股份有限公司、广西源正新能源汽车有限公司、广西申龙汽车制造有限公司等龙头为首的广西新能源汽车企业不断推出畅销整车车型，还有包括南宁八菱科技股份有限公司、耐世特汽车系统（柳州）有限公司、柳州市通顺汽车部件有限责任公司、柳州莫森泰克汽车科技有限公司、柳州凌云汽车零部件有限公司、柳州源创电喷技术有限公司在内的 6 家公司荣获国家级专精特新"小巨人"企业称号，这些显示了广西新能源汽车产业创新发展已取得了一定的实质性成效，产业创新能力和产业创新效率在广西战略性新兴产业中的引领作用正在显现。

但同时也应看到，广西的汽车制造业发展，尤其是新能源汽车产业发展仍然存在着产品类型偏向于中低端、产品附加值低、地区完全自主品牌弱等难题。从广西战略性新兴产业创新效率评价的分析中可以看出，产业主营业务收入增长的关键要素在于研发经费支出资本存量、产业固定资产投资额和从业人员年平均数，产业利润增长的关键要素在于产业固定资产投资额和研发活动人员折合全时当量，产业利润增长率提升的关键要素在于从业人员年平均数和研发经费支出资本存量。所以，当前广西新能源汽车产业仍处在产业发展的初期阶段，产业规模仍然偏小、抗风险能力也较弱。此时，地区产业发展政策的制定，要着重加大产业创新投入促进企业创新，扩大产业发展规模吸引更多的从业者、技能型人才投入产业扩大再生产，培育出规模大、创新要素支撑、抗风险能力强的产业基础；在产业发展的成长期，应加强企业规模化生产的人员投入和创新研发的资金投入，以自主创新驱动获取较大的利润增长率；而在产业发展的成熟期，应该加强产业固定资产设备更新和技术人员劳动投入，在保持产业规模报酬增长和创新能力提升的基础下实现产业利润率的持续上升。

（2）在广西战略性新兴产业创新能力评价的因子分析中，化学原料及化学制品制造业、黑色金属冶炼及压延加工业和有色金属冶炼及压延加工业分别列第二、第三和第五位，根据其产业特点将此三类产业归为新材料产业。广西新材料产业的发展得益于地区丰富的自然资源，如铝矿资源、重稀土资源等。在广西战略性新兴产业创新能力因子分析和创新效率评价分析中，广西新材料产业发展滞后的主要原因是资本与劳动投入的不足。新材料产业作为战略性新兴产业，其中既有知识密集型企业，也有技术密集型企业，由于产业内环节间存在壁垒、隔阂等不利因素，新材料从发现到最终应用缺乏产业系统集成，容易造成上游研发的材料指标与下游市场运用的要求之间存在不匹配即上下游脱节的问题，因此无论是基于提高从业者素质的业务培训还是促进产业发展的持续性创新活动都需要大量的资金投入，持续性创新资本的投入能够将分散的产业链资源进行整合形成产业规模经济效应和创新优势来支持产业创新效率的提升，以此促进产业获得更快、更有效益的创新发展。除此之外，新材料产业具有知识密集和技术密集的属性，为了推动产业实现新兴科技的不断创新，必须进行创新活动的劳动力资源投入。从纵向看，包括研发、转化、生产、管理等各专业领域的人力资源投入；从横向看，人力资源的投入不仅来自与高校、专业科研机构的新材料技术领军人才和高级专家的合作，更要培育企业内部创新活动的劳动投入资源，驱动企业成为产业创新主体。充分发挥广西新材料产业资本与人力资本投入的良好互动机制，让不同的创新资源可以自由在产业内外、企业内外流动起来，这才是广西新材料产业从"资源依附型"向"创新驱动型"发展的关键一步。

（3）广西高端装备制造业的发展与汽车制造业一样，具有一定的产业基础，但也面临着创新能力较低、高端供给不足、核心技术和关键零部件受制于人等一些固有问题。长期以来，广西装备制造企业出于对短期利润的追求，往往重引进轻研发、重使用轻研制、重模仿轻创新。在本书中，以专用设备制造业为代表的广西高端装备制造业的创新能力评价指标在广西应重点选择发展的五大战略性新兴相关产业中位列第四，主要靠加大、新增固定资产投资而非研发经费和人员的充分投入来推动产业规模增长和维持一定的国内外市场份额。对于广西高端装备制造业而言，充足的创新资本投入是产业持续创新的基础与保障，科研创新人才也是产业创新驱动发展的核心所在，这就要求广西各级政府、高端装备企业要加大对创新研发的资金支持力度，以持续的创新资本投入促进产业技术革新，以高质量的研发人员储备保持产业创新能力的持续提高，建立健全与相关专业领域内的国内外高校、科研院所和科研服务平台之间的高级科研人才培养与技术交流的良性互动机制，协力推动广西高端装备制造业积极拓展适应下游市场需要的新产品类型，着力开发与掌握独创性关键核心发明专利，力争向全球高端装备产业价值链的高附加值环节不断迈进。

| 第 8 章 |

广西战略性新兴产业创新体系完善途径的
整合协调及政策措施体系构建研究

与其他传统产业相比，广西战略性新兴产业发展具有发展潜力大、经济带动性强、技术知识密集、绿色环保等一系列优点，在促进地区产业结构调整升级和经济高质量发展中具有极其重要的作用。但是，广西作为西部后发区域，其战略性新兴产业发展还面临着科技投入水平较低、高素质劳动力和资本要素短缺、产学研融合度低以及创新资源整合不足等方面的问题。为了实现广西战略性新兴产业创新能力培育和地区创新优势之间相互适应、相互支撑，有效地提升战略性新兴产业体系的创新能力和创新效率，共同促进广西战略性新兴产业创新驱动发展，本章从政府产业政策与支撑体系构建层面、企业创新主体与创新人才培育层面以及专业研究机构与科研服务平台构建层面，系统地提出广西战略性新兴产业创新体系完善途径的整合协调措施与政策建议。

8.1　政府层面对策

8.1.1　加强对战略性新兴产业创新驱动发展的组织与协调

政府要科学地认识战略性新兴产业生命周期，科学规划产业发展路径，充分发挥产业政策的引导与扶持作用,立足广西地区要素资源禀赋优势和产业基础条件及特色,优先重点培育和发展具有优势地位的战略性新兴产业,形成一批区域特色鲜明、发展潜力大、创新能力突出的战略性新兴产业及企业,积极参与全球产业价值链分工和竞争,在国内国际双循环新发展格局下多元拓展与世界新兴产业各类创新主体之间的合作,获取更高水平的创新资源,反哺广西战略性新兴产业创新发展。

8.1.1.1 要建立有利于创新的长效利益激励机制

对于科技含量高、创新投入大、研发风险高、投资回收期长的产业,如新能源汽车、高端装备制造和新材料等产业,应牢固树立创新驱动理念,明确创新目标和创新行为导向,完善能够有力促进创新的利益分配机制和激励机制。以国家和广西战略性新兴产业发展政策为导向,提高企业、个人的创新研发积极性,加大对科研人员的创新激励力度,对有潜力且具备一定发展基础的战略性新兴产业企业进行优先重点扶持、重点发展,以先发展带动后发展,形成一批有地区特色的广西战略性新兴产业集群,打造战略性新兴产业创新发展"极点",带动本地上下游相关产业和其他地区战略性新兴产业的快速发展。

8.1.1.2 构建有利于创新研发的保障体系

创新研发不同于一般的企业生产活动,研发成果的取得必须以充足的资金支持为前提。广西战略性新兴产业创新水平较弱的原因在于企业创新投入收益的不确定性所导致的创新投入减少和创新意愿降低,这就要求各级政府在原有的基础上增加创新研究投入,优化财政科技投入结构,明确政策支持的方向和内容,充分发挥创新研究投入的效率和效果。

在这方面,国内外均有一些成功范例。例如,国务院于 2014 年 6 月发布了《国家集成电路产业发展推进纲要》,明确中国集成电路产业的发展地位和发展方向,国家集成电路产业基金第一期随后于 2014 年 9 月启动,共募集了 1387 亿元,投资了包括中芯国际、华虹半导体、长江存储、北方华创等 23 家芯片公司以及 70 个有效的芯片项目,涉及半导体材料、设备、设计、制造、封测等芯片产业上、中、下游的多个环节,对中国集成电路全产业链构建以及关键业务环节领军企业的培育发挥了核心推动作用;2019 年 10 月国家集成电路产业基金第二期又已启动，注册资本为 2041.5 亿元，共 27 位大型企业法人股东，再次加大了对中芯国际、中微公司、北方华创等芯片制造及设备领域的投资，以解决产业"卡脖子"问题。2019 年，为推进实现"2024 年重返月球计划"，美国宇航局（NASA）为包括 SpaceX 公司、蓝色起源（Blue Origin）公司、Masten Space 公司、Sierra Nevada 公司、波音公司和洛克希德马丁公司（LMT）等 11 家公司提供了高达 4550 万美元的资金扶持，用于帮助其研究月球登陆器、航天器以及太空加油技术，目前这些公司在完善其负责项目的模型设计、运营理念等方面已取得了研究进展，甚至少数公司已开始建造原型机。① 从广西地方层面来看，也有少数地市政府设立了地方产业投资基金，通过与区外战略性新兴产业链关键核心环节的优势企业入桂进行项目合作投资，帮助本地新兴产业链完善。例如，2021 年 5 月，南宁产投科技创新投资有限责任公司、广西南宁晟宁投资集团有限责任公司、广西宁芯聚锂投资合伙企业（有限合伙）与多氟多新材料股份有限公司签订了《锂电池项目投资合作协议》。协议约定，由南宁产投科技创新投资有限责任公司、广西南宁晟宁投资共同发起设立规模为 6 亿元的产业投资基金（即南宁科晟能源动力投资基金合伙企业），该产业投资基金与多氟多、广西宁芯聚锂共同出资设立广西宁福新能源科技有限公司（暂定名），依托多氟多在六氟磷酸锂等新能源汽车锂电池领域所拥有的自有知识产权和专利技术，合作建设 20 吉瓦时锂电池项目，主要生产锂电池及相关配套产品。② 该项目如若能够顺利投产，将为南宁市完善本地新能源汽车产业链供应链以及广西新能源汽车产业培育新增长极迈出关键一步。今后广西各级地方政府应针对本地区重点培育和优先发展的战略性新兴产业通过设立产业投资基金或直接给予部分发展资金的方式，吸引国内外相关产业链强势企业和社会资本入桂进行产业合作，帮助本地区战略性新兴产业链补链、固链、强链。

此外，广西地方政府还需要在国家有关战略性新兴产业税收激励政策的基础上，对本地区战略性新兴产业中企业增值税、所得税、设备折旧以及风险投资、中介机构和高技术人才收入等方面进行地方性税收的深化改革和激

---

① SpaceX 获得 NASA 资助 研发用于发射月球登陆器重型火箭［EB/OL］. 腾讯科技，https：//tech. qq. com/a/20190517/003891. htm.

② 多氟多拟 2.7 亿元建设南宁锂电池项目，剑指分拆上市［EB/OL］. 大众证券网，http：//www. dzzq. com. cn/bond/44297225. html.

励机制的构建，充分调动企业、高校、科研机构、科技创新平台等各类创新主体投入新兴科技与新兴产业创新活动的积极性，促进产业创新能力提升和创新效率改善。

8.1.2　主导推动产业化创新协同机制的构建

政府应切实推动"政产学研一体化"，在政府对战略性新兴产业重点发展方向进行总体把握的大方向下，建立高校、科研机构和企业能够共同参与、进入的研发技术平台；突破以往的大学从研究成果到产业化的线性模式，以实现工程化为目标，推动广西战略性新兴产业科技成果转化；以企业增强技术创新供给为着力点培植高端研发力量，树立企业的新兴产业创新主体地位，发挥高校与科研院所的创新资源与企业产业化资源的协同作用机制，鼓励企业科研技术人员与高等院校和科研院所之间的专业人才供需流通渠道，构建"产学研"三个主体之间的人才交流和联合培养平台，共同开展基础科学研究和重大科技项目攻关，以有偿服务的方式促进新兴科技成果的高效转移和转化，进一步深化产学研一体化。

（1）政府要明确自身定位，牵头、管理、协调和引导产学研协同创新机制的顺畅构建、落实与运行，采用切实有效的政策、方法和手段推动战略性新兴产业的产学研一体化。其中，由政府设置创新奖励和建立灵活的利益分配与风险分摊机制尤为重要。以往的产学研合作中，一般是由高校和科研机构负责研发，企业一次性买断某项科研成果并享受由此带来的绝大部分市场收益，高校和科研机构在此过程中承担了大量的时间、人力、材料、设备成本以及巨大的试错与研发风险，但其所获得的收益却存在隐形的"天花板"，研发的利益分配和风险成本承担机制的不平衡严重影响了高校和科研机构进行基础研究和前沿科技创新研发的积极性以及"产学研"协同创新体系的稳定性。为此，广西地方政府应积极建立和落实战略性新兴产业的产学研合作协调机制，及时调解由创新参与各方利益分配不均衡所产生的各种矛盾、冲突和问题；同时协助做好研发过程中的风险管控工作，包括产学研项目实施前的风险预测、实施中的风险监控和处理以及实施后的风险反馈，降低技术研发与市场风险对"产学研"联盟的稳定性所产生的不利影响。

（2）改善科研管理机制，促进高校和专业科研机构积极开展与各类战略性新兴企业之间的创新研发合作。政府可以在一些有参与产学研协同创新活动经验的高校，如广西大学、桂林电子科技大学、桂林理工大学、广西科技大学等高校进行科研学术改革试点，在相关专业领域内教师职称评定中加入柔性的产学研合作参与指标；在科研机构中建立科研工作者的工作考核办法，重点考核科研成果的转化率及由此产生的社会经济效益，引导广西乃至全国的高校和科研院所的高质量创新资源加入广西战略性新兴产业的产学研联盟。

8.1.3 加大对战略性新兴产业发展的金融支持

金融支持是广西战略性新兴产业创新能力提升的基础和条件，需要加大社会资本支持力度，构建和完善多元化投融资体系。围绕广西战略性新兴产业发展的重点领域，建立各种专项政府产业投资基金，引入国内外天使投资、风险投资、私募股权投资（private equity，PE）等不同种类的功能性基金群来扶持各类战略性新兴产业化项目、产学研一体化项目和科技创新平台的建设；从政府层面高度重视证券市场的直接融资功能，按照新三板、创业板、科创板等各类鼓励创新驱动型公司上市的资本市场的上市标准，辅助有独特技术、自主创新动力强、成长性好、所属战略性新兴产业发展前景大的企业达标上市，实现快速融资，以促进广西战略性新兴产业更多专精特新"小巨人"的培育壮大，并接受资本市场有效的公开激励、监督和约束。同时，要协助企业利用好债券、信托、产权交易等其他资本市场手段，促进战略性新兴产业企业对创新资源的融通、整合和利用，利用资本市场做大做强。

充分发挥国家政策性银行、国有商业银行在战略性新兴产业创新融资方面的带头引领作用，会同各类股份制银行、城市商业银行以及非银行金融机构等，创新贷款产品和模式，加大对中小型创新型企业的信贷扶持力度，对处于初创及成长期的战略性新兴企业提供利率更优惠、期限更长的融资服务。支持各类银行机构与投融资公司、保险公司、担保公司、基金公司等合作设立担保基金等相关产品与方式，充实广西区级再担保公司、政府性融资担保公司资本，建立科技信贷的风险转移机制，形成战略性新兴产业创新发展所需要的良好金融服务生态系统闭环管理。通过充分发展各类新兴金融手段，引导社会资金流向战略性新兴产业，从金融业内部聚集更多的金融资源为广西战略性新兴产业创新发展提供更多的资金支持。

8.2 企业层面对策

8.2.1 强化企业的创新主体地位

战略性新兴产业由各类微观企业构成，一个国家或地区新兴产业的发展强弱取决于其是否拥有能够掌握产品设计规则和前沿技术路线的旗舰型大企业以及多个能在产业链关键业务节点发挥核心作用的创新驱动型配套企业。为此，广西需完善以企业为主体的战略性新兴产业技术创新机制，突出、强化和夯实企业的创新主体地位，支持企业全面提升自主创新能力和关键核心技术攻关能力。要建立、补齐高校对接战略性新兴产业弱势、短板、瓶颈环节的学科体系和人才培养体系，为企业的创新研发活动源源不断地输送相关专业人才。鼓励构建以企业为主导、产学研合作的产业技术创新战略联盟，更多地运用财政后补助、财政专项资金、间接投入等方式，支持企业联合高校和科研机构开展重大产业关键共性技术、工艺、设备和标准的研发攻关，支持企业通过受让、许可、作价入股等方式实施产学研合作科技成果转化。广西各地方政府可借鉴南宁中关村·中关村创新示范基地的建设与运营模式，并鼓励各类企业利用闲置厂房、场地等设施创建创意科技企业孵化器、产品中试基地和公共服务平台，吸引与广西重点发展的新能源汽车、新材料、高端装备制造等战略性新兴产业有关的各类创新创业型中小企业、创新团队和高校、科研机构获得核心发明专利的高层次研发人才进驻，开展更多深层次的创新技术开发与合作，形成和完善新兴产业创新生态系统，促进创新驱动型中小企业不断孵化成长，成为激发广西战略性新兴产业创新活力的"瞪羚企业"和关键领域的"科技独角兽"。广西地方政府在战略性新兴产业重点发展领域、关键环节定位及相关产业政策的制定和部署上，应邀请重点企业及领军企业家定期开展高层次技术创新的咨询和商讨，确保创新决策的实践可行性。借鉴发达国家研发税收抵免的成功经验，全面落实国家支持企业科技创新的各项最新税收优惠政策，对广西战略性新兴产业企业在薪资、耗材、合同研究及基础研究报酬等经常性研发支出上给予更长期限、更大幅度、更广适用范围的研发税收抵免，刺激企业的自主研发投入，促进更多高质量创新研发成果的产出和转化。

8.2.2　充分发挥大型企业创新引领作用，激发中小企业创新活力

当今世界范围内，新兴科技产业在产品和服务的研发、设计、制造、服务全产业链运作流程上基本都具有模块化的特征。在模块化生产网络中，具备突破性技术或颠覆性技术的大型旗舰企业作为产品系统设计规则的设计师和集成商，制定模块之间的接口规则和产业标准。因此，广西应充分重视研发实力突出的大型企业在战略性新兴产业创新发展中的核心创新主体地位，在给予其良好创新资源和创新环境的同时，也要明确其创新主体责任，集中优势科研力量，实施重点的新兴科技突破，因地制宜、因企制宜地选择合适的战略性新兴产业创新技术重点发展，突破关键环节，分阶段、有重点地实施企业、产业的创新战略。广西新能源汽车、新材料和高端装备制造产业的龙头企业要紧密依托国家和广西地方政府的产业政策引导，形成创新发展的产业集群和国内外互通的产业链供应链体系，降低协同发展成本，建立战略性新兴产业集群利益分享机制，提高地区战略性新兴产业的协同创新价值。

除此之外，要深刻意识到创新驱动型中小企业在国家和广西战略性新兴产业创新体系中的重要地位，完善广西中小企业创新服务体系，加快专业化、社会化、网络化的中小企业技术创新服务平台构建，为其提供知识产权、第三方检验检测认证、科技融资背书等市场化、系列化服务。鼓励战略性新兴产业创新驱动型中小企业积极申请国家中小企业发展基金、科技型中小企业创新基金等项目，实行新兴科技创新的目标管理，提高立项率和立项金额，促进其加速培育成长；帮助有潜力条件的中小创新驱动型企业对标国家新三板、创业板和科创板的上市标准进行 IPO 上市辅导准备，扩大企业规模和市场影响力。

8.2.3　针对企业技术瓶颈引进亟须的高端人才

与传统产业有所不同，战略性新兴产业属于知识密集型、技术密集型的产业，且相较于高技术产业而言更强调新兴科技属性，其发展更加依赖于对

高端人才的大量需求。而目前广西战略性新兴产业的发展水平还有待进一步提高，新兴技术企业的科技创新能力也总体落后于其他发达省份以及陕西、四川等部分西部地区省份，因此广西要实现战略性新兴产业创新发展的成效，亟须各类高端创新人才参与。广西除了要充分利用本地教育、科研资源培育地区优秀人才之外，更要注重从国外和国内两条渠道引进急缺的行业领军人才和高级专业人才。其中，国外人才引进应侧重于从新兴产业发达国家引进高层次智力资源，通过组建跨境科研团队、直接聘用等方式针对具体战略性新兴产业项目进行联合攻关，学习发达国家新兴产业的前沿创新技术、研发理念和创新模式，借鉴发达国家先进的新兴产业发展经验、生产工艺和管理方法。国内人才引进则主要是从战略性新兴产业发展较快、技术水平较先进的区域引进具有独特创新创意、视野思维开阔、研发能力过硬的技术专家和稀缺人才，使其加入广西地方政府战略性新兴产业"智囊团"、大型龙头企业、关键环节创新驱动型企业、高校和科研机构等各产业创新参与主体献计献策或直接从事一线前沿技术与新兴科技和产品研发，逐渐集聚人才后发优势，实现广西战略性新兴产业的快速创新发展。

8.2.4 构建适宜企业长效创新发展的人才储备机制

针对广西战略性新兴产业发展的实际，完善"校企"合作机制，在高校、高职高专等多类院校进行相关的学科设置，建立良好的校企联合培养人才机制。建设企业与区内外高校、科研院所的特色创新创业基地，吸引国内外高校、科研院所及其稀缺性科技人才在此成立科技开发公司，打造本地创新科技高地、创新人才高地、创业孵化基地和创新示范基地，推进政产学研联合体创新机制建设和实质化运作，切实提高面向广西战略性新兴产业新技术、新产品商业化实现的科研成果转化率。例如，位于南宁高新技术开发区的南宁·中关村创新示范基地自 2016 年 7 月运营以来收效明显，在智能制造、信息技术、生命健康、节能环保、科技服务等战略性新兴产业领域，已经形成实质性的各类创新主体之间紧密合作、创新集聚的良好发展态势。目前已累计入驻 308 家创新企业，包括以色列纳安丹吉、东华云数据、东软南宁、慧云信息、捷佳润、滴滴出行、众册生物、圣尧航空、卡迪亚等一批行业龙头企业；已引进了 1 名中国工程院院士、6 名国家级高层次人才；还与广西 30 余所高校建立合作，累计培养新一代信息技术人才 8000 余名；累计引进及培育 26 家国家高新技术企业、8 家规模以上企业、38 家科技型中小企业、3 家广西瞪羚企业和 3 家新三板挂牌企业，入驻企业累计取得 650 余项知识产权，2020 年上半年整体实现销售收入 26.5 亿元。① 正如 2017 年 4 月 20 日，习近平总书记视察南宁·中关村创新示范基地时所强调的，开展区域合作和经济技术合作，重在互利双赢。创新和创业相连一体、共生共存；建设创新示范基地，要遵循创新发展规律，以高效的政府服务、有机的产业配套、先进的技术支撑，构建富有吸引力的创新生态系统，让适宜的种子在适宜的环境中开花结果。② 南宁·中关村创新示范基地校企合作的创新模式，对于南宁市新一代信息技术产业等新兴产业高质量创新发展的引领作用已经初步显现，同时也为促进广西各地市战略性新兴产业创新驱动发展提供了重要的示范和借鉴参考。

2019 年 8 月 26 日，国务院正式批复我国首个沿边地区自由贸易试验区——中国（广西）自由贸易试验区成立，该试验区共涵盖南宁、钦州港和崇左三个片区，对于促进广西"南向、北联、东融、西合"全方位开放发展新格局加快构建具有重大意义。③ 而要充分实现中国（广西）自由贸易试验区的功能定位和历史使命，必须依靠战略性新兴产业创新发展的关联带动效应。为此，合理的产业布局和人才支撑是关键所在。产业布局上，南宁片区主要布局新兴制造业、金融业和现代服务业；钦州港片区主要布局新兴制造业、现代服务业和电子信息业；崇左片区主要布局电子信息业、仓储物流业、金融业、跨境中药材业和跨境旅游业。对应于上述三大片区新兴产业布局及加快发展，相关岗位的专业技术类人才缺口最大，占 190 个急需紧缺岗位的 53.16%，主要分布于计算机、机械设计制造及自动化、化工、环境工程等专业。因此，广西应在区内高校增加新兴制造产业链短板专业设置或与国内外高校建立常态化的相关专业高精尖人才联合培养机制，加快新兴制造业、先进信息服务业、现代物流业等领域的紧缺专业人才培养，长效性地解决中国（广西）自由贸易试验区战略性新兴产业相关领域发展的人才短缺问题，并

---

① 阮晓莹. 南宁·中关村创新示范基地以创新引领高质量发展［N］. 南宁日报，2020 − 07 − 24.

② 王昌林. 大众创业万众创新理论初探［M］. 北京：人民出版社，2018：32.

③ 刚刚，中国（广西）自由贸易试验区正式揭牌！［EB/OL］. 搜狐网，https：//www. sohu. com/a/337490132_394179.

形成以点带面的广西战略性新兴产业人才储备和利用良性运作机制，切实解决各类企业创新发展面临的人才短缺痛点。

8.3 专业研究机构层面对策

8.3.1 完善各类专业研究机构之间的产学研协同创新体系

针对广西战略性新兴产业协同创新能力弱、技术层次总体不高的状况，充分利用高校院所的人才培养能力、科研能力和高层次人才库，构建紧密的产学研协同创新体系，提高战略性新兴产业企业的自主创新能力、协同创新能力和科技成果转化能力。在产学研协同创新体系中，要加强企业与高校、科研院所及科研服务平台的合作信任度，增加各创新参与主体之间技术联系的深度和交流的频度，改善信息传达、认知和反馈的效果，真正做到互相信任、顺畅沟通、倾力参与、风险共担、利益共享，推进战略性新兴产业产学研协同创新效率的有效提升。

8.3.2 高校和科研院所应向基础研究领域倾斜

广西战略性新兴产业发展仍然处于高校、科研机构自主创新与产学研合作创新之间协同度不高的状况。要扭转这一状况，首先，广西高校、科研院所要在保持一定自主创新投入的前提下，不断加大对产学研合作创新的重视、治理和创新资源投入力度。其次，高校和科研院所要针对广西战略性新兴产业发展的关键、薄弱及瓶颈环节进行基础技术科研攻关，做好前瞻性科研储备，引导企业加大对产学研合作创新及科研成果产业化的关注和投入力度，真正实现产学研合作创新模式下"风险共担、利益共享"的战略性新兴产业创新发展模式。

此外，还要切实发挥广西高校、科研院所自主创新在产学研合作创新中的基础性作用。当前，广西经济发展存在基础科研不足的短板，战略性新兴产业领域基础研究缺位问题逐渐突出，大量关键核心技术需要从外部引进，新兴产业产品档次在国内同类型产品中总体偏于中低端，复杂产品的生产中代工组装型业务占比较高，导致广西战略性新兴产业企业在国内外产业链分工中往往面临低端业务的"红海竞争"压力，只能获得较低的产业增加值，对增强地区经济增长活力和创新动力十分不利。

在战略性新兴产业发展中，由于企业面临较大的生存压力，往往过于看重科研成果的经济性，对基础研究的投入力度不足。而高校的事业单位属性，使其在争取国家财政科研资金的支持中占据有利地位，其基础研究的科研经费相较于科研院所和企业更为充足，因此不论在高校自主创新还是在产学研合作创新进程中，高校都必须持续加强对战略性新兴产业重大原发创新基础研究的投入力度，提高基础科研成效。科研院所转制成为企业后将直面市场竞争，但在基础研究上仍然有其不可替代的优势，如科研基础雄厚、顶尖人才汇集，而且转制后的科研成果完成中试验证后，形成核心的技术、专利、工艺、标准，即可进行资本化运作和上市融资，强大的市场激励功能使得转制后的科研院所在战略性新兴产业基础研究方面理应具有更大的动力和潜力。广西应在国家战略性新兴产业相关创新政策导向下加紧完善实施细则和手段，促进科研院所在广西战略性新兴产业基础研究中发挥重要功能。

8.3.3　建立高水平的科研服务平台

要最大限度地发挥科技中介服务机构的科研服务力量，就要建立一批高质量、高效率、高水平的科研服务平台。为此，要进一步提升广西各类涉及战略性新兴产业创新发展的专业科研服务平台的服务质量和综合实力，加强常态化的科研服务培训，提高科研服务平台从业人员整体素质。提高科研中介服务行业的从业资质要求和准入门槛，专业类科研管理中介服务的从业人员应具备较高层次的学历、丰富的项目管理经验并持有相关从业资格证书，上岗前须接受正式的科研服务岗前培训；认真做好服务中、服务后的质量反馈，针对存在问题及时整改，形成规范的广西本地区科研中介服务工作标准。政府和行业协会还应设立科研中介服务人员培养基金项目，鼓励优秀专业化人才到科研中介服务发达的国家或区域深造，提高科研中介服务人员的专业服务水准，以高质量的科研服务平台促进广西战略性新兴产业的产学研协同创新发展。

8.3.4 对接战略性新兴产业集聚，打造创新型产学研集群

区域战略性新兴产业的创新发展需要构建互联互通、高度融合的高水平创新型产业集群，其中高校集群及学科专业集群的作用尤为关键，通过发挥其"集聚-溢出"效应，有力地支撑广西战略性新兴产业多主体的协同创新发展。为此，广西应将相互关联的战略性新兴产业与高校、科研院所等专业研发主体在某一区域内集聚，例如，将新能源汽车产业在柳州、南宁、桂林等市集聚，将新材料产业在南宁、百色等市集聚，将高端装备制造产业在南宁、柳州、桂林、玉林等市集聚，形成上、中、下游产业链结构完整、支持体系健全和产学研联结机制灵活多样的有机产业创新体系。

构建合理高效的产学研集群还要着眼于把握广西战略性新兴产业集聚的新动向，努力探索集群创新合作发展的新模式、新动力机制。推动战略性新兴产业集群发展逐渐从地方实体型集群向全球网络型集群转变，注重战略性新兴产业异质性资源的集聚，打造适度、有序、集约的集聚经济新业态。要把握广西战略性新兴产业集群的产业生命周期特征，因势利导，通过不同产业生命周期的竞争性产业政策和产业扶持政策，引导核心旗舰企业、关键模块及高端价值链节点的专精特新企业加快涌现。例如，广西要进一步提高新能源汽车产业的发展质量和产品档次，一方面，应着力完善本地区企业自主研发、区外招商选资、地方政府产业扶持和金融资本市场等软环境；另一方面，要依托上汽通用五菱汽车股份有限公司等旗舰企业不断推出畅销新产品的有利市场环境，促进电池、电驱、电控、自动驾驶、车联网、充电桩、储能、汽车后市场等国内外优质供应商尽快进驻的整体布局硬环境，有效弥补本地区产业发展短板，形成强强合作、竞争、互补的良性产业创新协同生态体系。

参考文献

[1] Aigner D J, Lovell C A K, Schmidt P. Formulation and Estimation of Stochastic Frontier Production Function Models [J]. Journal of Econometrics, 1977, 6 (1): 21 –37.

[2] Arundel A. The Relative Effectiveness of Patents and Secrecy for Appropriation [J]. Research Policy, 2001, 30 (4): 611 –624.

[3] Ashemi B T, Isaksen A. Regional Innovation Systems: The Integration of Local "Stick" and Global "Ubiquitous" Knowledge [J]. The Journal of Technology Transfer, 2002, 27 (1): 77 –86.

[4] Asheim B T, Isaksen A. Location, Agglomeration and Innovation: Towards Regional Innovation Systems in Norway [J]. European Planning Studies, 1997, 5 (3): 299 –330.

[5] Bathelt H, Malmberg A, Maskell P. Clusters and Knowledge: Local Buzz, Global Pipelines and the Process of Knowledge Creation [J]. Progress in Human Geography, 2004, 28 (1): 31 –56.

[6] Battese G E, Coelli T J. A Model for Technical Inefficiency Effects in a Stochastic Frontier Production Function for Panel Data [J]. Empirical Economics, 1995, 20 (2): 325 –332.

[7] Bergek A, Jacobsson S, Carlsson B, et al. Analyzing the Functional Dynamics of Technological Innovation Systems: A Scheme of Analysis [J]. Research Policy, 2008, 37 (3): 407 –429.

[8] Bergek A, Jacobsson S. The Emergence of a Growth Industry: A Comparative Analysis of the German, Dutch And Swedish Wind Turbine Industries [M]//Metcalfe S, Cantner U. Change, Transformation and Development. Heidelberg: Physica-Verlag, 2003: 197 –227.

[9] Bianchi M, Cavaliere A, Chiaroni D, et al. Organisational Modes for Open Innovation in the Biopharmaceutical Industry: An Exploratory Analysis [J]. Technovation, 2011, 31 (1):

1 – 12.

[10] Boschma R. Proximity and Innovation: A Critical Assessment [J]. Regional Studies, 2005, 39 (1): 61 – 74.

[11] Carlsson B, Stankiewicz R. On the Nature, Function, and Composition of Technological Systems [J]. Journal of Evolutionary Economics, 1991, 1 (2): 93 – 118.

[12] Carlsson B. Innovation Systems: A Survey of the Literature from a Schumpeterian Perspective [M]//Hanusch H, Pyka A. Elgar Companion to Neo-Schumpeterian Economics. Cheltenham: Edward Elgar, 2007: 857 – 871.

[13] Chamindade C, Edquist C. From Theory to Practice: The Use of Systems of Innovation Approach in Innovation Policy [M]. Lund: Lund University, 2005.

[14] Cohen W M, Levinthal D A. Absorptive Capacity: A New Perspective on Learning and Innovation [J]. Administrative Science Quarterly, 1990, 35 (1): 128 – 152.

[15] Cooke P N. Regional Innovation Systems: Competitive Regulation in the New Europe [J]. Geoforum, 1992 (3): 365 – 382.

[16] Cooke P N, Joachim H, Brazyk H J, Heidenreich M. Regional Innovation Systems: The Globalized World [M]. London: UCL Press, 1996.

[17] Cooke P N. Regional Innovation Systems: General Findings and Some New Evidence from Biotechnology Clusters [J]. Journal of Technology Transfer, 2002 (27): 133 – 145.

[18] Daft R L. Management [M]. 5th. 北京: 机械工业出版社, 2000.

[19] Esmailzadeh M, Noori S, Nouralizadeh H, et al. Investigating Macro Factors Affecting the Technological Innovation System (TIS): A Case Study of Iran's Photovoltaic TIS [J]. Energy Strategy Reviews, 2020, 32: 100577.

[20] Freeman C, Soete L. The Economics of Industrial Innovation [M]. 3rd. Cambridge: MIT Press, 1997.

[21] Galor O, Michalopoulos S. The Evolution of Entrepreneurial Spirit and the Process of Development [J]. SSRN Electronic Journal, 2007, 54 (4): 136.

[22] Graham S. Industrial Exploitation of Carbon Fibre in the UK, USA and Japan [J]. Technology Analysis & Strategic Management, 2002, 14 (4): 381 – 398.

[23] Grossman G M, Helpman E. Innovation and Growth in the World Economy [M]. Cambridge: MIT Press, 1991.

[24] Hotelling H. Analysis of A Complex of Statistical Variables into Principal Components [J]. Journal of Educational Psychology, 1933, 24 (6): 417 – 441.

[25] Johnson A. Functions in Innovation System Approaches [R]. Department of Industrial Dynamics, Chalmers University of Technology, Goteborg, 1998.

［26］Kaukomen E. The Evaluation of Scientific Research: Selected Experiences ［R］. Paris: OECD, 1997, OECD/GD (97) 194. 1 – 112, 2000 (7): 24 – 25.

［27］Kirkwood J. Igniting the Entrepreneurial Spirit: Is the Role Parents Play Gendered? ［J］. International Journal of Entrepreneurial Behaviour & Research, 2007, 13 (13): 39 – 59.

［28］Klein W R, Lankhuizen M, Gilsing V. A System Failure Framework for Innovation Policy Design ［J］. Technovation, 2005, 25: 609 – 619.

［29］Kleinschmidt E J, De Brentani U, Salomo S. Performance of Global New Product Development Programs: A Resource-Based View ［J］. Journal of Product Innovation Management, 2007, 24 (5): 419 – 441.

［30］Kumbhakar S C, Lovell C A K. Stochastic Frontier Analysis ［M］. New York: Cambridge University Press, 2000.

［31］Lepori B, et al. Indicators for Comparative Analysis of Public Project Funding: Concepts, Implementation and Evaluation ［J］. Research Evaluation, 2007, 16 (4): 243 – 255.

［32］Lindmark S, Rickne A. Dynamics and functionality of the Swedish Mobile Internet Innovation System ［C］. Proceedings of the 16th European Regional Conference of the International Telecommunication Society (ITS). Porto, 2006.

［33］Lukkarinen J, Berg A, Salo M, et al. An Intermediary Approach to Technological Innovation Systems (TIS): The Case of the Cleantech Sector in Finland ［J］. Environmental Innovation and Societal Transitions, 2018, 26: 136 – 146.

［34］Lundvall B A. National Systems of Innovation: Towards a Theory of Innovation and Interactive Learning ［M］. London: Pinter, 1992.

［35］Lundvall B A, Borras S. Science, Technology and Innovation Policy ［M］. New York: Oxford University Press, 2005.

［36］Machlup F. The Production and Distribution of Knowledge in the United States ［M］. Princeton: Princeton University Press, 1962.

［37］Malerba F, Mani S. Sectoral Systems of Innovation and Production in Developing Countries: Actors, Structure and Evolution ［M］. UK: Edward Elgar Publishing Limited, 2009.

［38］Miller D. The Correlates of Entrepreneurship in Three Types of Firms ［J］. Management Science, 1983, 29 (7): 770 – 791.

［39］Nageswaran K, Kumiko M. Management and Policy Concerns over Shifts in Innovation Trajectories: The Case of the Japanese Robotics Industry ［J］. Technology Analysis & Strategic Management, 2001, 13 (3): 433 – 462.

［40］Negro S, Hekkert M, Smits R. Explaining the Failure of the Dutch Innovation System for Biomass Digestion—A Functional Analysis ［J］. Energy Policy, 2007, 35 (11): 925 – 938.

[41] Nelson R R. Recent Evolutionary Theorizing about Economic Change [J]. Journal of Economic Literature, 1995, 33 (1): 48 – 90.

[42] Nelson R R, Winter S G. An Evolutionary Theory of Economic Change [M]. Cambridge, MA: Harvard University Press, 2009.

[43] Nicole P. Industrial Revitalization in Japan: The Role of the Government vs the Market [J]. Asian Business & Management, 2005 (4): 45 – 65.

[44] Nicotra M, Romano M, Giudice M D. The Evolution Dynamic of a Cluster Knowledge Network: The Role of Firms' Absorptive Capacity [J]. Journal of the Knowledge Economy, 2014, 5 (2): 240 – 264.

[45] OECD. National Innovation System [M]. Paris, OECD: 1997: 1 – 48.

[46] Oltander G, Perez V E. A Survey of the Swedish Security Industry and an Innovation System Analysis of the Swedish Security Sensor Industry [R]. Master Thesis Report No. 2005: 1. Department of Innovation Engineering and Management, Chalmers University of Technology, Goteborg, 2005.

[47] Pavitt K. Sectoral Patterns of Technical Change: Towards a Taxonomy and a Theory [J]. Research Policy, 1984, 13 (6): 343 – 373.

[48] Pearson K. On Lines and Planes of Closest Fit to Systems of Points in Space [J]. Philosophical Magazine, 1901, 2 (6): 559 – 572.

[49] Porat M U. The Information Economy [M]. Washington, D C: Government Printing Office, 1977.

[50] Ranucci R A. Facilitating Tacit Knowledge Transfer: Routine Compatibility, Trustworthiness, and Integration in M&As [J]. Journal of Knowledge Management, 2015, 19 (2): 257 – 276.

[51] Rothwell R, Zegveld W. Reindustrialization and Technology [M]. London: Logman Group Limited, 1985.

[52] Saaty T L. The Analytical Hierarchy Process [M]. New York: McGraw-Hill, 1980.

[53] Saxenian A L. Regional Networks: Industrial Adaptation in Silicon Valley and Route 128 [J]. A Journal of Policy Development and Research, 1999, 2 (2): 41 – 60.

[54] Shannon C E. A Mathematical Theory of Communication [J]. Bell System Technical Journal, 1948, 27: 379 – 423, 623 – 656.

[55] Schumpeter J A. The Theory of Economic Development: An Inquiry into Profits, Capital, Credit, Interest, and the Business Cycle [M]. Cambridge, MA: Harvard University Press, 1934.

[56] Simonen J, McCann P. Firm Innovation: The Influence of R&D Cooperation and the

Geography of Human Capital Inputs [J]. Journal of Urban Economics, 2008, 64 (1): 146 –154.

[57] Stefan K. Boulding's Welfare Approach of Communicative Deliberation [J]. Ecological Economics, 2010, 69 (5): 973 – 977.

[58] Thomas M. Commercializing Cleaner New Technologies: The Case of Microturbine Generators [J]. Technology Analysis & Strategic Management, 2003, 15 (3): 349 – 361.

[59] Uzzi B. Social Structure and Competition in Interfirm Networks: The Paradox of Embeddedness [J]. Administrative Science Quarterly, 1997, 42 (2): 35 – 67.

[60] Wiig K M, Hoog R, Spek R. Supporting Knowledge Management: A Selection of Methods and Techniques [J]. Expert Systems with Applications, 1997, 13 (1): 15 – 27.

[61] 弗里德里希·李斯特（List F）. 政治经济学的国民体系 [M]. 陈万煦，译. 北京：商务印书馆，1961.

[62] 亚当·斯密（Smith A）. 国民财富的性质和原因的研究（上下卷）[M]. 郭大力，王亚南，译. 北京：商务印书馆，2008.

[63] 阿尔弗雷德·马歇尔（Marshall A）. 经济学原理 [M]. 朱志泰，译. 北京：商务印书馆，1997.

[64] 青木昌彦，安藤晴彦. 模块时代：新产业结构的本质 [M]. 周国荣，译. 上海：上海远东出版社，2003.

[65] 张凤，何传启. 国家创新系统——第二次现代化的发动机 [M]. 北京：高等教育出版社，1999.

[66] 张军，吴桂英，张吉鹏. 中国省际物质资本存量估算：1995—2000 [J]. 经济研究，2004（10）：35 – 44.

[67] 王明明，党志刚，钱坤. 产业创新系统模型的构建研究——以中国石化产业创新系统模型为例 [J]. 科学学研究，2009（2）：295 – 301.

[68] 陈卓淳. 技术创新系统的功能分析框架 [J]. 科技进步与对策，2012（16）：1 – 6.

[69] 彭勃，雷家骕. 基于产业创新系统理论的我国大飞机产业发展分析 [J]. 中国软科学，2011（8）：41 – 47.

[70] 郑小平. 国家创新体系研究综述 [J]. 科学管理研究，2006（4）：1 – 5.

[71] 张治河，胡树华，金鑫等. 产业创新系统模型的构建与分析 [J]. 科研管理，2006（2）：36 – 39.

[72] 邓龙安，徐玖平. 技术范式演进与企业边界变动的动态变化研究 [J]. 科学学与科学技术管理，2007（1）：151 – 156.

[73] 张庆昌，唐红. 信息不对称条件下的中国民营企业技术创新 [J]. 产业经济研

究，2011（1）：72 - 79.

[74] 孔欣欣. 部门创新体系：一个影响当今产业创新政策的重要概念 [J]. 科学学与科学技术管理，2008（2）：76 - 81.

[75] 胡登峰，王丽萍. 论我国新能源汽车产业创新体系建设 [J]. 软科学，2010（2）：14 - 18.

[76] 罗文. 互联网产业创新系统及其运行机制 [J]. 北京理工大学学报（社会科学版），2015（1）：62 - 69.

[77] 陈磊. 抓住机遇培育和发展战略性新兴产业——访科技部部长万钢 [N]. 科技日报，2009 - 11 - 27.

[78] 胡海鹏，黄茹. 国内战略性新兴产业发展研究评述 [J]. 首都师范大学学报，2014（5）：120 - 128.

[79] 李金华. 中国战略性新兴产业发展的若干思辨 [J]. 财经问题研究，2011（5）：3 - 10.

[80] 林学军. 战略性新兴产业的发展与形成模式研究 [J]. 中国软科学，2012（2）：26 - 34.

[81] 胡慧芳. 战略性新兴产业的内涵、属性与新思维 [J]. 科学学与科学技术管理，2014（5）：97 - 104.

[82] 钟清流. 战略性新兴产业发展思路探析 [J]. 中国科技论坛，2010（2）：41 - 45.

[83] 郝凤霞. 战略性新兴产业的发展模式与市场驱动效应 [J]. 重庆社会科学，2011（2）：54 - 58.

[84] 吴绍波，顾新. 战略性新兴产业创新生态系统协同创新的治理模式选择研究 [J]. 研究与发展管理，2014（1）：13 - 21.

[85] 施卓宏，朱海玲. 基于钻石模型的战略性新兴产业评价体系构建 [J]. 统计与决策，2014（10）：51 - 53.

[86] 张丽. 模糊信息下战略性新兴产业评价模型构建及应用 [J]. 统计与决策，2015（10）：81 - 83.

[87] 能勇清，曾丹. 战略性新兴产业的培育与发展：基于传统产业的视角 [J]. 重庆社会科学，2011（4）：49 - 54.

[88] 张目，匡暑炎，闫慧杰. 战略性新兴产业企业信用的评价 [J]. 统计与决策，2013（21）：57 - 59.

[89] 张蕊. 战略性新兴产业企业业绩评价问题研究 [J]. 会计研究，2014（8）：41 - 44，96.

[90] 周辉，李亭亭，郭本海. 战略性新兴产业中核心企业商业模式评价实证研究 [J]. 科技进步与对策，2013（22）：127 - 132.

[91] 宋春艳. 基于知识创新理论的我国战略性新兴产业集群创新环境构建研究——以湖南省为例 [J]. 科学管理研究, 2013 (5): 46 – 49.

[92] 黄鲁成, 罗晓梅, 苗红, 等. 战略性新兴产业发展效应评价指标及标准 [J]. 科技进步与对策, 2012 (24): 136 – 139.

[93] 霍影. 战略性新兴产业发展潜力评价方法研究——以东北3省为例 [J]. 科学管理研究, 2012 (1): 5 – 9.

[94] 胡振华, 黎春秋, 熊勇清. 基于"AHP-IE-PCA"组合赋权法的战略性新兴产业选择模型研究 [J]. 科学学与科学技术管理, 2011 (7): 104 – 110.

[95] 王昌盛, 周绍东. 基于区域分工的战略性新兴产业选择——以江苏为例 [J]. 江苏社会科学, 2014 (1): 269 – 272.

[96] 郭晓丹, 宋维佳. 战略性新兴产业的进入时机选择: 领军还是跟进 [J]. 中国工业经济, 2011 (5): 119 – 128.

[97] 贺正楚, 张训, 陈文俊, 等. 战略性新兴产业的产业选择问题研究 [J]. 湖南大学学报 (社会科学版), 2013 (1): 63 – 68.

[98] 郭晓丹, 刘海洋. 中国战略性新兴产业规模分布与创新影响 [J]. 财经问题研究, 2013 (11): 23 – 30.

[99] 吕岩威, 孙慧. 中国战略性新兴产业集聚度演变与空间布局构想 [J]. 地域研究与开发, 2013 (4): 15 – 21.

[100] 刘佳刚, 汤玮. 战略性新兴产业发展演化规律及空间布局分析 [J]. 中国科技论坛, 2015 (4): 57 – 62.

[101] 赵玉林, 史芬芬. 中国战略性新兴产业集聚的组织效应实证分析——来自武汉·中国光谷生物城的调研 [J]. 科学学与科学技术管理, 2012 (10): 89 – 98.

[102] 涂文明. 我国战略性新兴产业区域集聚的发展路径与实践模式 [J]. 现代经济探讨, 2012 (9): 54 – 59.

[103] 顾海峰. 战略性新兴产业演进的金融支持体系及政策研究——基于市场性金融的支持视角 [J]. 经济问题探索, 2011 (11): 74 – 78.

[104] 李苗苗, 肖洪钧, 傅吉新. 财政政策、企业 R&D 投入与技术创新能力——基于战略性新兴产业上市公司的实证研究 [J]. 管理评论, 2014 (8): 135 – 144.

[105] 刘家庆. 促进战略性新兴产业发展的财政政策研究——以甘肃省为例 [J]. 财政研究, 2011 (4): 31 – 34.

[106] 杨森平, 黎志杰. 发展战略性新兴产业的财税措施 [J]. 税务研究, 2011 (6): 31 – 34.

[107] 王健, 张卓. 金融支持对战略性新兴产业发展的影响——基于中国上市公司的实证分析 [J]. 财经理论与实践, 2015 (4): 62 – 67.

[108] 马军伟. 金融支持战略性新兴产业发展的障碍与对策 [J]. 经济纵横, 2013 (1): 94 - 97.

[109] 邓龙安. 战略性新兴产业科技创新体系建设路径选择研究 [J]. 科学管理研究, 2012 (2): 37 - 41.

[110] 李华军, 张光宇, 刘贻新. 基于战略生态位管理理论的战略性新兴产业创新系统研究 [J]. 科技进步与对策, 2012 (3): 61 - 64.

[111] 吴绍波, 刘敦虎, 彭双. 战略性新兴产业创新生态系统技术标准形成模式研究 [J]. 科技进步与对策, 2014 (18): 68 - 72.

[112] 高常水. 战略性新兴产业创新平台研究——以"核高基"产业为例 [D]. 天津: 天津大学, 2011.

[113] 陈莎莉. 江西省战略性新兴产业创新平台构建研究 [J]. 对外经贸, 2012 (3): 93 - 95.

[114] 高友才, 向倩. 我国战略性新兴产业的选择与发展对策 [J]. 经济管理, 2010 (11): 21 - 25.

[115] 刘晖, 刘轶芳, 乔晗, 等. 我国战略性新兴产业创新驱动发展路径研究——基于北京市生物医药行业的经验总结 [J]. 管理评论, 2014 (12): 20 - 28.

[116] 闫俊周. 新常态下战略性新兴产业创新驱动发展的路径选择 [J]. 企业经济, 2016 (5): 147 - 151.

[117] 申俊喜. 创新产学研合作视角下我国战略性新兴产业发展对策研究 [J]. 科学学与科学技术管理, 2012 (2): 37 - 43.

[118] 李煜华, 刘洋, 胡瑶瑛. 共生视角下战略性新兴产业创新生态系统协同创新策略分析 [J]. 工业技术经济, 2014 (7): 133 - 138.

[119] 汪秀婷, 杜海波. 系统视角下战略性新兴产业创新系统架构与培育路径研究 [J]. 科学管理研究, 2012 (1): 10 - 14.

[120] 乔鹏亮. 广西战略性新兴产业与传统产业耦合发展研究 [J]. 广西社会科学, 2014 (3): 24 - 27.

[121] 黄力明, 胡德期, 李笑琛. 促进广西战略性新兴产业发展的财税政策研究 [J]. 经济研究参考, 2011 (71): 9 - 15.

[122] 黄朝晓. 广西发展战略性新兴产业财税政策问题及建议 [J]. 经济研究参考, 2013 (35): 18 - 21.

[123] 杨西春, 朱良华. 广西战略性新兴产业科技创新问题研究述评与研究设想 [J]. 广西社会科学, 2013 (7): 18 - 21.

[124] 雷蕾, 韦铁, 何明, 等. 广西战略性新兴产业知识产权发展研究 [J]. 广西社会科学, 2013 (11): 20 - 24.

[125] 肖兴志，彭宜钟，李少林. 中国最优产业结构：理论模型与定量测算 [J]. 经济学（季刊），2012 (1)：135 – 162.

[126] 杨灿，郑正喜. 产业关联效应测度理论辨析 [J]. 统计研究，2014 (12)：11 – 19.

[127] 胡明铭，徐姝. 产业创新系统研究综述 [J]. 科技管理研究，2009，(8)：31 – 33.

[128] 徐占忱. OECD 国家集群创新政策实践及其启示 [J]. 工业技术经济，2007 (1)：23 – 25.

[129] 张仁寿，黄小军，王朋. 基于 DEA 的文化产业绩效评价实证研究——以广东等 13 个省市 2007 年投入产出数据为例 [J]. 中国软科学，2011 (2)：183 – 192.

[130] 苟仲文. 我国电子信息产业创新体系的形成机理研究 [J]. 中国软科学，2006 (6)：1 – 12.

[131] 宋刚，张楠. 创新 2.0：知识社会环境下的创新民主化 [J]. 中国软科学，2009 (10)：60 – 66.

[132] 宋刚，唐蔷，陈锐，等. 复杂性科学视野下的科技创新 [J]. 科学对社会的影响，2008 (1)：23 – 26.

[133] 陆国庆，王舟，张春宇. 中国战略性新兴产业政府创新补贴的绩效研究 [J]. 经济研究，2014 (7)：44 – 55.

[134] 伍健，田志龙，龙晓枫，等. 战略性新兴产业中政府补贴对企业创新的影响 [J]. 科学学研究，2018 (1)：158 – 166.

[135] 安同良，周绍东，皮建才. R&D 补贴对中国企业自主创新的激励效应 [J]. 经济研究，2009 (11)：87 – 99.

[136] 武建龙，王宏起. 战略性新兴产业突破性技术创新路径研究——基于模块化视角 [J]. 科学学研究，2014 (4)：508 – 518.

[137] 刘志阳，孔令丞，梁玲. 基于产业生命周期的战略性新兴产业创新获利影响因素分析 [J]. 研究与发展管理，2017 (1)：95 – 104.

[138] 欧玉芳. 比较优势理论发展的文献综述 [J]. 特区经济，2007 (9)：268 – 270.

[139] 吴梦云，徐艳. 战略性新兴产业发展路径及其评价——以镇江市为例 [J]. 特区经济，2011 (10)：56 – 58.

[140] 孟梓涵. 战略性新兴产业创新能力形成机理与培育路径研究 [D]. 哈尔滨：哈尔滨理工大学，2013.

[141] 朱静. 美、日、韩技术创新模式比较 [J]. 经济管理，2001 (8)：66 – 74.

[142] 薛春志. 战后日本技术创新模式的演进与启示 [J]. 现代日本经济，2011

（6）：71 - 77.

　　［143］辜胜阻，马军伟，高梅．战略性新兴产业发展亟需完善股权投融资链［J］．中国科技论坛，2014（10）：5 - 10.

　　［144］胡迟．"十二五"时期战略性新兴产业发展中的金融支持［J］．经济纵横，2014（8）：17 - 20.

　　［145］刘婧姝，刘凤朝．产业技术创新能力评价指标体系构建研究［J］．科技和产业，2007（11）：8 - 12.

　　［146］肖仁桥，钱丽，陈忠卫．中国高技术产业创新效率及其影响因素研究［J］．管理科学，2012（5）：85 - 98.

　　［147］李邃，江可申，郑兵云，等．高技术产业研发创新效率与全要素生产率增长［J］．科学学与科学技术管理，2010（11）：169 - 175.

　　［148］范凌钧，李南，陈燕儿．中国高技术产业技术效率区域差异的实证分析［J］．系统工程，2011（2）：56 - 62.

　　［149］刘和东，陈程．中国原创性高新技术产业技术效率测度研究——基于创新链视角的两阶段分析［J］．科技进步与对策，2011（12）：119 - 124.

　　［150］池仁勇，唐根年．基于投入与绩效评价的区域技术创新效率研究［J］．科研管理，2004（4）：23 - 27.

　　［151］白俊红，江可，李婧．应用随机前沿模型评测中国区域研发创新效率［J］．管理世界，2009（10）：51 - 61.